멀티미디어 시대의 리터러시 교육

멀티미디어 시대의 리터러시 교육
모든 학습자를 위한 교수 모형과 틀

초판 인쇄 2024년 4월 8일
초판 발행 2024년 4월 18일

옮 긴 이 김명순·윤창숙
펴 낸 이 박찬익
책임 편집 권효진
편   집 이수빈·심지혜
펴 낸 곳 ㈜박이정출판사
주   소 경기도 하남시 조정대로45 미사센텀비즈 8층 F827호
전   화 031)792-1195   **팩   스** 02)928-4683
이 메 일 pijbook@naver.com   **홈페이지** www.pijbook.com
등   록 2014년 8월 22일 제305-2014-000029호

I S B N 979-11-5848-880-2(93370)
책   값 19,000원

Integrating Technology in Literacy Instruction 1st edition

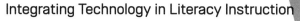

Integrating Technology in Literacy Instruction

Models and Frameworks for all Learners

멀티미디어 시대의
리터러시 교육

모든 학습자를 위한 교수 모형과 틀

페기 S. 리센비, 조디 필그림, 셰리 바신다 지음

김명순 · 윤창숙 번역

박이정

이 교재는 학생들을 둘러싸고 있는 변화하는 리터러시, 그리고 테크놀로지 도구를 활용하여 효과적으로 의사소통해야 할 필요성을 다룬다. 테크놀로지는 다양한 도구와 앱 등을 통해 교실에서의 교수학습을 변화시키고 능동적 학습, 상호작용, 참여를 증진하는 힘을 가지고 있다. 테크놀로지 자체와 리터러시 연구 둘 다 빠르게 변하고 진화하고 있는 가운데, 이 책은 교사들이 디지털 도구를 효과적으로 평가하고 실행하여 리터러시 교실 수업을 향상시킬 수 있도록 영속적인 틀을 제공한다. 이 책은 보편적 학습 설계라는 렌즈를 통해 다양한 최신 모형과 틀을 제공한다. 그럼으로써 교사들이 테크놀로지와 리터러시 교육을 통합하여 모든 리터러시 학습자들의 요구와 열망을 뒷받침하는 학습 환경을 조성할 수 있도록 한다. 이 책에서 제시한 접근 방식은 복잡한 멀티리터러시 환경에 대한 종합적인 이해를 돕고, 제시한 모형들은 테크놀로지 통합 문제를 다루면서 광범위한 맥락 속의 모든 학습자에게 유익한 교수법 지식, 내용 지식, 테크놀로지 지식이 어떻게 통합되는지를 보여준다.

각 장의 도입 부분에는 독자들이 리터러시와 테크놀로지가 어떻게 교사들을 변화의 주체로 만들어 줄 수 있는지를 생각해 볼 수 있는 짧은 글이 들어 있다. 또, 이 책에는 디지털 시대 학생들의 다양한 리터러시 요구를 반영하기 위한 테크놀로지 도구 목록이 부록으로 제시되어 있다.

◆ Peggy S. Lisenbee는 미국 텍사스여자대학교 리터러시교육학과의 부교수이다.
◆ Jodi Pilgrim는 미국 메리 하딘-베일러 대학교(텍사스 소재)의 교수이다.
◆ Sheri Vasinda는 미국 오클라호마 주립대학교 교육학부의 부교수이다.

헌서(獻書)

    지난 25~35년간 유아교육기관, 초중고등학교, 학부 및 대학원에서 우리가 가르쳤던 모든 학생에게 이 책을 바친다. 이들은 우리가 이 책을 쓸 수 있었던 이유가 되어 주었으며, 다양한 방식의 리터러시에 관해 깊이 생각해 보는 동기도 되어 주었다. 또, 변함없는 사랑과 지지로 우리가 이 길고도 정신없는 여정을 마칠 수 있게 도와 준 남편들 Rick, Michael, Mark에게도 이 책을 바친다. 마지막으로 지금까지 언제나 영감을 주는 아이들과 Sheri의 손자 손녀에게 이 책을 바친다.

목차

제1부: 리터러시 교육에 관한 이론적 토대

제2부: 테크놀로지 통합의 틀

제3부: 교실 수업 적용

일러두기

1. 본서의 각주는 독자들의 이해를 돕기 위해 역자들이 작성한 것이다.

2. 저작권 문제로 그림이나 사진을 실을 수 없는 경우에는 웹사이트 주소를 제시하여 독자가 참조할 수 있도록 하였다.

선견지명 있는 연구자 Seymour Papert(1993)가 살핀 대로 디지털 시대에 리터러시의 범위가 폭넓게 확대되고 있으나 학교에서의 리터러시 교육은 여전히 문자 리터러시(alphabetic literacies) 혹은 글자 리터러시(letteracy)에 초점이 맞추어져 있다. 게다가 이러한 초점의 전통적 리터리시는 종종 전통적 도구와 접근법으로 교수되고 평가된다. 전통적 리터러시가 필요하긴 하지만, 학생들의 학교 밖 삶에서 점점 중심이 되어가는 테크놀로지 도구를 충분히 활용하지 못하고 있는 듯하다.

아동과 청소년은 학교 밖에서 수행되는 과제를 할 때 문자 매체와 디지털 매체 모두를 다루면서 문자 리터러시 기능, 테크놀로지 사용 기능, 창의성, 동기 등을 활용하여 강력한 복합양식적 메시지를 만들어 낸다. 그러나 교실에서는 주로 종이와 연필을 사용하고 이미 구식이 되어 버렸을지 모르는 종이 교과서나 활동책을 읽으며 컴퓨터 사용 순서를 기다린다. Papert(1993)는 학생들이 더 이상 테크놀로지 장치를 돌아가며 나누어 쓰지 않아도 될 때가 되어서야 비로소 우리가 컴퓨터의 잠재력을 깨닫게 될 것으로 보았다. 테크놀로지 도구를 연필, 책, 작문 노트 등과 같은 학습 도구처럼 생각한다면, 학생들이 학교 밖에서 일상적으로 사용하는 도구들을 교실 수업에서도 통상적으로 사용하게 된다면 무슨 일이 발생하게 될까를 고민해 보아야 한다. 또한, 테크놀로지 도구를 리터러시로 이끌어 주는 다리, 또는 새로운 가능성을 열어주는 문으로 바라본다면 교실 수업에 통합되는 학습 활동 유형의 변화를 목격하게 될 것이다. 목적의식을 가지고 테크놀로지를 교실 수업에 통합한다면 학생들에게 전통적 리터러시를 중재하고 변화를 가져오는 뉴 리터러시를 사용하여 자신들의 능력을 발휘할 수 있는 기회를 제공하게 될 것이다. 이러한 새로운 리터러시는 교사들의 지도는 물론 학생들이 멀티리터러시, 곧 복합양식의 세계에 온전히 참여할 수 있는 기회를 확대해 준다.

이 책의 집필 목적은 학생들이 테크놀로지 도구를 사용하여 효과적으로 의사소통하는 데 필요한 리터러시의 변화를 다루고자 하는 것이다. 테크놀로지 도구는 경계가 없으므로 이 책의 대상 독자는 모든 학년의 학생들과 모든 교과의 교육자들이다. 테크놀로지는 능동적 학습, 상호작용, 학생 참여를 촉진하는 다양한 도구와 어플리케이션으로 교실 수업을 바꾸는 힘이 있다. 테크놀로지는 급속하게 변화하므로, 이 책에서 우리는 모든 학습자를 위한 리터러시 수업을 설계할 때 교육 전문가들의 의사결정을 돕는 어플리케이션을 포함하여, 테크놀로지 도구를 사용하기 위한 지속 가능한 틀을 소개하고자 한다. 전통적 리터러시 교육의 향상을 위해 이러한 테크놀로지 관련 이론적 틀, 토대, 설계 도구를 공유하고자 하는 이유는 우리가 테크놀로지 사용 자체를 지지하기 때문이 아니라, 테크놀로지의 일상적 사용이 우리의 현실 세계를 반영하기 때문이다. 우리는 테크놀로지 통합과 관련해서 학생들의 미래를 위한다거나 학생들이 나중에 필요로 할 것이기 때문이라는 식의 식상한 말은 하지 않으려 한다. 21세기 리터러시에 관해서라면, 그 미래가 바로 지금이다.

리터러시 변화를 다루는 것 외에도, 우리는 리터러시 장벽을 제거하기 위한 새로운 테크놀로지의 사용을 촉진하고자 한다. 학교 교실은 점점 더 다양성을 띠어 가고 있으며, 교육자들은 일반 교육과정 안에서 모든 학생들에게 포용적이고 효과적인 학습 기회를 제공해야 하는 도전을 받고 있다. 테크놀로지는 학생들에게, 특히 리터러시 장벽을 낮추어 주는 방식으로 학습의 지렛대가 될 수 있는데, 그것이 우리가 하려는 모든 것이다. 그 모든 것이 리터러시이다! 리터러시, 테크놀로지, 학습 다양성을 염두에 두고, 이 책의 초점을 보편적 학습 설계(Universal Design for Learning, UDL)와 의도적 수업 설계에 두었다. 보편적 학습 설계는 학습에 어려움을 느끼는 학생들을 포함한 모든 수준의 학생들을 위한 교육과정을 개발하려는 최근의 노력을 반영하고 있다. 이 특별한 책의 각 장에서 우리는 교실 수업에서의 테크놀로지 활용에 대한 이론적 기반과 보편적 학습 설계의 틀을 사용한 수업 적용 방안을 제공한다. 이에 더해, 사람들이 리터러시를 갖추어 가는 다양한 방식과 테크놀로지가 어떻게 전통적 리터러시를 중재하는지 등 리터러시의 변화하고 확장하는 성질을 규명한다. 또한, 테크놀로지가 20세기만 하더라도 상상하지 못했던 기회를 제공함으로써 우리의 삶을 변화시키는 뉴 리터러시를 어떻게 창조해 내는지도 논의한다.

제1부: 리터러시에 관한 이론적 토대

이 책에서는 먼저 리터러시에 관한 역사적 개관을 살피기로 한다. 역사 및 공공 정책 측면의 이해를 통해, 교실 수업에서 리터러시와 테크놀로지 둘 다를 다루어야 하고, 이 둘 사이의 균형이 중요함을 알 수 있으며, 각각을 분리하여 접근한다면 변화를 만들어 내는 통합적 수업 활동에 방해가 된다는 사실을 인식할 수 있을 것이다.

1장 "변화하는 세계에서의 리터러시"에서는 다중적 리터러시의 개념을 정의하고, 리터러시의 변화하고 확장하는 속성을 기술한다. 도입에 해당하는 이 장에서는 리터러시를 갖춘다는 것이 의미하는 바에 대한 역사적 관점과 현재의 관점에 테크놀로지가 어떤 영향을 끼쳤는지를 고찰한다.

2장 "멀티리터러시들: 변화하는 세계를 반영하는 이론과 교수법"에서는 테크놀로지로 인해 생겨난 사회적·문화적 변화에 바탕을 두고 리터러시의 변화를 반영하는 이론 및 교수법으로서 멀티리터러시를 소개한다. 멀티리터러시 이론은 다양성, 복합양식성, 디자인에 초점을 맞추어 다중적인 의사소통 표현 방식을 설명한다.

3장 "멀티리터러시 관점의 보편적 학습 설계"에서는 보편적 학습 설계의 틀과 원리를 개관한다. 모든 학습자들이 혜택을 누릴 수 있는 테크놀로지 활용 리터러시 교육 설계를 위한 하나의 방법으로 보편적 학습 설계 원리를 공유하고자 한다. 보편적 학습 설계의 원리는 이 책 전체를 관통하고 있으며, 우리의 관점 즉 멀티리터러시를 사용해서 교실 수업에 테크놀로지를 통합할 때의 다중적 표상 수단, 다중적 행동 및 표현 수단, 다중적 참여 수단의 세 가지로 제시된다. 덧붙여, 학습자 다양성을 뒷받침하기 위해 미국 정부가 제정한 구체적인 교육 정책 및 법령에 관해서도 논의한다.

제2부: 테크놀로지 통합의 틀

교육에서 학습의 틀은 교수학습의 전개와 발전을 위한 방법을 제공한다. 따라서 제2부 **4장 "리터러시 교육을 위한 테크놀로지 반영 틀"**에서는 능동적이고 의도적인 테크놀로지 통합 수업 설계를 뒷받침하는 기본적 틀을 제공한다.

5장 "테크놀로지 통합의 평가: 테크놀로지 반영 분류법"은 가장 널리 인정받는 학습자 평가 분류법에 초점을 두고 논의한다. 리터러시 교육을 위한 틀, 토대, 분류법을 사용하는 것은 교실 수업에서 테크놀로지를 효과적으로 통합하는 데 필수적이다.

제3부: 교실 수업 적용

제3부에서는 테크놀로지 도구, 자원, 앱을 강조한다. **6장 "리터러시 교육에서 인터넷의 사용: 웹 2.0 도구"**에서는 학습 도구로서의 인터넷에 초점을 맞춘다. 디지털 유창성을 위해서는 인터넷의 사회적 영향력과 정보의 최대 저장소인 인터넷에서 안전하게 길을 찾는 방법을 알고 있어야 한다. 우리는 웹 2.0 도구가 교실 안과 밖에서 학생들의 행동에 어떻게 영향을 주는지 설명하고, 웹 2.0 테크

놀로지의 가용 여건에 대해서도 다룰 것이다.

7장 "리터러시 교육에서 인터넷의 사용: 온라인 읽기와 탐구"에서는 온라인 정보를 효율적으로 소비하기 위해 필요한 지식과 기능을 기술한다.

8장 "변화하는 학습 환경: 변혁적 실천"에서는 독자들에게 가상 현실 및 증강 현실을 포함하여 진화하고 있는 '공간'의 개념과 학습 환경에 대해 숙고할 것을 주문한다. 이 장은 디지털 시대에 지배적 영향력을 가지는 학습 환경에 초점을 둔다. 학습은 어디서든 일어날 수 있으며 학생들이 새로운 리터러시 숙달에 필요한 지식, 기능, 실제 경험을 얻을 수 있는 새로운 공간이 점점 확대되고 있다.

9장 "수업 설계: 건축가로서의 교사"에서는 테크놀로지의 여러 가지 쓰임새를 탐색하고 이 책에서 논의한 이론적 틀과 모형을 활용하여 수업 설계를 위한 구체적인 전략, 기법, 도구들을 제시한다. 이 장에서는 모든 학습자를 위한 수업 설계에 테크놀로지를 활용할 수 있도록 사용 가능한 앱, 자원, 웹사이트 등을 추천하면서 전체 책 내용을 마무리한다.

인식 전환

각 장의 첫 부분은 '인식 전환'이라는 단락으로 시작한다. 이 문구를 쓴 이유는 독자들이 테크놀로지 활용 리터러시 교육이 어떻게 교사들로 하여금 변화의 주체가 될 수 있도록 하는지를 생각해 보도록 하기 위함이다. 이 문구를 통해 독자들이 글을 읽고 생각을 하면서 개인적인 경험과 연결 지어 보고 그 개선점을 다음 교수 활동으로 전이하는 데 도움을 주고자 한다.

리터러시, 보편적 학습 설계, 테크놀로지 통합

이 책의 내용과 전반적인 초점을 곰곰이 생각해 본 결과, 각 장이 보편적 학습 설계라는 맥락에서 테크놀로지 교수법 내용 지식 모형(TPACK)의 내용, 교수법, 테크놀로지 영역과 일치한다는 점을 알게 되었다. 리터러시 교육을 위한 테크놀로지 활용 이론의 틀을 사용하여 우리는 아래의 [그림 0.1]과 같이 TPACK 모형과 유사한 개념도를 통해 아이디어를 제시하기로 하였다. 여기에서 보편적 학습 설계는 모든 학습자들의 요구를 충족하는 학습 환경 맥락이 되며, 멀티리터러시는 리터러시 교육에 대한 우리의 관점을 말한다.

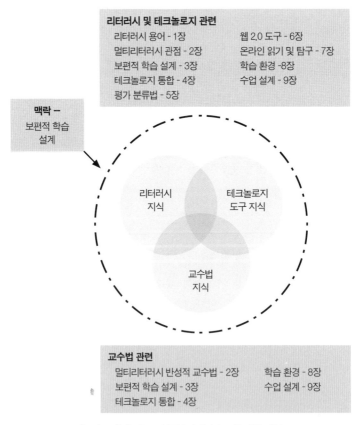

[그림 0.1] 테크놀로지 통합 리터러시 교육 내용 배열

리터러시, 테크놀로지, 멀티리터러시 및 보편적 학습 설계에 대한 교수법적 관점을 담고 있는 이 책의 목차를 도식화하면 [그림 0.1]과 같다. 디지털 시대의 테크놀로지 통합 리터러시 교육에 거는 교사들의 복합적 기대가 각 장에 공통적으로 자리 잡고 있다.

감사의 말

이 책을 쓰는 동안 우리를 지지해 준 모든 분께 감사드린다. 무엇보다도 우리는 신앙을 통해 집필에 노력을 기울일 수 있는 힘과 끈기를 얻었다.

우리의 목표는 디지털 도구의 급속한 변화를 견뎌낼 수 있는 테크놀로지 사용에 관해 생각해 볼 수 있는 리터러시와 테크놀로지 통합에 관한 청사진을 그려 보는 것이었다. 이 목표는 Routledge 출판사의 Karen Adler와 EmmaLee Ortega의 도움으로 현실이 되었으며 우리가 첫 책을 출판하는 과정에서 궤도에서 벗어나지 않도록 수많은 질문에 답을 해 주었다.

이 책의 공동 집필은 몇 년 전 리터러시 학회에서 나누었던 한 아이디어에서 시작되었다. 우리는 테크놀로지의 와해성과 가능성에 관련된 교육 및 연구에 공통의 관심사가 있음을 알게 되었다. 각자의 연구에 관해 이야기를 나누며 지식을 모으는 가운데 우리의 관심이 다양성, 학습자 변동성, 테크놀로지 통합을 이해하기 위한 렌즈로서 멀티리터러시와 보편적 학습 설계를 활용하여 교육 맥락을 고려하는 것에 있음을 인식하게 되었다. 이 책을 쓰면서 필자로서 또 사상가로서 우리가 성장할 수 있도록 해 준 기회들을 고맙게 생각한다. 또한, 혁신적 테크놀로지 틀에 관해 우리가 더 깊이 이해할 수 있도록 많은 시간을 할애해 주고 연구 성과를 공유해 준 Sonny Magana에게 감사한다.

귀중한 시간과 지식으로 우리에게 유용한 피드백을 제공해 준 많은 사람들에게 감사한다. 꼼꼼하게 읽고 통찰력 있는 견해를 준 Jennifer Batson, Sharlene Kenyon, Barbara McClanahan, Jared McClure, Laurie Sharp, Jerry Whitworth 등 대학 동료들과, 초기 원고부터 세심하게 읽고 지속적으로 피드백을 보내 준 유아교육기관 및 초중고등학교의 많은 교사들에게 감사한다. Penny Brinegar, Amanda Bueno, Stephanie Coca, Tammi Ellis, Kacie Fox, Sandy Krueger, Keli Miles, Ashley Quillin, Emily Ramsey, Jessica Swain, Amanda Tetik, Colby Torres, Cynthia Vleugels, Mandy Vollmer, Whitney Warner에게도 감사의 마음을 전한다.

마지막으로 우리를 개인적으로 응원해 준 사람들에게 아래와 같이 감사의 말을 전하고자 한다.

Peggy S. Lisenbee

: 나의 든든한 반석이자 평생의 연인 Rick Lisenbee에게 감사합니다. 나를 지지해 준 모든 방식이 고마워요. 당신 없이는 어떤 것도 해낼 수 없었을 거예요. 사랑하는 나의 아이들, Kevin, Whitney, Jessica, 너희들의 생애 첫 선생님이 되어 이 모든 리터러시와 테크놀로지를 너희들의 관점에서 경험하게 되어 정말 좋았어. 그리고 엄마, 아빠, Dwan, Kevin, Tanna, Jessica, Dak, Whitney, Michael P., Carole, Ann, Jana, Kay, Shannon, Jill, Cheryl, Pat, 거의 2년 동안 전화도 못 받고 문자나 페이스북 연락도 못했는데 참아주고 이해해 주어서 고마워. 모두 사랑해! 집필을 도와준 텍사스여자대학교(TWU) 교직원인 Lisa Huffman, Connie Briggs, Pat Watson, Holly Hansen-Thomas, Ron Hovis, Sharla Snider, Nancy Anderson, Catherine Dutton, Claudia Sanchez, Gabby Smith에게 특별한 감사의 마음을 전합니다.

Jodi Pilgrim

: 배달 음식과 지저분한 공간을 참아준 나의 가족, Pilgrim 일가에 감사를 표하고 싶습니다. Michael Pilgrim, 테크놀로지와 가상 현실을 좋아하는 당신 덕분에 많은 아이디어를 얻었어요. 사랑하는 나의 아이들 Regan, Rachel, Jordan, 너희들이 나에게 '평생 리터러시'에 대해 가장 많이 가르쳐 주었어. 너희들은 내가 가장 좋아하는 '제자들'이기도 해. 나를 위해 모든 것을 해 주신 다정하신 엄마와 아빠에게 감사 말씀 올립

니다. 마지막으로, 학생들이 온라인 텍스트를 다룰 때 필요한 능력들을 우리가 이해할 수 있도록 큰 도움이 된 연구들을 수행해 준 우리의 친구들 Christie Bledsoe, Elda Martinez에게 감사를 전합니다.

Sheri Vasinda

: 사랑하는 남편 Mark Vasinda, 시간적으로나 공간적으로 이 책을 쓸 수 있도록 격려해 주고 지지해 주어 고마워요. (그리고 식사 준비와 기상 알림도 고마워요.) 집과 학교에서의 리터러시 학습을 위한 새로운 가능성을 생각해 보도록 끊임없이 영감을 준 나의 아이들과 손자 손녀들, Kami, Tony, Julia, Joseph; Aaron, Elijah, Olin, Micha, Kylen에게도 고마움을 전합니다.

우리에게 질문이나 코멘트 혹은 제안이 있다면 integratingtechinliteracy@ gmail.com로 연락해 주기 바란다. 우리는 독자들과 교류하며 개정판을 위한 의견을 들을 수 있기를 희망하며, 트위터 계정 @drpeggylisenbee, @ jodipilgrim, @svasinda로 소통하는 것도 가능하다. 리터러시 교육에서 테크놀로지 통합을 위한 틀과 모형을 반영하는 방법으로 이 책을 선택해 준 분들께 감사를 표한다.

저자 소개

　Peggy S. Lisenbee는 미국 텍사스 주 덴튼 시 텍사스여자대학교(TWU) 리터러시교육학과의 부교수이다. 오클라호마 주 스틸워터 시 오클라호마 주립대학교(OSU)의 유아교육학과에서 '교육과정 및 사회적 기반' 전공으로 박사학위를 받았으며, 2017년 TWU에 임용되기 전에는 오클라호마 주 털사대학교와 노스이스턴 주립대학교(NSU)에서 강의하였다. 우수 교육 및 멘토링 상에 일곱 번 후보에 올랐으며, 2011년 노스이스턴 주립대학교(NSU) 사범대학 우수 교원상을 수상하였다. 2016년에는 리터러시 교육·연구자 협회(ALER)에서 수여하는 Mary Richardson Literacy as a Living Legend 상을 수상하였다. Lisenbee 교수의 교사교육 관련 연구 주제로는 테크놀로지 통합, 전산적 사고, 코딩과 로보틱스, 리터러시 앱, 읽기 부진 학생, 다문화 문학 등이 있다. Lisenbee 교수는 미국아동교육협회, 국제교육테크놀로지학회, 국제리터러시협회, 리터러시 교육·연구자 협회(ALER)의 오랜 회원이며, 지역 사회에서는 Fred Moore 어린이집 이사회 이사, 덴튼 시 North Texas Area United Way의 유아교육 연합 위원회 위원으로, 전국적으로는 리터러시 교육·연구자 협회(ALER)의 임원으로 자원봉사하고 있다. Lisenbee 교수와는 트위터 계정 @drpeggylisenbee를 통해 소통할 수 있다.

　Jodi Pilgrim은 텍사스 주 벨튼 시 Mary Hardin-Baylor대학(UMHB)의 교수이다. 텍사스 주 칼리지스테이션 시 Texas A&M 대학에서 학사학위와 석사학위를 취득했으며, North Texas대학(the University of North Texas (UNT))에서 '읽기교육' 전공으로 박사학위를 받았다. 현재 학부 및 대학원 과정에서 예비교원을 위한 리터러시 교과를 강의하고 있다. 2014년, Mary Hardin-Baylor대학 우수교육상의 수상자로 선정되었다. 리터러시 교육 분야에서 25년 이상의 경력을 지닌 Pilgrim 교수는 읽기 부진 학생들이 성공적인 교실 학습에 필요한 교육과 동기부여를 확실히 받을 수 있도록 하는 데에 열정을 기울이고 있다. Pilgrim 교수는 국제리터러시협회와 텍사스리터러시교육자협회(TALE)의 회원으로 활발하게 활동하고 있으며, 2019년 텍사스리터러시교육자협회(TALE)에서 수여하는 텍사스 리터러시 교육 지도자 상을 수상하였다. Pilgrim 교수의 교육 및 연구 관심사는 뉴리터러시/디지털 리터러시, 보편적 학습 설계, 교사교육, 테크놀로지 통합 등이다. Pilgrim 교수와는 트위터 계정 @JodiPilgrim을 통해 소통할 수 있다.

Sheri Vasinda는 오클라호마 주립대학교(OSU) 교육학부의 부교수이며, Texas A&M-Commerce 대학에서 석사학위와 박사학위를 취득하였다. 2018년 오클라호마 주립대학교(OSU) 사범대학에서 수여하는 우수 연구자·교육자 상을 수상하였다. 텍사스 주 앨런 시의 유아교육 및 초중등교육 전문가로서 25년 이상의 경력을 지닌 Vasinda 교수는 테크놀로지 도구와 그 혁신적 가능성을 일찍부터 받아들인 혁신가였으며, 2007년 '올해의 교사'로 선정되었다. 친구이자 동료인 Julie McLeod와 함께 '사고를 위한 지속적인 틀'을 활용한 테크놀로지 통합을 통해 여러 학교를 지원하였다. 오클라호마 주립대학교(OSU)에서 Vasinda 교수는 예비 교사 및 현직 교사가 리터러시 과정 및 실천(테크놀로지에 의해 촉진되는 경우를 포함하여)을 깊이 있게 이해할 수 있도록 지원하고 있다. Vasinda 교수는 새로운 테크놀로지 도구와 탄탄한 전통적 리터러시 전략의 의도적인 결합을 통해 흥미롭고 즐거운 학습 환경을 조성하여 모든 유형의 변동성을 지닌 읽기 및 쓰기 학습자들을 지원하는 데에 열정을 쏟고 있다. Vasinda 교수는 테크놀로지가 진정한 의미의 자가 평가 기회를 제공할 수 있는 방법, 온라인 읽기의 행동 유도성과 도전적 과제, 뉴리터러시 등의 연구에 매진하고 있으며, 오클라호마 주를 비롯해 국내 및 국제적 전문가 단체에서 활발하게 활동 중이다. Vasinda 교수와는 트위터 계정 @svasinda를 통해 소통할 수 있다.

『테크놀로지 통합 리터러시 교육 - 모든 학습자를 위한 교육 모형과 틀 (Integrating Technology in Literacy Instruction - Models and Frameworks for All Learners)』은 리터러시 개념의 변화를 역사적으로 다루면서 최신 개념인 변혁적 리터러시(transliteracy)[1]까지도 포함하여 미래 사회 리터러시 개념을 종합적으로 살피고 있다. 2020년 7월에 출판된 이 책은 현재 우리가 실생활에서 밀접하게 사용하고 있는 인터넷 도구들을 소개하고, 이를 교육에 활용하는 방법도 소개하고 있다. 이 책은 4차 산업 시대를 살아갈 인재들의 디지털 역량 개발 교육을 담당해야 하는 교사들을 위해 쓰인 책으로, 교육을 위한 이론적 토대와 실제 교수-학습 모형을 제시하여 준다.

이 책은 크게 세 부분으로 나누어져 있는데, 1부에서는 리터러시 관련 이론들을 중심으로 리터러시 개념의 변화 및 확대, 디지털 리터러시를 포함한 미래 사회 리터러시의 유형들을 소개하고, 미래 사회 리터러시를 교육학 이론과 접목하여 논의한 후 미래 사회 리터러시 교육을 위한 교수-학습의 원리와 틀을 제시한다. 또한, 미래 사회 리터러시 교육을 위해서는 법률 및 정책의 측면에서 국가적 차원의 지원이 필요함을 강조하고 있는데, 미국의 '국가교육테크놀로지 계획(United States National Education Technology Plan)', '장애 학생 교육 지원법

---

1) 변혁적 리터러시란 다양한 범위의 플랫폼, 도구, 미디어를 넘나들며 읽고, 쓰고, 상호작용할 수 있는 능력으로(Vacca et al., 2018), 하나의 리터러시 방식에서 다른 방식으로의 이동 및 변형을 반영한다. 변혁적 리터러시는 하나의 개념이자 실행 방식이며 상황, 사회, 문화, 테크놀로지의 맥락 속에서 물 흐르듯 이동할 수 있게 해 주는 기술, 지식, 사고, 행동으로 구성된다(Sukovic, 2016, para. 5). 본 역서 『Integrating Technology in Literacy Instruction - Models and Frameworks for All Learners』의 1장에서 발췌.

(Individuals with Disabilities Education Act)', '낙오 아동 방지법(No Child Left Behind Act)', '모든 학생 성공법(Every Student Succeeds Act)'의 사례를 제시하고 있다. 이는 선진국의 교육 정책 및 교육과정 변화 양상을 살펴볼 수 있다는 점에서 의미가 있다.

2부에서는 미래 사회 리터러시 교수-학습 설계 시, 기존의 틀 안에 테크놀로지를 통합하게 될 때 달라지는 교육 환경 등의 주의점과 고려사항에 대해 논의하고 특히 테크놀로지 통합으로 인해 발생하게 되는 제약들과 이를 해소하는 방안들을 검토한다.

3부에서는 미래 사회 리터러시 교수-학습에서 테크놀로지를 실제로 적용하는 방안을 네 개의 장에 걸쳐 자세히 소개하고 있다. 먼저 온라인상에서 읽고 쓰기가 가능해진 인터넷 세대를 위한 리터러시 교육에서도 최근 리터러시 교육에서 강조하는 4C 즉, 학습자의 '비판적 사고(critical thinking), 소통(communication), 협력(collaboration), 창의성(creativity)'이 발달될 수 있도록 해야하며, 테크놀로지가 이러한 과정에 도움이 된다는 점을 밝히고 있다.

다음으로 디지털 사회에서의 온라인 읽기 능력과 조사 능력의 중요성을 역설하면서 SEARCH 전략을 소개하고 있는데, 이는 '검색어 선정(Select Keywords), 조회 수 및 콘텐츠 평가(Evaluate Hits and Content), 따옴표나 불리언 연산자 사용(Add Quotation Marks and Boolean Terms)[2], 검색 결과 선별(Refine Results), URL 확인(Check the URL), 핵심 정보 발견(Hunt for Key Information)의 첫글자를 조합한 것이다.

마지막으로 가상 현실, 증강 현실, 복합 현실 등 교수-학습 환경의 물리적 변화와 블렌디드 러닝, 프로젝트 중심 학습, 도전 중심 학습 등 교수-학습 모형의 변화에 대해 설명하고 실제 수업 설계 과정의 사례와 테크놀로지 도구 목록, 교수-학습 지도안 템플릿, 온라인 교수-학습 지원 사이트의 목록 등을 제시하면서 책을 마무리하고 있다.

---

2) 검색 결과의 정확도를 높이기 위해 따옴표("")나 AND, OR, & 등의 불리언 연산자(Boolean operators)를 추가하는 것.

본 번역서는 언어 교육 분야인 국어교육, 한국어교육, 영어교육 등의 외국어 교육 교사나 교육전문가는 물론, 교과를 막론하고 교과 내용과 테크놀로지를 통합한 수업을 시행해 보고자 하는 교사들이라면 모두 유용하게 활용할 수 있을 것으로 기대한다. 특히 일목요연하게 정리된 리터러시 이론들과 실제적 교수-학습 모형을 통해 수업의 설계와 운영에 실질적인 도움을 얻을 수 있고, 이 책에서 제시한 사례를 원형(prototype)으로 삼아 각자의 교육 환경 및 여건에 맞게 변형하여 사용할 수 있을 것이라 믿는다. 이 책을 통해 미래 사회 리터러시 교육을 위해 교사가 알고 있어야 하는 이론 지식과 실행 방안에 대한 구체적인 정보를 얻을 수 있다는 점에서 이 책의 의의가 크다.

이해하기 쉬우면서도 자연스러운 우리말이 되도록 본 역자들이 최대한 노력하였으나, 혹시 실수가 있을지 모르니 미리 양해를 구한다. 더욱 정확하고 좋은 번역이 될 수 있도록 따뜻한 조언도 함께 부탁을 드린다.

본 번역서가 출판될 수 있도록 판권 체결 단계부터 정성을 들여주신 박이정 출판사 사장님 이하 모든 관계자분들께 감사드리며, 특히 편집, 교정, 디자인을 맡아주신 편집팀에도 무한한 감사의 마음을 전한다. 마지막으로 번역 작업에 몰두하는 역자들을 걱정하면서도 늘 든든하게 지지해 준 가족들에게도 고마움을 전하고 싶다.

역자 소개

김명순

한국교원대학교에서 교과교육 박사학위를 받았다. 현재 부산대학교 교수로 재직하고 있다. 저서로는 『과정 중심 독서 지도』(공저), 『비판적 책 읽기를 위한 한 학기 한 권 읽기 토의, 토론 수업』(공저) 등이 있으며 대표 논문으로는 「문식력 개념의 변화 양상과 재개념화 방향」 등이 있다. 『고등학교 국어』(공저), 『고등학교 독서』(공저), 『중학교 국어』(공저) 등 교과서도 집필하였다. 읽고 쓰는 능력에서 기원한 문식력(리터러시)이 그간 제반 분야로 확장되어 온 점에 관심을 두고 오늘날 급변하는 매체 환경 속에서 문식력(리터러시) 교육이 어떻게 이루어져야 할지를 고민하고 있다.

윤창숙

부산대학교에서 영어영문학과 한국어교육학을 전공하고 한국어교육학 박사 학위를 받았다. 부산대학교, 부산외국어대학교, 부경대학교 등에서 강의하였으며, 「다중 지능 이론을 활용한 한국어 의성어·의태어 교육 방안 연구」 등 다수의 논문을 발표하였다. 코로나 19 팬데믹 시기 온라인 실시간 화상 강의를 운영하면서 디지털 리터러시의 중요성을 인식하게 되었고, 특히 디지털 리터러시의 핵심 요소 중의 하나인 온라인 읽기·쓰기 능력에 관련된 연구에 주목하고 있다.

제**1**부
리터러시 교육에 관한
이론적 토대

1장

인식 전환

리터러시는 의사를 전달하고 이해하기 위해 읽고, 쓰고, 듣고, 말하고, 보고, 시각적으로 표현할 수 있는 것을 뜻하는 광범위한 용어이다. 오늘, 자신이 리터러시를 보여 준 다양한 모든 방식들을 떠올려 보라. 종이 중앙에 원을 그리고 리터러시 개념도를 그려 보라. 중앙의 원에서 뻗어 나가는 가지를 쳐서 오늘 자신이 사용한 여러 다양한 리터러시 양식을 적어 보라. 이 개념도를 보면서 지난 10년 이상 변화해 온 오늘날 의사소통의 복합적 양식을 생각해 보라. 리터러시는 어떻게 진화해 왔는가? 더 효과적으로 바뀌었는가? 그렇게 생각하는 이유는 무엇인가? 아니면 그렇지 않다고 생각하는 이유는 무엇인가?

기분을 나타내기 위해 텍스트에 인터넷 밈[1]을 사용해 본 적이 있는가? 등교하거나 출근하는 길에 팟캐스트를 들어본 적이 있는가? 학생들도 학교 밖에서 비슷한 방식으로 시간을 보낸다. 방과 후 학생들의 삶을 따라가 보면 그들이 블

---

1) 인터넷 밈(Internet meme)은 리처드 도킨스(Richard Dawkins)가 《이기적 유전자(The Selfish Gene)》(1976)에서 사용한 '밈(meme)'에서 나온 말이다. 밈은 마치 유전자처럼 인간의 사고와 문화도 복제되고 전파되는 것을 가리킨다. 이러한 맥락에서 인터넷 밈은 "인터넷에서 이미지, 동영상, 해시태그, 유행어 등의 형태로 급속도로 확산되어 사회 문화의 일부로 자리 잡은 소셜 아이디어, 활동, 트렌드 등을 일컫는 말"(IT용어사전, 한국정보통신기술협회)이다. 가령, 동물 영상에 재밌는 문구를 삽입하거나, 드라마나 영화를 패러디하는 등 재미를 주기 위한 것이 많다.

로그를 하고, 동영상을 만들고, 스마트폰으로 게임을 하며, 스냅챗과 같은 최신 앱을 사용해 친구들과 이야기하는 모습을 보게 된다. 이 학생들은 모두 자신들의 목소리, 노력, 또래 집단 등을 확장해 주는 도구들을 사용하여 리터러시 활동에 참여하고 있다. 디지털 시대에 리터러시의 범위는 거대하게 확장되고 있다.

리터러시라는 용어는 가장 기본적 형태와 기능機能 면에서 의사소통과 창조를 위한 다양한 수단의 사용을 의미한다. 음성 언어를 생각해 보라. 갓난아기가 이 세상에 태어나는 순간부터 부모는 옹알이를 언어로 해석하고 아이가 평생을 거쳐 익혀 나가게 될 언어로 반응을 해 준다. 문자 언어의 경우도 마찬가지여서 동굴 생활의 그림문자에서 기호, 알파벳, 마침내 인쇄된 글로 발전하였다. 구텐베르크의 인쇄술 발명은 전 세계적인 리터러시 수단을 만들어 주었다.

부모님이나 선생님 세대에 비해 오늘날 학생들의 리터러시 목록은 대폭 확대되었다(International Reading Association, 2009). 1세대 아이패드가 출시된 것이 2010년인데 이제 두 살배기 아이도 화면을 좌우로 밀거나 두드리면 노래, 사진, 애니메이션, 동영상 등을 볼 수 있다는 것을 안다. 20세기 아이들이 종이에 크레용으로 무언가를 끄적거린 것처럼 요즘 아이들은 원하는 콘텐츠의 아이콘을 찾아 유목적인 상호작용을 한다. 이러한 신생 리터러시 형태는 이해, 의사소통, 창조의 강력한 방식이 되었으며 리터러시를 갖춘다는 것이 의미하는 바에 변화가 있음을 보여 준다.

21세기에 들어, 지면 기반 의사소통에서 화면 기반 의사소통으로의 이행은 정보 및 아이디어에 접근하고 전달하는 기능skills[2]을 변화시키고 있다. 정보 텍스트를 온라인으로 읽는 과정을 생각해 보라. 온라인 읽기를 잘하려면 하이퍼링크로 된 디지털 정보가 어떻게 연결되어 있는지를 알아야 한다. 파란색으로 된 단어나 구를 클릭하면 관련 정보와 추가적인 세부 설명이 있는 또 하나의 웹페이지로 연결된다. 이러한 정보는 도움이 되기도 하지만 주의를 분산시키기도 한다(Warlick, 2009). 온라인으로 접하게 되는 정보를 평가하려면 독자가 이러한

---

2) 이하에서 '기능'은 skills(技能)을 가리킨다. function의 경우는 '기능(機能)'으로 표시하기로 한다.

과정을 이해해야 한다. 오늘날의 학습자들은 필요에 따라 팟캐스트를 듣거나 동영상을 시청하는데, 지면 기반 텍스트에서처럼 온라인 정보의 품질과 신뢰성을 평가할 수 있어야 한다. 기술력과 접근성이 높아지고 확대되는 만큼 리터러시에 대한 요구도 계속해서 증가하고 변화한다(Biancarosa & Snow, 2006).

정보통신기술과의 연계

변화하는 세계에서 리터러시를 다룰 때 리터러시 혹은 리터러시의 확장된 개념을 반영하는 다양한 용어들을 만나게 된다. 이 장에서 설명하는 리터러시 용어들의 공통점은 정보통신기술ICT과의 잠재적 관련성이다. ICT 관련한 작금의 동향에 세계적인 관심이 쏠리고 있는데 이는 전 세계적으로 교육의 질을 향상시킬 잠재적 기회와 이점이 있기 때문이다. 테크놀로지의 행동 유도성affordances 으로도 인식되는 이러한 이점은 사회 일반적으로 영향을 끼친다.

유네스코에 따르면 "현대 사회는 점점 더 정보와 지식에 의존하고 있으며, 디지털 정보통신기술이 이러한 현상을 주도하고 있다."(UNESCO, 2017, 1항) 전 세계적 정책들을 보면 교육에 테크놀로지의 통합을 장려하고 이를 향후 경제적 성공의 주요 요인으로 본다. 교실 안팎에서 ICT 사용이 확장됨에 따라, 교육자들은 리터러시와 리터러시 교육에 미치는 테크놀로지의 영향력을 이해해야 한다.

21세기 리터러시 기능을 기술하기 위해 사용되는 용어가 무엇인가에 관계없이, 현재 리터러시에 대한 인식에는 전형적으로 인터넷과 같이 정보를 수집하고 퍼 나르기 위한 ICT 이용이 포함돼 있다(Leu, Forzani, Timbrell, & Maykel, 2015). 게다가 인터넷이나 모바일 장치에 대한 노출과 접근이 증가하는 상황에서 교실 안과 교실 밖의 학습에 필요한 새로운 기능들은 미래가 아니라 지금 여기에서 우리가 살아가고 역할을 수행하기 위한 것이다.

읽기에서 리터러시로의 전환

리터러시를 갖춘다는 것이 뜻하는 바가 확대되고 변화하면서 리터러시는 범교과적으로 교육에 여러 가지 방식으로 영향을 주었다. 읽기 및 언어 교육 전문가 공동체에서 리터러시는 읽기와 쓰기 기능에 대한 보다 광범위하면서도 오늘날의 관점을 반영하는 말이 되었다. 2001년 국제독서학회International Reading Association: IRA — 지금은 국제리터러시학회International Literacy Association: ILA로 명칭을 바꾼 — 는 학회의 발표문과 성취기준에 읽기라는 말 대신 리터러시라는 말로 바꾸어 쓰기 시작했다. ILA는 전통적인 읽기, 쓰기, 듣기, 말하기 기능을 넘어서 확장된, 리터러시라는 보다 포괄적인 관점에 부합하도록 학회의 명칭 변경 과정을 마무리했다.

국가의 리터러시 성취기준에도 리터러시에 대해 변화하는 개념을 반영하고 있다. 예를 들어, ILA(2018)의 리터러시 전문가 준비과정의 성취기준에 디지털 리터러시가 포함되어 있다. 리터러시의 확장된 정의는 "활자 및 디지털 테크놀로지를 사용하여 우리가 읽고, 쓰고, 소통하고, 협력하는 다양한 방식을 말하며 복수형의 리터러시들literacies을 가리킨다."(p.17) 영어과 국가 공통 핵심 성취기준(The Common Core State Standards, 2010)에는 역사/사회, 과학, 기술 교과와 같은 내용 영역의 리터러시 필수요건이 포함돼 있다. 내용 영역에 리터러시 성취기준을 설정한 의도는 모든 학생에게 필요한 기능의 신장을 위해 내용 성취기준을 보충하는 데 있다(National Governors Association Center for Best Practices & Council of Chief State School Officers, 2010).

이 책에 쓰인 리터러시란 말은 범교과적인 말인데, 왜냐하면 리터러시가 정보를 주고받는 토대가 되기 때문이다. 듣기와 말하기, 읽기와 이해, 쓰기와 전달, 보기와 창조를 통해 의미를 만들어 내는 행위는 테크놀로지를 사용하든 사용하지 않든 모든 교과에서 일어난다. "영어, 수학, 과학, 사회, 역사, 미술, 음악 등 무슨 교과이든지 간에 21세기 역량과 비판적 사고, 복잡한 문제 해결, 협력, 멀티미디어 의사소통과 같은 전문적 능력은 모든 내용 영역 교과에 구성해 넣어야 한다."(U.S. Department of Education, 2010, p.9)

멀티리터러시들

복합적인 의사소통 방식으로 인해 리터러시는 단수 개념에서 리터러시들이라는 복수 개념으로 전환되었다. 이렇게 확장된 개념은 우리가 어떻게 가르치고 어떤 자료를 사용할지에 대한 생각도 바꾼다. 멀티리터러시들은 리터러시 이론과 교수법을 복수 개념으로 전환하는 데 부합한다. 멀티리터러시들은 인쇄물, 사진, 동영상, 그래프로 나타내는 시각적·청각적 의사소통 양식과 관련된다(Kress, 2003; New London Group, 1996). 다중 리터러시들multiple literacies이라고도 불리는 멀티리터러시들은 우리가 다양한 방법 또는 다양한 양식으로 의사소통한다는 점을 나타낸다. 우리를 둘러싼 세상은 복합 양식적이다. 이 장 서두의 <인식 전환> 부분으로 돌아가서 자신이 리터러시를 갖추게 된 방식을 생각해 보라. 어떤 방식이든 일상의 의사소통이 리터러시이다. 우리가 이 책에서 리터러시와 테크놀로지의 통합에 초점을 두는 것은 멀티리터러시[3] 관점을 바탕으로 한다.

리터러시 용어

리터러시를 갖추게 된다는 것이 무엇을 뜻하는지 개념이 변하고 있는데, 멀티리터러시들은 이와 관련된 새로운 용어 중의 하나이다. 또, 이 책의 틀이 되는 리터러시 이론을 가리키기도 한다. 다음 장에서 계속하여 멀티리터러시들에 대해 고찰하게 될 것이다. 리터러시 용어가 새로운 테크놀로지 및 새로운 리터러시들을 반영하면서 진화하고 있는데, 새로운 용어들이 종종 의미상 중첩되어서 이러한 변화를 이해하는 데 일관되지 못하거나 혼란스러운 점을 야기하기도 한다. Lankshear and Knobel(2008)은 관련 기능들과 개념들에 존재하는 복잡성 때문에 디지털 리터러시들이라는 복수 개념을 강조한다. 정보 리터러시, 네트워

---

3) 원문은 복수의 multiliteracies이지만 표현의 자연스러움과 우리의 통상적 언어 관습을 고려하여 '멀티리터러시'로 나타내었다. 이하에서도 표현이 보다 자연스러울 경우 '멀티리터러시'로 나타내겠다. 가령 '멀티리터러시 이론', '멀티리터러시 교수법'과 같은 경우가 그러하다. 다만, 맥락상 복수 개념을 강조해야 할 때는 '멀티리터러시들'로 표기하겠다.

크 리터러시, 미디어 리터러시, e리터러시, 컴퓨터 리터러시와 같이 디지털 리터
러시와 관련된 중첩되는 리터러시 용어들이 교사들에게는 복잡하게 생각될 수
있다(Bawden, 2008). 이렇게 중첩되고 유사한 용어들을 명확히 하고자 Pilgrim
and Martinez(2013)은 21세기의 학습 상황을 반영해서 다음 <표 1.1>과 같이
용어를 정의하였다.

<표 1.1> 전통적 리터러시와 21세기 리터러시들 요약

멀티리터러시들 – 리터러시를 갖추는 다양한 방식	
용어	정의
전통적 리터러시	읽기, 쓰기, 듣기, 말하기, 보기, 시각적 표현하기 기능은 다양한 문화를 인식하려고 하면서 정보를 강화하기 위해 이해, 평가, 정교화, 창조, 적용, 참여, 인용, 해석, 테크놀로지 활용을 하는 문식적 사람이 지닌 기능을 보여준다(CCSSI, 2010).
디지털 리터러시	IT 및 인터넷을 활용하여 콘텐츠를 찾고, 평가하고, 활용하고, 공유하고, 창조할 수 있는 능력(Cornell University, 2009)
정보 리터러시	정보의 성찰적 발견, 정보 생산 및 평가 방식의 이해, 새로운 지식 창출 및 학습 공동체 윤리적 참여를 위한 정보 사용을 아우르는 일련의 통합적 능력 (ACRL, 2016)
컴퓨터 리터러시	개인적, 학문적, 직업적 효율을 도모하기 위해 컴퓨터를 설정하고 통제할 수 있는 능력
비판적 리터러시	문자 텍스트, 시각적 어플리케이션, 발화에 나타난 태도, 가치, 신념에 대해 이해, 질의, 평가를 강조하는 방식으로 정보를 연결하는 것
웹 리터러시	온라인상에서 찾고, 창조하고, 참여하는 데 필요한 지식과 특정 기능의 사용. 웹 리터러시의 3가지 구성 요소는 다음과 같다. (a) 정보를 좁혀 가기 위해 목적지향적으로 온라인 검색하기, (b) 종합적 지식 기반을 구축하기 위해 정보를 효과적으로 조직하기, (c) 협력을 통한 정보 해석을 위해 다른 사람과 지식 공유하기
대문자 뉴 리터러시	대문자 뉴리터러시에는 (a) 정보를 수집하고 의사소통을 하기 위해 개발된 테크놀로지에 필수적인 새로운 사회적 실천, 전략, 기능, 성향, (b) 글로벌 사회에 참여하기 위한 기본적 요구, (c) 테크놀로지가 등장하고 변화할 때 일어나는 다중인 반복, (d) 테크놀로지의 다양한 면을 이해하는 데 도움이 되는 복합적 관점이 포함된다(Leu, O'Byrne, Zawilinski, McVerry & Everett-Cacopardo, 2009).

소문자 뉴 리터러시	소문자 뉴리터러시는 온라인 읽기, 탐구, 이해와 관련된 다음의 다섯 가지 과정을 통해 테크놀로지 발전과 사회적 실천을 탐색한다. (a) 중요한 문제 파악하기, (b) 중요한 정보 찾아내기, (c) 비판적으로 정보 평가하기, (d) 정보 종합하기, (e) 읽기와 쓰기를 통해 효과적으로 의사소통하기(Leu et al., 2004)
변혁적 리터러시	플랫폼, 도구, 미디어를 넘나들며 읽고, 쓰고, 상호작용할 수 있는 능력은 리터러시의 변화하는 성질을 반영한다(Vacca et al., 2018).

Pilgrim and Martinez (2013)

뉴 리터러시, 디지털 리터러시, 웹 리터러시와 같이 <표 1.1>에 있는 많은 용어들이 리터러시와 테크놀로지가 혼합된 방식으로 교육자나 연구자들 사이에 통용되곤 한다. 다음은 이 책에서 사용할 리터러시의 정의들이다.

전통적 리터러시

선견지명 있는 연구자 Seymour Papert(1993)가 언급한 대로 전통적 리터러시 교육은 종종 '글자 리터러시letteracy'에 초점을 맞춘다. 여섯 가지 언어 기능 ─즉 읽기, 쓰기, 듣기, 말하기, 보기, 시각적 표현─ 사이의 상호관련성(Greer, Smith, & Erwin, 1996)과 리터러시 기능들 사이의 상호의존성은 전통적 리터러시 기능의 토대가 된다. 미국의 공통 핵심 국가 기준(2010)은 교실에서 가르치고 평가해야 할 리터러시 기능의 일환으로 이해하기, 평가하기, 비판적으로 사고하기, 논증하기, 이해한 것 증명하기, 지식 기반 구축하기, 의사소통 요구에 맞추기, 신뢰할 수 있는 자료 찾기, 비평하기, 증거 인용하기, 테크놀로지 사용하기, 학습한 것을 기존 지식에 통합하기, 효율적으로 의사소통하기를 가르치는 데 중점을 둔다. 현재로서는 전통적인 리터러시 기능이 전통적 방식이든 디지털 방식이든 모두 학교를 기반으로 한 학습의 토대가 되고 있다. 학생들이 인터넷 공간에서 엄청나게 많은 시간을 보내기 때문에 "온라인 읽기와 학습에 초점이 주어져야 한다."라고 주장하는 사람들도 있다(Leu et al., 2015, p.139). 앞의 <인식 전환>에서 자신이 그렸던 개념도를 다시 보고 거기에 전통적 리터러시가 포함되어 있는지 확인하기 바란다.

디지털 리터러시

  디지털 시대의 리터러시 교육에는 리터러시 요소들의 적용 수단으로서 테크놀로지 사용이 포함된다. Jones-Kavalier & Flannigan(2008)에서는 디지털 리터러시를 "…미디어(텍스트, 소리, 이미지)를 읽고 이해하는 능력, 디지털 처리를 통해 데이터와 이미지를 재생산하는 능력, 디지털 환경에서 얻은 새로운 지식을 평가하고 적용하는 능력"(p.14)으로 정의하였다. 코넬 대학(2009)에서는 "디지털 리터러시는 IT와 인터넷을 사용하여 콘텐츠를 찾고, 평가하고, 이용하고, 공유하고 창조하는 능력"(1항)으로 좁게 정의하였다. 2010년 미국 교육부는 국가교육테크놀로지계획the National Education Technology Plan에서 디지털 리터러시를 정의하고 학생들이 21세기에 요구되는 기능을 익힐 수 있도록 교사가 학생들에게 제시하는 과제에 테크놀로지 기능을 포함해야 한다고 하였다.

정보 리터러시

  역사적으로, 정보 리터러시는 정보 문제-해결과 정보 접근을 위해 사용되는 리터러시 기능을 가리킨다. 1989년 미국 도서관 협회American Library Association: ALA는 정보 리터러시를 "필요한 정보를 효과적으로 찾고, 평가하고, 사용할 수 있는 능력"(p.1)으로 정의하였다. 이 정의는 정보 리터러시에 대한 소비자 중심적인 관점의 정의이다. 2016년 ALA는 정보 리터러시에 대하여 보다 현시대적 관점을 반영할 수 있도록 이 정의를 확장하였는데 정보 리터러시에 정보를 윤리적으로 소통하고, 생산하고, 창조하는 방법을 포함하였다(대학 연구도서관 협회, 2016: Association of College Research Libraries, 2016). 정보 리터러시의 정의는 정보의 사용을 넘어 보다 협력적인 입장으로 확장되었다. 정보 리터러시의 핵심적 정의를 이해하고 오랜 시간에 걸쳐 발전되어 온 정의를 이해하는 것이 21세기의 교수학습을 위한 토대가 된다.

미디어 리터러시

미디어 리터러시는 "다양한 맥락에서 메시지를 접하고, 분석하고, 평가하고, 창조하는 능력"(Christ & Potter, 1998, p.7)이며, 시청각 리터러시, 디지털 리터러시, 광고 리터러시, 인터넷 리터러시, 영화 리터러시, 시각적 리터러시 등이 포함된다. 아이들은 텔레비전, 라디오, 책, 신문과 같은 전통적 미디어 자원을 넘어 다양한 자원을 사용하기 때문에 미디어 리터러시에는 "여러 유형의 미디어를 구별하고 거기서 나오는 메시지를 이해할 수 있는 능력"(Common Sense Media, 연도미상, 2항)이 포함된다. 현 상황에서 미디어 리터러시는 가짜 정보와의 싸움에서 문제의 초점이 된다. 미디어 리터러시와 비판적 리터러시(아래 정의 참조)는 폭발적인 인터넷 사용이 있기 전에도 존재했지만 새로운 테크놀로지로 인해 더 중요해지고 있다.

컴퓨터 리터러시

전통적 리터러시 과제를 하려면 독자와 필자가 종이와 펜 사용법을 알아야 하듯이, 디지털 리터러시 과제를 하려면 독자와 필자가 컴퓨터 사용의 기본을 알아야 한다. 기초 수준의 컴퓨터 리터러시에는 컴퓨터를 켜고, 마우스로 클릭이나 스크롤을 하고, 키보드를 사용하는 데 필요한 지식과 기능이 포함된다(Anderson, 1983; Corbel & Gruba, 2004). 조금 더 상급 수준의 컴퓨터 리터러시 기능에는 데이터 입력, 문서 작성 등을 위해 하드웨어 및 소프트웨어 개념에 대한 이해가 포함된다. 컴퓨터가 우리 주변에 나온 지 꽤나 되어서 컴퓨터 리터러시가 새로운 용어는 아니다. 그러나 컴퓨터 리터러시는 학생들이 코딩이나 다른 고급 컴퓨팅 기능에 노출되면서 계속해서 복잡하게 변화한다.

비판적 리터러시

비판적 리터러시가 디지털 형식에만 관련되는 것은 아니지만, 누구나 온라인 정보를 생성할 수 있는 사회에서 중요성을 지니게 되었다. 비판적 리터러시는 저자가 보내는 메시지의 수용을 넘어서, 내용을 분석하고 의심하며, 저자가 지닌 목적과 편견을 파악하고(McLaughlin & DeVoogd, 2004; Stevens & Bean, 2007), 어떤 권력층이 특권을 누리는지(Gregory & Cahill, 2009), 누구의 목소리가 대변되고 누구의 복소리가 무시되는지를 살펴보는 것까지 나아간다(Leland & Harste, 2000). Vasquez and Felderman(2013)에 따르면 테크놀로지는 학생들이 전통적 방식의 정보 수집 및 공유를 넘어서 공부할 수 있도록 한다. 테크놀로지는 지역적으로나 전세계적으로 학생들이 이야기와 자원을 유통할 수 있는 수단을 제공해 주기 때문에 비판적 리터러시를 통해 만들어진 디지털 담론을 확장한다.

웹 리터러시

웹 리터러시는 저자와 사이트의 신뢰성을 평가하면서 콘텐츠를 찾고, 평가하고, 분석하는 데 필요한 지식뿐만 아니라 효과적인 웹 탐색 기능도 가리킨다(November, 2008). 학생들이 탐구를 하고 나서, 탐구한 정보를 전달하기 위해(November, 2008) 디지털 도구를 사용하여 다양한 앱(가령, Storybird와 Toontastic)이나 가상의 현장 학습과 같은 체험을 통해 다른 사람과 연결되는 데는 협력과 소통이 요구된다. 온라인 읽기 및 탐구는 지면 기반의 서책을 사용하는 전통적 읽기 및 탐구와는 다른 기능이 요구된다. 하이퍼링크와 시각 자료를 사용해서 텍스트 전체적으로 온라인 연계가 가능해지면서 온라인 읽기는 더 복잡한 과정이 되었다(Coiro & Dobler, 2007; Leu, Kinzer, Coiro, Castek, & Henry, 2019). 탐구의 성공 여부는 온라인에서 발견되는 정보를 찾아내고, 분석하고, 평가하고, 종합하고, 전달하고, 조직하는 학생의 능력에 직접적으로 영향을 받는다(Leu, et al., 2019; November, 2008). Bridget Dalton(2015)는 "웹 리터러시는 거대하다. 그것은 우리가 웹에서 하는 모든 것이다."라고 하였다.

소문자 뉴 리터러시 (new literacies)

인터넷은 리터러시에 상당히 영향을 주었고 리터러시를 바라보는 관점을 변하게 하였다(Coiro, Knobel, Lankshear, & Leu, 2008). 새로운 웹 기반 테크놀로지 도구들이 인터넷상에 끊임없이 등장하면서 특정의 새로운 리터러시 기능들이 요구되었는데, 이 기능들을 소문자 뉴 리터러시로 규정하게 되었다. 소문자 뉴 리터러시는 사회·문화적 실천과 변화에 신속히 반응하며, 이러한 변화의 특정 양상에 주목한다. 읽고 쓰는 기술적 도구에 필요한 어떤 기술도 뉴 리터러시로 간주될 수 있다. 가령, 종이와 연필로 일기를 쓰는 대신 인터넷으로 블로그를 작성하는 경우가 뉴 리터러시에 해당한다([그림 1.1]).

[그림 1.1] Donald J. Leu- 뉴 리터러시 연구소
[동영상 파일]. https://youtu.be/zFN81JAugDo.
(출처: Donald J. Leu 뇌파 동영상 선집: (2014년 3월 2일))

대문자 뉴 리터러시 (New Literacies)

대문자 뉴 리터러시는 테크놀로지 등장으로 인해 발생한 새로운 의사소통 방식에 대해 설명하는 이론이다. 소문자 뉴 리터러시 연구에서 나온 결과들이 나타내는 패턴으로부터 이 새로운 이론이 형성되었다(Leu et al., 2019). 지금까지 대문자 뉴 리터러시 이론은 다음 8가지 사항을 확인하였다.

1. 인터넷은 지구촌의 현 세대에게 리터러시와 학습을 위한 주요 테크놀로지이다.
2. 인터넷과 기타 새로운 테크놀로지에 접근하고 이들을 최대한 활용하기 위해서는 새롭고 추가적인 리터러시가 필요하다.

3. 대문자 뉴 리터러시는 급속하게 그리고 맥락에 따라 변화한다.
4. 대문자 뉴 리터러시는 다중적이고, 복합양식적이며, 다면적이다.
5. 비판적 리터러시가 뉴 리터러시의 핵심이다.
6. 대문자 뉴 리터러시는 새로운 형태의 전략적 지식을 요구한다.
7. 새로운 사회적 실천은 대문자 뉴 리터러시의 중심 요소이다.
8. 뉴 리터러시 교육 현장에서는 교사의 역할이 계속해서 변하기 때문에 교사의 중요성이 훨씬 더 분명해진다.

일반적으로 대문자 뉴 리터러시는 리터러시 정의의 확장과 함께 테크놀로지 등장 이후 지속적으로 영향을 받아 나타난 소문자 뉴 리터러시 현상을 설명하려는 이론이라고 할 수 있다.

변혁적 리터러시

변혁적 리터러시는 다양한 플랫폼, 도구, 미디어를 넘나들며 읽고, 쓰고, 상호 작용할 수 있는 능력이다(Vacca et al., 2018). 변혁적 리터러시는 하나의 리터러시 양식에서 다른 양식으로 이동하고 변환하는 것을 반영한다. 변혁적 리터러시는 하나의 개념이자 실천 양식이기도 하다. 변혁적 리터러시는 "상황적, 사회적, 문화적, 기술적 맥락에 따라 유연하게 '가로지르며 이동'할 수 있게 해 주는 기능, 지식, 사고, 행동으로 구성된다."(Sukovic, 2016, 5항) 변혁적 리터러시라는 말은 범학제적 성격을 지닌다.

지면 기반 미디어에서 화면 기반 미디어와 모바일 기반 미디어로의 이동은 개인적 삶의 향상과 학교 및 직장에서의 성공에 필요한 기능들을 바꾸어 놓았다. 대부분의 교사와 연구자들이 공유된 리터러시 용어의 일부 혹은 전부를 사용해서 이렇게 변화하고 있는 기능들을 기술하지만, 이러한 기능들은 지면 기반 텍스트와의 상호작용에도 필요하다. 20세기와 21세기가 공존하는 이 시대에, 사람들은 지면 기반 미디어와 디지털 미디어 둘 다를 다루는 변혁적 리터러시적인 실천을 하고 있다. [그림 1.2]는 전통적 리터러시를 지닌 사람이 변혁적 리터러시를 지닌 사람으로 바뀌는 과정을 보여준다. Vacca et al.(2018)에서는 변화하는 세계에서 변혁적 리터러시가 하는 기능機能을 설명하기 위하여 이러한 변환을 지면 기반 리터러시 기능과 화면 기반 리터러시 기능에 대한 지식의 결합으로 설명하였다.

[그림 1.2]에서 왼쪽 부분은 책, 신문, 감사 메모 읽기와 같이 지면 기반 텍스트 사용 기능과 관련된 몇 가지 전통적 리터러시 용어를 보여준다. 가운데 부분은 컴퓨터를 사용하여 의사소통하거나 태블릿 또는 스마트폰으로 전자책을 읽을 때의 화면 기반 리터러시 기능을 나타낸다. 인쇄된 책 읽기와 웹 문서 읽기는 같은 것이 아니며, 이것이 리터러시 개념이 변하게 된 이유이다. 오른쪽 부분은 디지털 테크놀로지의 등장과 디지털 테크놀로지에 접근하게 되면서 생긴 변화로 인한 뉴 리터러시를 나타낸다.

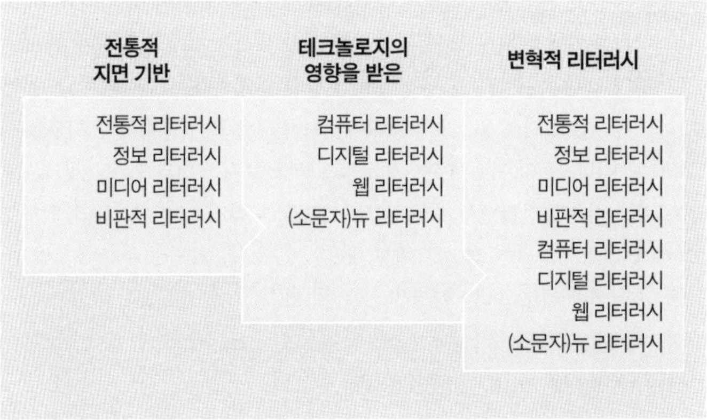

전통적 지면 기반	테크놀로지의 영향을 받은	변혁적 리터러시
전통적 리터러시 정보 리터러시 미디어 리터러시 비판적 리터러시	컴퓨터 리터러시 디지털 리터러시 웹 리터러시 (소문자)뉴 리터러시	전통적 리터러시 정보 리터러시 미디어 리터러시 비판적 리터러시 컴퓨터 리터러시 디지털 리터러시 웹 리터러시 (소문자)뉴 리터러시

[그림 1.2] 변혁적 리터러시: 변화하는 세계의 리터러시, 전통적 리터러시에서 변혁적 리터러시로.

변혁적 리터러시 활동에는 해독, 이해, 비판적 사고와 같은 기초적인 리터러시 기능이 요구된다. 기초적 리터러시 기능은 정보통신기술ICTs을 사용하지만, 읽기, 쓰기, 말하기, 듣기에 거는 기대도 크고 사용 기회도 확장되고 있다. 테크놀로지의 영향으로 인한 리터러시의 발전은 지면 기반 리터러시와 화면 기반 리터러시 용어들이 사용되는 맥락도 변화시킨다. 예를 들어, 신문 읽기는 미디어 리터러시의 한 형태이다. 미디어 리터러시는 새로운 테크놀로지 등장 이전부터 있었지만, 신문 읽기라는 말이 사용되는 맥락은 테크놀로지의 영향으로 변화했다.

<인식 전환> 다시 보기

테크놀로지의 행동 유도성이나 가능성은 학생들의 개인적 삶이 반영되는 교실에서 학생들에게 리터러시 과정을 중재하는 흥미 있는 방법들을 제공해 준다. 리터러시는 계속해서 변화하고 발전하기 때문에 이 장에서 정의하고 설명한 리터러시들이 리터러시 목록의 전부는 아니다. 상상하지 못했던 새로운 테크놀로지 도구로 말미암은 정보통신기술(ICTs)의 변화는 학교 안과 밖에서 우리가 삶을 살아가는 방식에 지속적인 영향을 줄 것이다. 테크놀로지 도구들이 급속도로 발전하기 때문에 교사에게는 모든 학습자의 요구, 교육적 실천, 학습 목적 및 목표를 뒷받침할 수 있는 텍스트와 도구를 고려하고 평가하며 통합할 수 있는 방법이 필요하다. 교실 안팎에서 테크놀로지의 존재가 커지고 있으므로 교육자들은 학습을 최적화하기 위한 테크놀로지 활용 방법을 알아야 한다.

이 장 서두의 <인식 전환>에서 '리터러시'를 중심 원에 두고 오늘 자신이 사용한 다양한 리터러시 방식들을 나뭇가지 모양으로 개념도를 그려 보라고 하였다. 이 장에서 논의한 바와 같이, 리터러시가 어떻게 변화해 왔고 테크놀로지 발전과 함께 어떻게 지속적으로 변하고 있는지를 생각하면서 자신이 그린 개념도를 다시 한번 살펴보라. 의사소통 양식에 대해 알게 된 지식을 바탕으로 해서 개념도에 새로운 가지를 추가해 보라. 이 장에서 정의하고 논의한 새로운 리터러시가 포함됐는가? 추가할 리터러시가 있는가? 리터러시에 대한 이해를 계속해서 확장하고 학생들이 오늘날 이 세계의 실세계 과제를 대비할 수 있도록 여기서 다룬 새로운 지식들을 적용해 보라.

References

American Library Association (1989). Presidential committee on information literacy. Final report. Retrieved from http://www.ala.org/acrl/publications/whitepapers/presidential

Anderson, C. A. (1983). Computer literacy: Changes for teacher education. Journal of Teacher Education, 34(5), 7–9.

Association of College Research Libraries. (2016). Framework for information literacy for higher education. Retrieved from http://www.ala.org/acrl/standards/ilframework

Bawden, D. (2008). Origins and concepts of digital literacy. In C. Lankshear & M. Knobel (Eds.), Digital literacies: Concepts, policies, and practices. (pp.1570–1613). New York, NY: Peter Lang Publishing.

Biancarosa, C., & Snow, C. E. (2006). Reading next—A vision for action and research in middle and high school literacy: A report to Carnegie Corporation of New York (2nd ed.). Washington, DC: Alliance for Excellent Education.

Christ, W. G., & Potter, W. J. (1998). Media literacy, media education, and the academy. Journal of Communication, 48(1), 5–15.

Coiro, J., & Dobler, E. (2007). Exploring the online reading comprehension strategies used by sixth-grade skilled readers to search for and locate information on the Internet. Reading Research Quarterly, 36, 378–411.

Coiro, J., Knobel, M., Lankshear, C., & Leu, D. J. (2008). Handbook of research in new literacies. Mahwah, NJ: Lawrence Erlbaum Associates, Inc.

Common Core State Standards Initiative (CCSSI) (2010). Common core state standards for English language arts & literacy in history/social studies, science, and technical subjects. Retrieved from http://www.corestandards.org/wp-content/uploads/ELA_Standards1.pdf

Common Sense Media (n.d.). What is media literacy, and why is it important? Retrieved from https://www.commonsensemedia.org/news-and-media-literacy/what-is-media-literacy-and-why-is-it-important

Corbel, C., & Gruba, P. (2004). Teaching computer literacy. Sydney, Australia: Macquarie University.

Cornell University (2009). Digital literacy resource. Retrieved from http://digitalliteracy.cornell.edu/

Dalton, B. (2015). Charting our path with a web literacy map. The Reading Teacher,

68(8), 604–608. doi:10.1002/ trtr.1369

Greer, M., Smith, R. S., & Erwin, L. (Eds.) (1996). Standards for the English language arts. Newark, DE and Urbana, IL: International Reading Association and the National Council for Teachers of English. Retrieved from http://www.ncte.org/library/NCTEFiles/Resources/Books/Sample/StandardsDoc.pdf

Gregory, A., & Cahill, M. A. (2009). Constructing critical literacy: Self-reflexive ways for curriculum and pedagogy. Critical Literacy: Theories and Practices, 3(2), 6–16.

International Literacy Association. (2018). Standards for the preparation of literacy professionals 2017. Newark, DE: Author.

International Reading Association. (2009). New literacies and 21st-century technologies: A position statement of the International Reading Association (IRA PS 1067). Retrieved from http://www.reading.og/General/AboutIRA/PositionStatements/21stCenturyLiteracies.asp x

Jones-Kavalier, B. R., & Flannigan, S. I. (2008). Connecting the digital dots: Literacy of the 21st century. Teacher Librarian, 35(3), 13–16.

Kress, G. (2003). Literacy in the new media age. New York, NY: Routledge.

Lankshear, C., & Knobel, M. (2006). New literacies: Everyday practices and classroom learning (2nd ed.). Maidenhead, UK: Open University Press.

Lankshear, C., & Knobel, M. (2008). Digital literacies: Concepts, policies, and practices. New York, NY: Peter Lang Publishing.

Leland, C. H., & Harste, J. (2000). Critical literacy: Enlarging the place of the possible. Primary Voices K-6, 9(2), 3–7.

Leu, D. J., Forzani, E., Rhoads, C., Maykel, C., Kennedy, C., & Timbrell, N. (2015). The new literacies of online research and comprehension: Rethinking the reading achievement gap. Reading Research Quarterly, 50(1), 1–23. doi: 10.1002/rrq.85

Leu, D. J., Forzani, E., Timbrell, N., & Maykel, C. (2015). Seeing the forest, not the trees. The Reading Teacher, 59(20), 139–145.

Leu, D. J., Kinzer, C., Coiro, J., & Cammack, D. (2004). New literacies: Toward a theory of new literacies emerging from the internet and other information and communication technologies. In R. B. Ruddell & N. J. Unrau (Eds.), Theoretical models and processes of reading (pp.1570–1613). Newark, DE: International Reading Association.

Leu, D. J., Kinzer, C. K., Coiro, J., Castek, J., & Henry, L. A. (2019). New literacies: A dual- level theory of the changing nature of literacy, instruction, and assessment. In D. E. Alvermann, N. J. Unrou, M. Sailors, & R. B. Ruddell (Eds.). Theoretical models and processes of literacy (7th ed.). Newark, DE: International Literacy Association.

Leu, D. J., O'Byrne, W. I., Zawilinski, L., McVerry, J. G., & Everett-Cacopardo, H. (2009). Expanding the new literacies conversation. Educational Researcher, 38(4), 264–269. doi: 10.3102/0013189X09336676

McLaughlin, M., & DeVoogd, G. L. (2004). Critical literacy: Enhancing students' comprehension of text. New York, NY: Scholastic Inc.

Media Literacy Now. (2017). What is media literacy? Retrieved from https://medialiteracynow.org/what-is-media-literacy/

National Governors Association Center for Best Practices & Council of Chief State School Officers. (2010). Common core state standards for English language arts and literacy

2장
멀티리터러시들
변화하는 세계를 반영하는 이론과 교수법

인식 전환

리터러시는 단수였던 적이 없다. 우리는 이 장에서도 멀티리터러시들과 변화라는 주제를 이어가겠다. 변화하는 세계에서 멀티리터러시들에 초점을 두는 것이 교수법에 어떻게 영향을 미칠까? 변화는 이 책 전체에 걸쳐 지속적으로 다루는 주제이다. 삼각형 모양의 대문자 델타[1]는 수학에서 변화를 의미한다. 여기서 이 기호를 차용해 보자. 종이 위에 델타 혹은 큰 삼각형을 그려 보라. 각 꼭짓점에 리터러시, 교수법, 테크놀로지라고 써 보라. 삼각형 중앙에는 자신이 이루어 낸 변화와 개인적으로 관련된 단어나 구를 적어 보라. 이 장을 읽기 전에 리터러시를 갖추는 여러 다양한 방법과 왜 그것이 교사가 고려할 핵심 이론인가에 대해서 멀티리터러시 이론가들은 뭐라고 말할지 예상해 보라. 멀티리터러시 이론과 교수법을 논의하는 2장을 읽어 가면서, 특별히 자신의 교수법과 관련하여 개인적으로 관련되는 점을 삼각형 중앙에 계속 추가하여 써 넣어 보라.

이론은 효율적인 교사가 효과적인 교육을 실천하는 데 토대가 되며, 일련의 사고를 뒷받침하고 반박할 수 있는 풍부한 증거에 바탕을 두고 이 세계가 지닌 양상들을 설명한다. 이론을 뒷받침하는 증거가 많을수록 이론은 더 강력해진다. 교육에서 이론은 교수학습에 관한 신념 체계를 형성한다. 이러한 신념 체

---

1) 문자 'Δ'를 말한다.

계는 교사들이 학생들을 위해 수업과 학습 경험을 설계하고 실행할 때 교사들의 관찰가능한 행동으로 나타난다. 이론을 실천으로 적용하는 것을 교수법 pedagogy이라고 한다. 이론적이고 교수법적인 기반이 탄탄한 교사는 교육에 사용할 자료나 접근법에 대해 중요한 의사결정을 더 잘할 수 있다.

문화 변동이 리터러시 변동을 일으키다

MIT대학 교수이자 연구자이며 이론가인 Seymour Papert는 저서 ≪아이들의 기계(The Children's Machine)≫(1993) 서두에서 100년 전 과거에서 현재로 온 시간 여행자들의 이야기를 들려준다. 이들은 많은 사람을 실어 나르는 날아다니는 기계에 놀란다. 병원에 가서는 알지 못하는 기계들에 놀란다. 음성 명령대로 반응하는 집도 본다. 그런데 '학교를 방문했을 때는 어디인지 알아본다. 비록 '칠판'은 하얀색이고 선생님들이 가루도 날리지 않고 끝이 닳지도 않는 필기구를 사용하고 있지만, 학생들은 앉아서 선생님 말을 듣고 종이에 적으며 공부를 하고 있다. 이 이야기의 요지는 학교 밖 세상에서는 테크놀로지 역량 때문에 우리의 행동 방식이 달라지는 급격한 문화 변동을 겪고 있다는 것이다.

반면, 많은 학교에서 새로운 테크놀로지 도구들을 보유하고 있으나 과거와 같은 유형의 활동에 사용한다. 학교에서 아이들은 종이책 대신 전자책이나 컴퓨터 화면의 텍스트를 읽고, 실시간 대면 수업보다 플립 러닝화된 선생님의 동영상 강의를 듣기는 하지만 컴퓨터 화면에서는 선택형 문제에 답하고 있다. 집에서는 이 아이들이 마인크래프트[2)]에서 세상을 창조하고, 누군가를 응원하기 위해, 복잡한 개념을 설명하기 위해, 또는 재미로 유튜브 동영상을 제작하고 있을지 모른다. 전문가들과 상호작용하면서 어떤 문제 해결을 위해 애쓰고 있을지도 모른다.

아이들은 학교 밖에서 여러 유형의 뉴 리터러시 활동에 적극적으로 참여하고

---

2) 비디오 게임의 하나

있다. 어디서나 사용 가능한 인터넷과 모바일 기기 덕분에 요즈음 아이들은 두세 살만 되어도 부모님 휴대폰과 태블릿을 가지고 아이콘을 콕 찍거나 옆으로 밀거나 골라서 원하는 미디어에 접속한다(Guernsey & Levine, 2013; Rosin, 2013). 아이들은 Toca Boca와 같은 상상력 풍부한 앱에 들어가서 재밌으면서도 안전한 방식으로 동물을 위한 환경도 만들고, 헤어스타일도 꾸며 보고, 가상 실험실에서 실험도 하고, 옷도 디자인해 본다. 이러한 가상공간은 손의 접촉에 반응하며, 그 안의 사물들은 손의 조작을 돕고 창의성을 촉진한다. 단어를 쓰지 않아도 되도록 설계된 코딩 앱은 어린아이들이 읽고 쓰는 능력이 발달하기도 전에 코딩을 해 보도록 한다. 이러한 사례에는 그 바탕에 접근성과 평등이라는 이슈가 숨어 있는데, 과거 20세기와 마찬가지로 오늘날에도 여전히 책에 대한 접근성이 고려되어야 하듯이 테크놀로지에 대한 요구도 긍정적 입장에서 검토되고 고려되어야 한다. 테크놀로지에 대한 접근성 부족 문제는 자원이 적은 지역 공동체의 학교들에게 모든 가정이 테크놀로지 자원을 이용할 수 있도록 해 주어야 하는 무거운 책임을 남긴다.

학교 밖에서 아이들이 테크놀로지 도구와 상호작용하는 방식은 구성주의 학습이론을 반영한다. 아이들을 어린 과학자나 학습의 능동적 주체로 보는 스위스 심리학자 피아제Jean Piaget의 관점으로 볼 때 이러한 도구들은 아이들을 도와준다. 새로운 도구는 탐구와 주체적 행위에 필요한 새 길을 제공해 준다. 덧붙여, 리터러시를 지니게 되는 방식과 뉴 리터러시는 소셜미디어와 이메일을 통해 우리를 친구, 가족, 전문가, 인플루언서들과 연결해 주므로 비고츠키Lev Vygotsky가 규명한 리터러시의 사회적 속성에도 부합한다.

우리의 상호 연결된 문화가 학교 안팎에서 구성주의 이론을 실현하는 새로운 맥락, 기회, 도구를 제공해 주는 한편, 교육 관련 다른 텍스트에서는 피아제, 듀이, 비고츠키와 같은 이론가들을 다룬다. 이들의 이론이 일반적으로 교육의 실제와 학습관에 영향을 주지만, 우리의 목표는 다음 장에서 설명될, 그리고 이 책 전반에 적용될 보편적 학습 설계Universal Design for Learning: UDL의 틀에 잘 맞는 보다 새로운 이론을 기술하는 것이다. 이 책 전체를 관통하는 중심 개념은

'다수multi'와 다중multiple이며, 보편적 학습 설계에는 표상, 행동 및 표현, 참여를 통해 학습자의 다양성과 변동성을 고려하는 여러 방식이 포함된다. 지금까지 멀티리터러시는 하나의 개념으로 간주되었다. 이제부터는 멀티리터러시가 보편적 학습 설계 원리에 맞춘 하나의 이론이자 교육적 접근법으로 제시된다. 멀티리터러시 관점에서 교수teaching는 다양한 학습자와 리터러시의 확장된 개념으로서의 학습에 대한 이해를 돕는다. 그러므로 이 장에서는 멀티리터러시를 새로이 등장하고 발전하는 특정 리터러시 이론으로 제시한다. 또한, 멀티리터러시에는 문자 리터러시alphabetic literacy를 비롯하여 학교 학습을 지지하는 반성적 교수법의 입장이 들어 있지만, 그렇다고 멀티리터러시가 이 입장에 국한되는 것은 아니다.

이론 및 교수법으로서의 멀티리터러시

우리는 멀티리터러시 세상에 살고 있으며, 언제나 그렇게 살아 왔다. 심지어 문자 언어가 생겨나기 이전에도 음성 언어에 몸짓이 동반되거나 몸짓 자체만으로도 의사소통이 가능했다(어깨를 으쓱하거나 눈동자를 굴리는 행동의 의미를 생각해 보라). 과거에 리터러시를 갖춘 사람은 연사나 이야기꾼들이었다. 문화에 따라 이야기, 미술, 극, 노래, 몸짓, 춤 등으로 의사를 소통하였다. 전 세계 여러 문화권에서 문자 언어의 창안은 생각을 그림으로 표상한 설형문자와 상형문자로부터 이루어졌다. 이러한 그림은 여러 다른 문자 체계로 진화해서 리터러시를 갖추는 새롭고 보다 추상적인 방식을 나타내게 되었다. 역사적으로 읽고 쓰는 능력은 인쇄술 발명 이전까지 엘리트 계층에게만 향유되었고, 당시로서는 획기적 기술이었던 인쇄술 덕분에 대중들도 인쇄 매체를 이용할 수 있게 되었다. 책과 팸플릿의 대량 생산으로 인쇄된 말이 보통 사람들 손에도 들어갈 수 있게 되었다. 이것이 학교 안팎에 강력한 영향을 미쳤고, 문자와 인쇄된 말은 문화적 화폐가 되었다. 이것을 사용할 수 있는 사람은 새로운 형태의 권력을 갖게 되었다. 문자 형식의 리터러시를 나누는 방법이 생겨나자 그러한 리터러시 형식은 사람들이 의사소통하는 방법과 의사소통이 가능한 거리도 변화시켰다. 다시 말하면, 사람들의 행동 방식과 행동 자체를 향상시켰다. 이 새로운 기호 형식은 상업과 문화에 매우 중요해졌고, 보다 현대적이고 기계화된 세상에서 학교 교육의 근간이 되었다. 문자 리터러시를 가르침으로써 학교는 그 시대에 의사소통하고 성공하는 데 필요한 기능을 기르도록 해 주었다.

오늘날 문자 리터러시는 다양한 의사소통 도구가 지닌 일면일 뿐이다. 유능한 커뮤니케이터들 중 많은 이들이 TED 강연이나 팟캐스트를 활용해 또다시 연사나 이야기꾼이 된다. 우리는 새로운 도구를 가지고 새로운 방식으로 의사소통하고 있는데, 이로 인해 일부 학교들은 전 지구적으로 연결된 세상과 보조를 맞추지 못하고 있다. 문자 리터러시 교육 외에도, 우리는 모든 학습자가 우리 문화에서 가치 있는 방식으로 자신의 생각을 소통할 수 있도록 그 밖의 여러 다른 미디어 도구, 과정, 기회를 마련해 주어야 한다.

멀티리터러시 이론 및 교수법의 역사

1990년대 중반 호주, 영국, 미국의 리터러시 연구자 및 학자 10인은 리터러시에 대한 산업화 시대의 관점과 실천 방식이 사회적 변화와 진화하는 의사소통 도구를 반영하지 못한다는 우려를 같이했다. 그들은 리터러시에 대한 지배적이고 정적인 관점이 의미 구성의 초기 관습에 따른 것임을 비판하고, 전 세계적으로 변화하고 있는 리터러시의 성질을 이해하고자 하였다. 1994년 미국 뉴햄프셔의 뉴런던에서 열린 회의에서 이들은 여러 문화권을 망라하여 리터러시를 갖추는 많은 방법을 반영하고 텍스트 위주의 정적 리터러시 관점을 벗어나고자 '멀티리터러시들multiliteracies'이라는 용어를 만들었다. 멀티리터러시는 또한 접두어 'multi'와 'literacies'라는 복수형을 통해, 계속해서 확장하는 리터러시의 성질과 낡은 이론적 가정들을 명확히 한다(New London Group, 1996). 뉴런던그룹New London Group에 의하면, 'multi'는 특정 전문 공동체나 학제들 내의 리터러시뿐만 아니라 특정 문화와 사회 집단에서 가치 있게 여기는 리터러시까지 광범위하게 가리킨다. 'multi'는 또한 복합양식성multimodality을 가리키기도 하는데, 이는 여러 양식으로 의사를 전달하고 의미를 구성하는 것을 말한다. <인식 전환>으로 돌아가 자신이 열거해 놓은 일상의 의사소통 방식들을 다시 보라. 그것이 멀티리터러시들을 사용한 것으로 생각되는가? 뉴런던그룹이 '멀티리터러시들'이라 칭한 이론 및 교수법은 여러분이 자신의 <인식 전환>을 각기 다르게 기술하도록 할 것이다.

멀티리터러시 이론의 기본 원리

뉴런던그룹의 의장단 Bill Cope와 Mary Kalantzis(Kalantzis & Cope, 2000, 2015, 2016)는 계속해서 멀티리터러시들을 리터러시 교수법의 새로운 이론으로 제시하였다(New London Group, 1996). "우리가 알기 위해 하는 행위"(Cope & Kalantzis, 2015, p.33)가 계속 변하기 때문에 우리의 다양한 학습 방식을 반영할 수 있는 새 이론들이 필요하다. 하나의 이론으로서 멀티리터러시의 기본 원리는 다양성, 복합양식성, 설계에 중점을 둔다. 이 원리들은 멀티리터러시 교수법에 영향을 주는데, 이 교수법은 전통적 교육 방식과 진보적 교육 방식 모두를 Cope와 Kalantzis가 말하는 반성적 교수법reflexive pedagogy에 구성해 넣는 것이다.

다양성

멀티리터러시 이론 및 교수법은 의사소통이 문화와 역사에 따라 달라진다는 점을 인정한다. 디지털 테크놀로지는 우리의 현재 문화에 영향을 주고 있다. 그 결과, 21세기 문화는 20세기의 획일성에서 벗어나 극적 변화를 이루어냈다. 20세기의 획일성을 보여주는 예로는 조립 라인과 대량 생산이 있다. 21세기의 다원성을 보여주는 예로는 스타벅스의 개인 맞춤형 음료, 테크놀로지 기기 사용을 위한 개별화된 앱, 개별화된 소셜미디어 창구와 같이 '유일성oneness'을 지닌 변이들을 들 수 있다. 디지털 시대는 고도의 차별화되고 개인화된 문화를 만들어

냈다(Kalantzis & Cope, 2016).

리터러시에 대해 집단적으로 획일화된 관점은 문자 리터러시, 하나의 언어, 정확한 해석을 단 하나의 정전 텍스트, 하나의 국가적 표준에만 중점을 둔 단수 개념이다. 반면, 디지털 시대에는 공유 활동이나 이익 집단과 같은 고도로 특수화된 친밀 집단(Gee, 2004)을 위한 공간에 접근이 용이해져서 21세기 문화는 고유함과 다양성에 중점을 두는 문화가 되었다. Kalantzis and Cope(2016)는 고유한 경험들이 지닌 다양성을 가리켜 개인의 '생애 활동lifeworks'이라고 하였다. 모든 학생은 자신의 생애 활동을 교실에 가져온다. 멀티리터러시 관점의 리터러시 교육은 디지털 도구와 멀티미디어가 고유하고도 다양한 방식으로 이끌어 주는, 의미를 구성하는 능동적인 삶을 뒷받침하고 촉진한다. 접근성이 좋고 사용이 편리한 도구들이 다양한 방식의 학습과 창작을 가능하게 한다. 멀티리터러시 이론은 단수 개념의 리터러시는 제한적이며 현시대에 언제 어디서나 이용할 수 있는 멀티미디어 메시지의 효율성과 어울리지 않는다고 본다.

복합양식성

우리는 다양한 양식으로 의미를 만들고 해석한다. 우리는 말한다. 우리는 쓴다. 우리는 읽는다. 우리는 몸짓을 한다. 우리는 이미지와 소리를 하나로 묶고 그 결합을 해석한다. 우리가 의사소통하는 공간이나 맥락은 의사소통에서 고려할 사항이다. 격식적이거나 비격식적 상황이 다양한 의사소통에 반영된다. 리터러시는 촉각적이다. 많은 사람들이 종이에 글을 써 내려 갈 때 와닿는 펜의 감촉이나 키보드로 타이핑하는 손가락에 와닿는 감촉을 선호한다. 같은 이유로 디지털 텍스트보다 종이책을 선호하기도 한다. 또한 우리는 구급차의 사이렌 소리부터 이메일과 문자 메시지의 도착 알림 소리도 해석한다. 이러한 양식 모두가 의미를 전달하며, 대부분의 경우 결합되어 있다. Kalantzis and Cope(2016)은 어떤 의사소통 양식을 사용할 경우 다음의 질문 중 하나 이상을 고려해 보라고 한다.

- **관련성**: 의미는 무엇에 관련되는가?
- **상호작용**: 의미가 어떻게 상호작용하는 사람들을 연결하는가?
- **구성**: 전체 의미는 어떻게 함께 묶이는가?
- **맥락**: 의미는 어떤 맥락/상황에 놓여 있는가?
- **목적**: 이러한 의미의 목적은 무엇이며, 누구의 목적을 뒷받침하는가?

각각의 양식에 관한 내용을 읽을 때 이런 질문을 염두에 두라.

Kalantzis and Cope(2016)은 의미의 양식을 '청각, 음성, 몸짓, 촉감, 문자, 시각, 공간의 7가지로 구분하였다(그림 2.1). 각각의 양식과 상호 관계를 이해한다면 리터러시 역사에서 존재해 왔고 지금의 디지털 맥락에서 강화된 리터러시의 폭넓은 의미에 동의할 수 있을 것이다. 인류 역사 전반에 걸쳐 폭풍우가 불어오거나 동물이 다가올 때 들리는 청각적 의미는 우리에게 경고를 보내는 것이다. 종소리를 듣고 사람들은 예배를 드리기도 하고 화재 진압을 돕기도 한다. 요즈음에는 알람 소리가 잠을 깨우기도 하고, 무언가를 상기시켜 주기도 하며, 전화나 이메일이나 문자 메시지의 도착과 같은 다른 양식의 의사소통을 환기해 주기도 한다. 음성 언어적 의미를 생각해 보면, 우리는 대개의 음성 언어가 각본처럼 잘 짜이지 않고 비격식적임을 알고 있다. 대부분의 대화에서 우리는 문장보다 구의 형태로 말하며 구조적으로 잉여적인 부분도 많고 순서도 뒤죽박죽돼 있다. 우리는 대화를 뒷받침하고 돕기 위해 몸짓이 지닌 의미를 사용하곤 한다. 손짓, 어깨짓, 얼굴 표정은 기분과 어조를 반영하여 발화를 강조하거나 그 자체로 의미를 전달한다. 몸짓의 의미는 연극이나 드라마에 보편적으로 쓰인다. 리터러시는 촉각적이기도 하다. 오늘날 시계나 운동 계측기와 같은 기기를 착용하면 가벼운 진동으로 일어나 움직여야 할 때를 알려준다. 촉각적 의사소통의 다른 예로는 전통적 방식의 펜과 종이로 하는 활동 외에 화면을 꾹 누르기, 옆으로 밀기, 두드리기 등이 있다.

[그림 2.1] 7가지 의미 양식 (Kalantzis & Cope, 2016).
(출처: Mary Kalantzis and Bill Cope [Education at Illinois]. 2016. 04. 19).

음성 양식의 의미와 문자 양식의 의미를 비교해 보면, 문자 양식 메시지의 구조가 다름을 알 수 있다. 우리는 문장과 문단을 조직한다. 블로그, 에세이, 시를 쓸 때 잉여성을 줄이기 위해 긴밀한 구조로 조직한다. 시각적 의미는 종종 문자 의미에 도움을 준다. 사진 석판술이 발명되기 전에는 이미지를 글과 함께 배치하는 것이 기술적으로 어려웠다. 그래서 이미지를 책의 중간이나 뒷부분에 별도 페이지로 넣었다. 오늘날에는 디지털 처리 과정이 의사소통을 간편하게 해준다. 소셜미디어는 그림책처럼 이미지와 글의 결합을 활용한다. 전문적이고 학문적인 글에 이미지가 없다면 쓰여 있는 말을 이해하기가 훨씬 더 어려울 것이다. 몸짓과 마찬가지로, 이미지도 단독으로 의미를 전달할 수 있다.

우리가 의사소통하는 물리적·디지털 공간은 우리의 언어와 의미를 형성한다. 커피숍이나 놀이터의 공간적 의미는 교회나 학교가 주는 공간적 의미와는 다르다. 사람들은 이제 모바일 장치에 끊임없이 연결되어 있고 리터러시는 이런 장치에 수반되므로(Mills, 2016), 디지털 공간은 색다른 공간적 의미를 전달한다. 이메일에 담긴 어조는 파악하기 어려울 수 있지만, 소셜 미디어의 공간은 평범하고 유순한 사람들도 사회적 운동과 주장에 목소리를 높일 수 있도록 한다. 자모 리터러시의 경우 공간적 의미는 시나 산문의 여백 사용, 그래픽 디자인이나 광고의 시각적 이미지 배치를 통해 만들어 낸다.

설계

모든 학습은 설계이다(Kalantzis & Cope, 2016). 멀티리터러시 관점에서 설계 개념에는 학습자가 지닌 강점에 기반하여 학습자의 주체성과 변동성이 고려된다. 사람들은 Cope and Kalantzis(2015)가 말한 이용 가능하도록 설계 된 문화 속에 태어난다. 이러한 (명사로서의) 설계에는 의미 구성 과정과 도구, 문자 언어, 스토리텔링, 글자, 노래, 미술, 춤과 같이 하나의 문화 안에서 가치 있게 여겨지는 것들이 반영된다. 의미 구성자는 (동사로서의) 설계 과정에 참여하여 창조하고 재창조한다. 결과적으로 얻은 재설계re-design는 고유한 산물이 되어 다음 학습자들이 의미 구성 과정에 사용할 수 있도록 남겨진다. 심지어 글 읽기와 같은 수용적 과정에서도 독자는 우선 그림이나 그래프, 차트, 사진에 주목할지 아니면 글로 된 메시지 읽기를 먼저 할지를 선택하게 된다.

멀티리터러시 반성적 교수법

멀티리터러시 이론의 개발과 더불어, 뉴런던그룹은 다양성과 복합양식성을 지원하는 교육적 접근법을 정하고자 하였다. 모든 학생의 학습을 지원할 수 있는 유일한 교수법은 없다는 사실을 인식하며, 애초에는 상황적 실천, 명시적 교수, 비판적 틀, 변혁적 실천을 리터러시 교수법의 중요한 차원으로 규정하였다 (Cope & Kalantzis, 2015; NLG, 1996). Kalantzis and Cope는 이후 20년간 이 개념들을 적용해 보고, 이 개념들을 재구성, 재해석, 정교화하여 경험하기, 개념화하기, 분석하기, 적용하기를 구성요소로 하는, 이름하여 지식 처리 과정Knowledge Processes으로 발전시켰다(Cope & Kalantzis, 2015; Kalantzis & Cope, 2016).

경험하기

이 과정은 학습자의 삶의 경험을 확장하는 방식으로 학습 상황에 맥락과 실제성authenticity을 제공한다. 알고 있는 것에 대한 경험은 학습자가 학교 안팎에서의 경험, 흥미, 관점, 학습 참여 방식을 불러들일 수 있는 기회가 된다. 새로운 것에 대한 경험은 학습자로 하여금 유목적적 텍스트, 관찰 기회, 사려를 요하는 상황에 노출되도록 하며, 그리하여 그 경험은 이해 가능하면서도 충분히 변형하여 생성할 수 있을 정도의 차별성을 지니게 된다.

개념화하기

이 과정에서 학습자들은 전형적으로 어떤 학문의 독자적인 개념과 이론, 또는 설계에 대하여 학문적이거나 전문적인 학습에 참여한다. 학습자들은 일반화하고 머릿속으로 모형을 세울 수 있어야 하는 것은 물론이고 이것들을 개념화하고 명명할 수 있어야 한다. 개념화와 흔히 관련되는 교육적 접근법은 교사가 학습자를 위해 학문적 틀을 조직할 때 일어나는 전송transmission이다. 지속적이고 견고한 개념화가 이루어지려면 학습자가 경험하기 과정과 개념화하기 과정 사이를 오가면서 능동적으로 개념을 구성하고 이론을 구성해 보는 사람이 되어야 한다.

분석하기

이 과정에서 분석이란 사회·문화적 맥락과 관점을 비판적으로 생각하고 해석하는 것을 의미한다. 분석에는 자신의 관점과 타인의 관점에 대한 비판적 분석이 포함될 수 있다. 권력의 관계를 이해하기 위해 글, 동영상, 그림 등의 학습 자료를 비판적으로 분석하는 것도 될 수 있다. 이러한 분석에는 추리하고 결론 도출하기, 추론하기, 열거나 인과 등 기능적機能的 관계를 정립하는 과정도 포함된다.

적용하기

이 과정에서 적용이라 함은 적절한 응용과 창의적 응용 둘 다를 가리킨다. 적용하기 과정의 범위에는 실제 혹은 가상의 상황에서 개념에 대한 이해를 증명해 보이기 위하여 기대되는 방식으로 지식을 사용하고 이해하는 것이 포함된다. 새로운 지식이나 이해한 것을 창의적이거나 혁신적인 방식으로 적용하는 것은 중요한 응용 과정이다. 창의적 응용은 학습자의 흥미, 경험, 호기심이 들어가는 창안의 과정으로 재창조와 새로운 의미 구성이 이루어진다.

본 교수법의 이러한 차원과 범주는 앞뒤, 가로세로, 사이사이로 짜여 있어 교사들이 교수법에 대한 선택의 폭을 넓히는 데 도움이 된다(그림 2.2)(Cope & Kalantzis, 2015; Kalantzis & Cope, 2016).

[그림 2.2] 8.3 복합양식적 의미 문법. https://youtu.be/BUQez2U2Jsc.
Mary Kalantzis and Bill Cope [Education at Illinois]. (2016. 04. 19).

또, 멀티리터러시 교수법은 설교형 혹은 전달식 교육과 실제적 혹은 구성주의적 교수법 사이의 오래된 긴장을 해소하는 가교가 될 수 있다. 반성적 교수법은 양측의 강점을 인정하고 이를 지렛대로 활용한다. 게다가 멀티리터러시 교수법은 교사의 전문적 의사 결정이 중요함을 인식한 결과 반응적이거나 반영적 성격을 지닌 반성적 교수법이 되었다(Cope & Kalantzis, 2015; Kalantzis & Cope, 2016). 뉴런던그룹은 강력한 교사의 역할과 다양한 교육적 접근을 분명히 하였다. 또한 학생들이 소비자, 관망자, 추종자가 아닌 생산자, 참여자, 변혁자, 혁신가가 될 수 있도록 활발하고 적극적인 자세를 지지하였다(Gee, 2017). <표 2.1>에는 각 접근법의 강점이 굵은 글씨로 표시돼 있고, 교사들이 반성적 교수법을 설계할 때 각 접근법들 사이에 앞뒤로 구성해 넣을 수 있는 방법들이 나와 있다.

지식 과정	설교적 교수법	실제적 교수법	반성적 교수법
경험하기			
알고 있는 것	모든 학생이 주어진 동일한 교육과정을 따르기 때문에 그다지 강조되지 않음.	**학습자의 흥미, 정체성, 개인적 경험을 부각시키며 매우 강조**	상위인지적 성찰을 통해 학생의 생활 경험 지식과 이전 경험으로 복귀
새로운 것	교사나 교재에 의해 제공되는 새로운 정보로 제한됨.	**실제 경험에 몰입: 실험, 견학, 프로젝트 조사 등**	실제 활동 및 몰입 경험은 물론 현재 웹에서 이용 가능한 정보 등의 정보 자원에 몰입
개념화하기			
이름 붙이기로	**학문적 개념을 명명하는 데 효과적임.**	개념은 경험을 통해 발전될 것으로 기대하여 그다지 강조하지 않음.	범주화 및 분류, 개념 정의
이론으로	**이론 제시, 학습 규칙, 연역적 사고에 좋음.**	일반화는 귀납적 사고를 통해 자연스럽게 발생할 것으로 보아 그다지 강조하지 않음.	학문적 스키마와 정신적 모형 개발
분석하기			
기능적 (機能的)으로	**기능적(機能的) 설명을 제시하는 데 좋음.**	경험을 하며 발전될 것으로 보아 강조하지 않음.	글, 도표, 데이터 시각화를 포함하는 주장과 설명
비판적으로	비판적 사고를 강조하지 않거나 최소화함.	**목적, 흥미, 의제에 대한 비판적 분석이 이해의 핵심이라고 보아 매우 강조**	사람들의 흥미와 지식의 목적을 분석
적용하기			
적절하게	**정답을 증명하거나 이론과 절차의 응용을 증명하는 정도에서만 매우 강조함.**	행동 방식에 옳고 그름이 있을 수 없다는 가정하에 그다지 강조하지 않음.	의미와 지식은 실제와 근접한 맥락에서 효과를 발휘할 수 있도록 함.
창의적으로	전혀 혹은 그다지 강조하지 않음.	**학생의 과제와 프로젝트가 개인적, 문화적 관점을 드러낸다는 점에서 강조**	다른 맥락, 혼성적 지식, 학생의 목소리와 관점을 표현하는 문화적 창조로 지식을 전이함.

Kalantzis and Cope(2016)의 승낙을 받아 사용함

반성적 교수법의 실행

대부분의 주정부 성취기준에서는 복합양식 텍스트를 가지고 논증하고 상호작용할 수 있도록 지도할 것을 요구한다. 이러한 성취기준과 그 속에 담긴 기대들을 생각한다면 학생들에게 실세계의 문제점을 탐구해 보도록 권하게 될 것이다. 우리가 열정을 가지고 있는 어떤 메시지나 주장을 청중에게 가장 잘 전달할 수 있는 방법을 생각해 보건대, 학교에서 접근하는 전형적인 방법은 학생들에게 글을 쓰도록 하는 것이다. 청중은 교사나 반 친구들 너머가 될 수 있으며, 세상 사람들이 자신의 주장을 전달하는 방식을 보면 TED 연설도 있고, 블로그도 있고, 트위터도 있다. 반성적 교수법을 실천하고 싶다면, 먼저 학생들이 Olivia Van Ledgig의 #Kidscanteachus라는 젊은 세대를 위한 TED 연설을 시청하거나 Kid President[3] 사이트에 들어가서 응원 메시지를 찾아보도록 하길 바란다. 동영상 시청이라는 경험은 친숙해서 알고 있는 것에 대한 경험하기가 되지만, 동영상에서 다루는 화제는 새로운 것일 수 있다. 이런 것이 경험하기이며 듀이(1938)와 브루너(1966)의 경험 중심 교수법을 실행하는 것이다.

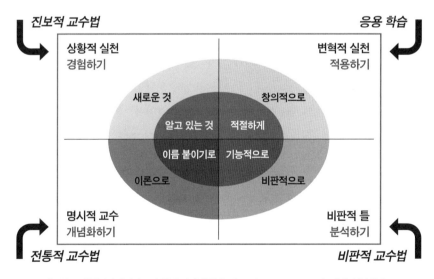

[그림 2.3] 멀티리터러시 교수법의 여러 차원 (Kalantzis & Cope, 2016). 게재 승낙 받음

---

3) 유명 아동용 유튜브 채널명.

논증을 개념화하기 위해 교사는 논증의 요소와 쓰기나 말하기에서 행하는 조치들을 파악하고, 명명하며, 정의한다. 동영상 속 논쟁 장면을 보며 주장과 근거를 구분한다. 학문적 논증이란 이겨야 하는 토론이 아니라 사람들이 자신의 관점과 함께 다른 사람의 관점을 고려하는 대화라는 점에 주목한다 (Friedrich, Bear, & Fox, 2018). 사람들은 다른 사람들의 관점을 수용하기도 하고 반박하기도 하면서 강력한 논증을 만들어 간다. 교사들은 필요한 조치를 선택하고, 이것들을 구분하고, 이름 붙여 주는 과정을 시범 보일 수 있다. 학생들은 먼저 친숙한 것을 통해 개념을 익히기 때문에 직접 교수가 적절하다.

분석하기는 설교적 교수법과 실제적 교수법이 결합되어 있다. 교사는 분석할 논증을 제시하고 학생들은 주장, 근거, 구조를 살펴 이 요소들의 쓰임과 효과를 알아본다. 이러한 것들은 문자 텍스트일 수도 있고 동영상일 수도 있다. 학생들은 지역 사회, 교실이나 운동장, 혹은 가정에 있는 실제 쟁점을 찾아 사람들의 목적과 관심사를 생각해 본다.

적용하기 과정에서 학생들은 논증의 요소들을 사용하여 의미 있는 화제―자신들의 관심사나 목적―에 대해서 말한다. 논증 요소에 대한 지식을 사용해서 주장을 전개하고, 뒷받침 근거(또는 반박의 근거)를 찾고, 설득력 있는 논증을 위해 최상의 설계를 한다. 또한, 청중과 가장 전달력 있는 양식도 고려한다. 멀티리터러시를 틀로 해서 학생들은 최종 결과물에 대해 선택할 수 있다. 동영상, 블로그, 팟캐스트, 편지, 아니면 그 외 다른 것으로 할 것인가? 복합양식을 선택하면 스토리보드, 계획서, 초고에 이르기까지 글로 된 논증을 뒷받침해 준다.

이렇듯 앞뒤로 엮여 있는 접근법들은 교사가 학생들의 생애활동을 유심히 관찰하고 직접적 지도로 개입해야 할 때와 학생들이 조금 더 고군분투하며 탐구해서 이해할 수 있도록 맡겨 두어야 할 때를 알아야 함을 보여준다.

<인식 전환> 다시 보기

멀티리터러시는 새로운 이론적 관점이 아니다. 멀티리터러시가 1990년대 중반까지 거슬러 올라간다는 사실에 놀랄지도 모르겠다. 멀티리터러시들에 대해 여러분이 예상한 데에는 아마 이 관점의 핵심 요소만 들어 있을 것이다. 1장에서 살펴본 것처럼, 아마도 리터러시를 갖추는 다양한 방식이라는 면에서 multi가 멀티리터러시들이라는 개념의 일부가 됨을 짐작했을 것이다. 여러분이 읽은 내용으로 돌아가 다시 생각해 보라. 리터러시라는 면에서 접두사 "multi"는 "단수형"과 어떻게 다른가? 이 장에서는 멀티리터러시 이론의 기본 원리를 다루었다. 이 장에서 소개한 기본 원리들이 어떻게 사회를 반영할 수 있는 복수(pluralities) 개념을 토대로 하는가? 이론과 교수법에 대해 개인적 관련점을 추가할 수 있는가?

멀티리터러시 교수법은 세상에서 이루어지는 의사소통 체계의 복잡성을 수용한다 (New London Group, 1996). 멀티리터러시를 하나의 이론적 관점으로 이해하기 시작하면 학교에서 우리를 둘러싼 사회를 반영할 수 있는 기회가 주어져야 함을 인식하게 된다. 여러분이 예상했던 것으로 돌아가 멀티리터러시 교수법이 왜 교사들이 고려해야 할 핵심적 교수법일지 더 생각해 보라.

References

Bruner, J. (1966). Toward a theory of instruction. New York, NY: W.W. Norton.

Cope, W., & Kalantzis, M. (2000). Multiliteracies: Literacy learning and the design of social futures. London, UK: Routledge.

Cope, W., & Kalantzis, M. (2015). What you do to know: An introduction to the pedagogy of multiliteracies. In W. Cope & M. Kalantzis (Eds.), A pedagogy of multiliteracies: Learning by design (pp.1-37). London, UK: Palgrave MacMillan.

Dewey, J. (1938). Experience in education. New York, NY: MacMillan.

Gee, J. P. (2004). Situated language and learning: A critique of traditional schooling. New York, NY: Routledge.

Gee, J. P. (2017). A personal retrospective on the New London Group and its formation. In F. Serafini & E. Gee (Eds.), Remixing multiliteracies: Theory and practice from New London to new times. New York, NY: Teachers College Press.

Guernsey, L., & Levine, M. H. (2013). Tap, click, read. San Francisco, CA: Jossey-Bass.

Friedrich, L., Bear, R., & Fox, T. (2018). For the sake of argument: An approach to teaching evidence-based writing. American Educator. Retrieved from https://www.aft.org/ae/spring2018/friedrich_bear_fox

Kalantzis, M., & Cope, W. (2016). A grammar of multimodal meaning. Literacies: Education at Illinois. Retrieved from https://www.youtube.com/watch?v=BUQez2U2Jsc&list=PLV_zfgB7n1yS3-Wk65IC7-Sd4_9lpiU2_&index=30&t=0s

Mills, K. (2016). Literacy theories for the digital age: Social, critical, multimodal, spatial, material, and sensory lenses. Bristol, UK: Multilingual Matters.

New London Group (1996) A Pedagogy of multiliteracies: Designing social futures. Harvard Educational Review, 66(1), 60-93.

Papert, S. (1993). The children's machine: Rethinking schools in the age of the computer. New York, NY: BasicBooks.

Rosin, H. (April, 2013). The touch-screen generation. Atlantic Journal. Retrieved from https://www.theatlantic.com/magazine/archive/2013/04/the-touch-screen-generation/309250/

3장
멀티리터러시 관점의 보편적 학습 설계

인식 전환

교실 환경은 점점 더 다양해지고 있다. 학생들은 자신의 문화적, 인종적, 민족적 배경뿐만 아니라 학습에 대한 요구와 실생활 경험을 교실로 가져온다. 교사는 다양한 전략과 도구를 사용해서 학습자를 지원해야 한다. 자신의 전문 분야 지식과 멀티리터러시들에 대한 지식을 활용하여 모든 학습자를 가르칠 수 있는 다양한 방법을 생각해 보라. 또, 학생이 자신이 배운 것을 스스로 증명해 보일 수 있는 다양한 방법들을 자유롭게 떠올려 보라. 테크놀로지 도구를 사용해서 떠올린 내용을 동료 교사와 공유해 보라.

우리는 대부분 학습과 학습자에 대한 열정으로 교사가 된다. 우리는 학교를 모든 학습자가 성공을 경험할 수 있는 흥미 있고 매력적인 장소로 만들고 싶어 한다. 학생의 다양성을 생각해 보면, 이 일은 벅찬 과제라고 할 수 있다. 이 장에서는 건축 설계에서 영감을 받은 어떤 틀에 대해 설명할 것인데, 이 틀은 물리적 장소와 공간을 설계할 때 모든 사람의 접근성을 고려한다(United States Access Board, 연도 미상). 접근성을 고려한 설계는 장애 혹은 비장애 정도와 관계없이 모든 사람에게 혜택을 주어 새로 짓는 건물이나 공공장소에 누구나 접근할 수 있다. 접근성을 고려하는 설계의 특징으로 평평하거나 경사로 된 건물 출입구, 넓은 출입문, 개폐기가 딸린 자동문 등이 있는데, 이런 것들 덕분에 누구나 쉽게 접근할 수 있다. 화장실 접근성을 높이기 위해서 비접촉 작동 세면대, 자동 종이 타올기, 휠체어 사용이 가능한 칸을 설치하는 곳이 많아지고 있다. 모든 사람을 위한 건축 설계를 보편적 설계Universal Design: UD라 하는데, 여기에서 많은 이들이 당연하게 누리고 있는 접근 편의성 건축 사양이 생겼다. 보편적 설계가 건물의 접근성을 높이기 위해 적용되는 것처럼, 학습 환경에서 보편적 설계의 원리는 학습 내용과 학습 과정에 대한 접근성을 높이는 데 적용될 수 있다. 이 장에서는 다양성과 학습자 변동성을 지원하기 위한 수업 설계의 틀로서 '보편적 학습 설계Universal Design for Learning: UDL'를 소개한다.

보편적 학습 설계의 기원

보편적 설계의 역사와 이론적 틀은 보편적 학습 설계를 교수학습에 적용하는 데 통찰력을 준다. 보편적 설계라는 말은 노스캐롤라이나주립대학 보편적 설계 센터의 Ron Mace가 건축 설계와 접근성 둘 다를 반영하기 위해 최초로 사용하였다(Center for Applied Special Technology, 2011a; Rose & Meyer, 2002). Mace와 동료들은 보편적 설계를 "개조하거나 특별하게 설계하지 않고 모든 사람이 가능한 한 최대한으로 이용할 수 있게 상품이나 환경을 설계하는 것"이라고 정의하였다(Center for Universal Design, 1997, 1항).

1968년 시민권 운동의 일환으로 제정된 건축 장벽법the Architectural Barriers Act은 연방 정부의 지원을 받은 신축 건물이나 개보수 건물은 장애가 있는 사람들이 접근 가능하도록 해야 한다고 하였다(United States Access Board, 연도 미상). 이후 22년에 걸쳐 설계 기준이 개발되어 1990년 미국 장애인법the Americans with Disabilities Act: ADA에서는 접근 요건을 민간 분야까지 확대 적용하였다(ADA, 1990; WBDG Accessibility Committee, 2019). 미국 장애인법은 장애가 있는 사람이 교통수단, 취업, 공공건물, 학교, 재화와 서비스, 기타 기본적이고 일상적인 활동에서 접근 배제되는 것을 금지한다(ADA, 1990). 모든 사람을 위한 접근성을 염두에 두면 보편적 설계의 개념이 분명해진다. 도로 경계석 제거, 경사로, 에스컬레이터, 엘리베이터, 넓은 화장실 칸, 자동문 등이 장애가 있는 사람들에게 혜택을 주었다. 이러한 혜택은 유모차를 미는 부모나 목발을 짚는 사람, 커다란 짐을 운반하느라 문을 열기 어려운 사람 등 장애가 없는 사람들에게로 확장되었다. 이동 약자들(Center for Applied Special Technology, 2015)의 요구를 수용하여 건물을 짓는 것은 특별한 요구가 없는 사람의 요구도 충족시킨다. 이동 약자들이 평생이 아니라 일시적으로 그러한 상태에 있을 가능성도 유념해야 한다. 이동 약자의 요구를 고려해서 건물을 설계하였으므로 목발을 사용하는 사람이나 유모차를 사용하는 부모들도 편리하게 접근할 수 있다.

　교육자들 역시 학생들이 학교에서 배워야 할 내용과 과정에 대해서 접근성을 높이고자 하므로 보편적 설계의 기저에 자리 잡고 있는 철학은 교육의 목적에 잘 부합한다. 보편적 설계의 철학을 받아들여, 1984년 한 교육자 단체에서 특수응용테크놀로지센터Center for Applied Special Technology : CAST를 설립하였다. 1990년대에 이 센터의 교육자들이 학교와 협력해서 인쇄물 중심의 교육과정을 개편할 때 보편적 설계 개념을 교수 자료와 교수법에 적용하기 시작했다(Rose & Meyer, 2002). 이 단체는 학습자 변동성을 고려할 수 있는 테크놀로지 도구 개발에 선도적인 역할을 수행해 오고 있다. 학습자 변동성이란 사람마다 학습하는 방식이 얼마나 각각일 수 있는지, 그래서 "교육의 목표는 단지 지식의 숙달이 아닌 학습의 숙달이 되어야 한다."(Houston, 2018, p.96)는 것을 말해 주는 용어이다. 보편적 설계의 목표가 물리적 환경에서 접근성을 고려해서 설계하는 것이듯, 보편적 학습 설계의 목표는 모든 아이들에게 학습 기회가 많아지도록 교육과정 목표와 학습 성취기준에 대해 접근성을 고려하여 설계하는 것이다. 보편적 학습 설계는 교육과정과 학습 환경의 유연성을 증진해서 다양한 학생들이 학습의 접근성과 기회를 얻을 수 있도록 한다. 교육의 초점은 교수학습을 최적화하는 것인데, 여기에는 "학습 목표, 평가 수단, 교수 방법, 교수 자료"(Meyer, Rose, & Gordon, 2014, p.3)가 포함된다. 학습자 변동성과 다양성으로 인해 하나의 설계를 모두에게 적용하려는 사고방식은 건축 설계에서도 학습 설계에서도 통하지 않는다.

교수 계획 시 학습자 변동성을 고려하면, 보편적 학습 설계의 원리를 적용해서 모든 학습자가 참여하고, 이해하며, 의미 있게 반응할 수 있는 방법을 설계할 수 있다. 학습자 변동성 수용의 일환으로 학습 목표 달성을 위해 물리적 교실 공간, 학습 자료, 학습 도구, 평가에 주의를 기울이는 것이 포함될 수 있다. 교수 설계에 신체적 제약, 언어 장애, 시각 장애가 있는 학생들 같이 취약계층 학생들을 고려한다면, 모든 학생들이 혜택을 받을 것이다. 다시 말해서 보편적 학습 설계의 틀을 따라 수업을 설계하면 학습에 성공할 수 있도록 학습에 대한 접근성을 늘려줄 것이다. 학생과 교육과정을 고려하는 보편적 학습 설계에서는 학습자 변동성을 자산으로 여긴다.

보편적 학습 설계의 틀

보편적 학습 설계는 신경과학에 근거를 두고 있으며, 그 원리를 실행에 옮길 때 학습자 변동성을 강조한다(Meyer et al., 2014). 과학자들이 뇌영상기술을 활용하여 학습자 변동성을 확인하였고, 학습에 작용하는 세 개의 신경망을 밝혀냈다. 보편적 학습 설계의 지지자들은 이 세 개의 신경망 − 정의적 신경망, 인지적 신경망, 전략적 신경망(Meyer et al., 2014) − 으로부터 후술할 보편적 학습 설계의 원리가 도출된다고 한다. 먼저, 인지적 신경망은 학습의 정보를 받아들이고 분석하는 데 특화되어 있는데, 이는 학습의 내용what과 관계된다. 이 신경망과 관련지어 볼 때, 보편적 학습 설계의 원리는 교사들에게 학습자들의 이해를 돕기 위해 복합양식을 사용해서 정보를 제시할 것을 권장한다. 전략적 신경망은 행동을 계획하고 실행하는 데 특화되어 있는데, 이는 학습의 방법how과 관계된다. 이 신경망과 관련지어 볼 때, 보편적 학습 설계의 원리는 다양한 학습 행동과 표현을 지원하게 된다. 마지막으로 정의적 신경망은 우선순위를 평가하고 결정하는 데 특화되어 있는데, 이것은 학습의 이유why에 해당한다. 이 신경망과 관련지어 보면, 보편적 학습 설계의 원리들은 학습자에게 동기를 부여하고 참여하도록 하는 안내 기능을 한다. 보편적 학습 설계는 교수 설계의 변화를 나타내며, 학습자의 적응을 요구하기보다 교육과정이 학생의 요구에 맞게 조정되어야 함을 강조한다(Rose & Meyer, 2006).

보편적 학습 설계의 핵심에는 교사가 수업을 설계할 때 고려해야 할 세 가지 원리가 담겨 있는데, 그것은 다중적 표상 수단, 다중적 행동 및 표현 수단, 다중적 참여 수단이다. 각각의 원리에는 사용 지침이 있다. 2008년 보편적 학습 설계 1.0 버전이 공표된 이후로 원리와 지침이 계속해서 발전되어 왔다(Center for Applied Special Technology, 2018). 교육 현장에서의 피드백과 보편적 학습 설계 교육, 인지 과학, 심리학, 신경과학 분야에서의 연구가 진척되면서 특수응용테크놀로지센터에서는 새로운 버전의 지침을 계속해서 개발하고 있다. 각 버전은 나름의 목표가 있다. 특수응용테크놀로지센터(2018)에 따르면 마지막 버전인 2.2 버전을 가장 정확한 버전이라고 할 수는 없다. 그저 가장 최신의 버전일 뿐이다. 따라서, 이 책에서는 보편적 학습 설계의 원리를 다룰 때 학습자 변동성 고려에 목표를 맞춘 2.0 버전(Center for Applied Special Technology, 2011b)의 지침과 체크포인트를 제시하도록 하겠다. 교사는 융통성 있는 학습 자료, 도구, 기법, 전략에 대해 선택의 여지를 주고 또 의사소통의 복합적 양식을 고려하는 것으로 보편적 학습 설계 원리들을 다루게 될 것이다. 그 결과, 테크놀로지 도구가 포함된 선택지들 덕분에 학생들이 다양한 방식으로 지식에 접근하고 자신의 지식을 증명해 보일 수 있게 될 것이다. (그림 3.1과 3.2).

[그림 3.1] 보편적 학습 설계(UDL) 한눈에 보기(https://youtu.be/bDvKnY0g6e4).
출처: 특수응용테크놀로지센터 (2010. 01. 06.)

보편적 학습 설계 지침

I. 다중적 표상 수단 제공	II. 다중적 행동 및 표현 수단 제공	III. 다중적 참여 수단 제공
1. 인지를 위한 선택지 제공	**4. 신체적 활동의 선택지 제공**	**7. 흥미 유발을 위한 선택지 제공**
1.1 맞춤형 정보 제시 방식 제공	4.1 응답 및 탐색 방법의 다양화	7.1 개인적 선택 및 자율성 최대화
1.2 청각적 정보의 대안 제공	4.2 도구 및 보조 테크놀로지에	7.2 관련성, 가치, 실제성 최대화
1.3 시각적 정보의 대안 제공	대한 접근성 최적화	7.3 위협 및 주의 분산 최소화
2. 언어, 수학적 표현, 기호에 대한 선택지 제공	**5. 표현 및 의사소통 선택지 제공**	**8. 지속 노력 및 끈기를 위한 선택지 제공**
2.1 어휘와 기호 명료화	5.1 의사소통을 위한 다중 매체 사용	8.1 목표의 중요성 강조
2.2 통사와 구조 명료화	5.2 구성 및 작문을 위한 여러 도구 사용	8.2 도전과제를 최적화하기 위한 요구와 자원의 다양화
2.3 텍스트, 수학적 표기법, 기호 해독 지원	5.3 실행 및 수행을 위한 등급별 수준별 유창성 수립	8.3 협업과 공동체 장려
2.4 언어를 초월한 이해 증진		8.4 숙련도 중심 피드백 강화
2.5 다중 매체를 통한 예시		
3. 이해를 위한 선택지 제공	**6. 실행 기능을 위한 선택지 제공**	**9. 자가 규제를 위한 선택지 제공**
3.1 배경지식 제공 또는 활성화	6.1 적절한 목표 설정 안내	9.1 동기를 최대화해 주는 기대와 신념 증진
3.2 패턴, 주요 특징, 빅 아이디어, 관계 강조	6.2 계획 수립 및 전략 개발 지원	9.2 개인적 대처 기술 및 전략 촉진
3.3 정보 처리, 시각화, 조작 유도	6.3 정보와 자원 관리 촉진	9.3 자가 평가 및 성찰 능력 발달
3.4 전송 및 일반화의 극대화	6.4 진척도 점검 능력 고양	
지략과 지식이 풍부한 학습자	**전략적이고 목표지향적인 학습자**	**목적의식과 동기가 강한 학습자**

© **CAST**

© 2011 by CAST. All rights reserved. www.cast.org., www.udlcenter.org
APA Citation: CAST (2011). Universal design for learning guidelines version 2.0. Wakefield, MA: Author.

[그림 3.2] 보편적 학습 설계 지침. (사용 허가 받음)

원리 1: 다중적 표상 수단

보편적 학습 설계의 원리마다 교수 계획에 필요한 지침이 있다. 인지적 신경 망에 주의를 기울이면, 모든 아이들과 모든 학습 경험이 다 다르다는 것을 깨닫 게 된다. 그러므로, 이 원리를 적용할 때는 '다중적 표상 수단'을 반영해서 학생 들이 학습의 내용을 익히도록 한다. 인지적 신경망과 관련해서는 세 가지 지침 이 있다. 지침 1은 지각의 선택에 관한 것이다. 시지각에 어려움이 있는 학생들은 교사가 자료 제시를 최적화하거나 청각적으로 정보를 소통할 수 있도록 수업을 계획하면 도움이 된다. 지침 2는 언어나 기호 처리에 어려움을 겪는 학생들에게 초점이 있다. 학습자가 다양한 형태로 새로운 어휘나 기호의 정의를 내려 보거나, 통사, 구조, 문자 해독 전략을 행하거나, 중요한 정보를 나타내 보일 수 있도록 포용적인 방식으로 수업을 계획할 것을 권한다. 지침 3은 핵심 개념에 초점을 두거나, 학생들의 정보 처리를 돕거나, 기억과 전이를 보조해서 사전 지식을 활성화하여 학생들의 이해를 향상시키는 방법을 권장한다(Gordon, Gravel, & Schifter, 2009).

교사가 학습을 촉진할 수 있는 다양한 의사소통 양식을 고려할 경우 다중적 표상 수단은 멀티리터러시 관점에 부합한다. 교사는 '모든 학생들에게 사용할 수 있는 방법과 자료는 무엇인가?'를 질문해 보아야 한다. '내용에 가장 잘 접근할 수 있는 학습 환경은 무엇인가?'도 고려해야 한다. 물리적 자료와 디지털 자료가 풍부하고, 동료 학습자나 내용 전문가 모두와 상호작용할 수 있는 매체와 기회가 풍부한 환경이라면 학습 내용에 접근하는 선택지도 많아질 것이다. 다중적 표상 수단은 학습자가 모든 교과에 접근할 수 있도록 다양한 형태의 리터러시 학습을 가능하게 한다.

원리 2: 다중적 행동 및 표현 수단

전략적 신경망은 다중적 행동 및 표현 수단을 강조하며 지침 4~6에 의해 뒷받침되는데, 이들 지침은 학습에서 방법에 해당하는 부분을 지원한다. 신체적 장애가 있는 학생은 지침 4가 도움이 될 수 있는데, 지침 4는 물리적인 편의를 고려해 주라는 것이다. 이 지침은 종이와 연필로 하는 전통적 활동이 아니라 터치스크린이나 음성-문자 변환 소프트웨어처럼 물리적 방식을 사용하는 다른 여러 활동에 적용할 수 있다. 또한, 마우스 대신 키보드 명령어, 사용자 지정 오버레이, 터치스크린과 같은 다른 도구나 보조 테크놀로지를 통해 교실 수업, 학습 자료, 과제를 처리하는 다양한 방법들이 이 학생들에게 유용하다. 지침 5는 의사소통에 어려움을 겪는 학생들에게 맞춘 것이다. 이 지침은 교사들에게 인터넷 매체와 같은 대안적 의사소통 도구를 제공하라고 한다. 지침 6은 충동성, 주의력 문제, 작업 기억력 부진, 정서 장애 등과 같은 실행 기능機能[1]을 다룬다. 실행 기능에 어려움을 겪는 학습자는 조직하기, 인과관계 적용하기, 과제 준비하기가 힘들다. 교사가 수업 계획 단계에서 이러한 어려움을 고려한다면 학생들이 실행 단계에서 성공을 경험할 확률이 높아진다. 전략적 신경망을 도전적인 과제로 여기는 교사는 학생이 목표를 세우는 것, 과제를 계획하고 조직하는 것, 자원을 모으고 활용하는 것, 자가 점검하는 것을 도와줄 수 있다.

교사들이 내용 지식을 공유하는 데 다양한 의사소통 양식을 고려하며, 또 학생들이 자신이 이해한 것을 나타내 보이고 자신의 생각을 의미 있는, 그러나 다양한 방식으로 전달할 수 있도록 행동 및 표현의 다중적 수단을 고려한다는 점에서 보편적 학습 설계의 원리인 '다중적 행동 및 표현 수단'은 멀티리터러시 관점에 부합한다. 초기 보편적 학습 설계의 철학과 기저 이론에 따르면, 비계(Rose & Meyer, 2006; Vygotsky, 1978)는 학습 초반에 제공하다가 학습자가 목표 기능에 능숙해지고 독립성을 획득하게 되면 점차 제거한다. 우리는 보편적 설계의 본래 관점을 지지하지만, 비계를 점차 제거하는 대신 학생들이 비계에 영구적으로 접근할 수 있게 하는 데 초점을 둔다(Pilgrim, Vasinda, & Lisenbee, 2019). 이러한 차이는 멀티리터러시 관점에 영향을 받은 것인데, 가령 팟캐스트나 비디오와 같은 새로운 형태의 리터러시는 문자 리터러시의 비계로 나온 것이 아니라(물론 그럴 수도 있겠지만) 그 자체가 이 시대에 맞는 가치 있는 리터러시라는 것이다.

원리 3: 다중적 참여 수단

정의적 신경망은 다중적 참여 수단에 관련된다. 지침 7~9는 학습의 이유에 초

---

[1] 실행 기능(executive functions)이란 사고와 행동을 관리하고 통제하는 의식적인 고등 인지기능을 말한다(Zelazo & Muller). 이 기능(機能)에 문제가 생기면 지나친 과잉반응이나 주의력 결핍 등의 증상을 보이기 쉽고 각종 상황에서 적절한 문제해결을 기대하기 어렵다.

점이 있다. 지침 7은 선택의 여지를 주고, 관련성과 가치를 높이고, 학습의 좌절 감과 주의 분산을 줄이는 환경 조성을 통해 학습 동기의 중요성을 강조한다. 인 터넷에 올리는 팟캐스트, 비디오, 블로그－디지털 도구로 쉽게 만들 수 있는 것 들－를 제작하게 하는 식의 선택지를 주는 것은 동기를 중시하는 이 지침을 충 족한다. 지침 8에는 목표 설정을 강화하고 협력 활동을 해서 끈기를 길러 주는 방법이 포함된다. 동료 학습자들과 동영상이나 팟캐스트를 제작하는 것은 동 기를 부여하고 비계를 제공해 준다. 또한, 역할을 분담해서 좌절감을 완화하 고 서로 격려하면서 모두가 제작 과정의 한 부분에서 전문가가 될 수 있게 해 준다. 지침 9에는 대응 능력, 목표 설정 능력, 자기 평가 능력, 성찰 능력과 같은 자기 조절 기능을 제시한다(Gordon et al., 2009). McLeod and Vasinda(2009)와 Vasinda and McLeod(2011)에서는 학생들이 웹 기반의 청중을 염두에 두고 제 작할 때, 자기 평가뿐만 아니라 성공을 향한 목표와 성취기준을 설정하고 다음 에 새롭고 유사한 프로젝트를 할 때는 어떻게 개선할 것인지를 성찰하게 된다 고 하였다.

다중적 참여 수단은 교사가 교실 상호작용에 사용되는 다양한 의사소통 양식 을 고려한다는 점에서 다중 리터러시에 부합한다. 교사는 학생에게 동기를 부 여하고 참여를 독려하는 방식으로 지도해야 한다. 테크놀로지는 학생들 사이에 참여와 협력을 촉진하는 다양한 방식을 제공한다(Lisenbee, Hallman, & Landry, 2015). 멀티리터러시 관점을 취하면, 학습자의 민족이나 문화권뿐만 아니라 생애 활동과 경험의 측면에서도 교실의 다양성을 이해하기 시작한다. 학습자 변동성 에 대해 더 숙고하고 보편적 학습 설계의 틀을 고려하려 할 때, 점점 더 다양해 지는 교실로 인해 모든 학습자를 위한 포용적이고 효과적인 학습 기회를 제공 해야 하는 도전을 받게 된다(Ralabate, 2011). 우리는 새로운 테크놀로지가 우리 의 행동 방식을 바꾸고 리터러시를 갖춘다는 것의 의미를 바꾸어 놓는다는 점 을 알고 있으므로, 테크놀로지의 행동 유도성을 지렛대로 활용해서 모든 학습 자가 학습 목표를 달성할 수 있도록 다양한 방식을 지원할 필요가 있다.

보편적 학습 설계와 테크놀로지

디지털 도구는 자모 리터러시를 성공적으로 숙달할 수 있는 더 많은 방법을 제공한다. 철자나 손글씨에 대한 불안 때문에 정교한 스토리텔링 실력을 발휘할 수 없었던 학생들은 이제 무료 음성-문자 변환 도구로 이야기를 구술하고 문자 텍스트를 생성하여 개인적 읽기 텍스트를 만들어낼 수 있다. 독서극 Readers Theater 팟캐스트 제작은 10주 동안 폭넓은 실제 청중을 대상으로 하여 학년 수준에 맞게 독해력을 향상시키는 의미 있는 유창성 훈련 기회가 된다(Vasinda & McLeod, 2011). 4학년 수준에 있는 6학년 학생도 오디오 선택이 가능한 디지털 포맷을 활용하면 자신의 학년 수준에 맞는 텍스트를 가지고 효율적으로 참여할 수 있다. 테크놀로지 도구는 "오로지 하나의 고정된 매체인 인쇄물로만 된, '누구에게나 다 사용하도록 만들어진' 학습 자료의 대안"(Ralabate, 2011, 8항)이 될 수 있기 때문에 학습 장애를 완화하는 또 다른 수단이 될 수 있다. 보편적 학습 설계에 따른 탐구 활동에서는 다양한 요구를 고려하여 맞춤형 자료와 평가를 생성하기 위해 테크놀로지와 교수의 통합에 초점을 둔다(Coyne, Pisha, Dalton, Zeph, & Smith, 2013). 테크놀로지의 행동 유도성은 유연한 수업 선택지와 새로운 기회를 제공하는 보편적 학습 설계를 실행하는 데 중요한 역할을 한다.

테크놀로지의 행동 유도성

테크놀로지의 행동 유도성은 오랜 기간 다양한 방식으로 교육에 영향을 끼쳐 왔다. 테크놀로지 도구의 행동 유도성, 또는 가능성은 눈에 보일 수도 있고 그렇지 않을 수도 있다. 칠판과 분필을 사용하여 문자 의사소통을 했던 1800년대의 리터러시 실천상을 생각해 보라. 쓰고 지울 수 있는 칠판은 종이와 잉크의 경제적 대체물이 되었고, 시각적 보조 자료를 그려 넣어서 가르치는 것이 효과적일 수 있도록 탈바꿈시켰다. 이 테크놀로지는 또한 종이와 잉크와는 달리 지우거나 변경하는 데 긍정적 행동 유도성을 형성해 주었다. 1800년대 초반 교사

James Pillan과 George Barron은 작은 칠판 여러 개를 연결하여 커다란 칠판을 만들고 전체 학급 수업에 효과적인 시각적 보조 자료로 사용했다.

1809년 무렵, 필라델피아의 모든 공립학교는 이 새로운 테크놀로지를 도입하였다. 1840년경 칠판의 상업적 생산이 시작되었고 그 결과 학습에 긍정적 행동 유도성이 발휘되었다(Buzbee, 2014). 이러한 변화로 말미암아 교수학습 양상이 바뀌었는데, 교사가 시각적 보조 자료를 사용하여 한꺼번에 모든 학생들에게 하나의 개념을 설명할 수 있게 된 것이다. 당시 테크놀로지 도구의 이러한 변화는 의도적인 교수학습 설계를 통해 내용 이해에 대한 접근성을 증가시켰다.

20세기 교사에게 필수적인 도구는 책, 종이, 연필, OHP, 칠판, 화이트보드 등이었다. 이러한 테크놀로지들은 그간의 교사 생활에 비교적 변함없이 있어 왔으며(Mishra & Koehler, 2006), 지속 가능한 테크놀로지로 간주되었다(Christensen, 1997). 학교 현장에 컴퓨터가 새로운 도구로 처음 도입되었을 때, 컴퓨터는 대수도 매우 적었고 주로 컴퓨터실에 가야만 만져볼 수 있는 고정형이었다(Foulger & Slykhuis, 2013). 그래서 컴퓨터 사용은 하나의 특별 행사일 뿐이었으며 컴퓨터가 무난한 수업 도구가 되지는 못했다.

21세기에 들어서는 교실 앞쪽에 칠판이 있는 경우가 아직 있기는 하지만 대부분 화이트보드나 전자칠판interactive whiteboards과 같은 새로운 테크놀로지로 교체되었다. 많은 교실에서 노트북 컴퓨터나 태블릿 PC가 개인용 칠판과 종이를 대신하고 있다. 이러한 모바일 장비의 급속한 유입은 와해성 테크놀로지[2]에 해당한다(Christensen, 1997; Magana, 2017). 와해성 테크놀로지는 행동 방식의 변화를 불러오는 변혁적 기술을 가리킨다. 증가하는 모바일 테크놀로지의 침투는 교사들에게 교실 밖에서 일어나는 학습을 활용할 수 있는 새로운 도구와 기회를 준다. 한때는 비싸고 손에 넣기 어려웠던 것들을 이제는 조금 더 부담 없는 가격에 손쉽게 구할 수 있다. 스마트폰이나 태블릿 PC와 같은 와해성 테크놀로지가 교실 수업 도구로는 쉽게 즉각적으로 인지되지 못하는 경향이 있다. 그럼

---

[2] 와해성 테크놀로지(disruptive technology)란 관련 분야를 재편성하고 시장을 대부분 점유하게 만드는 신제품이나 서비스를 말한다.

에도 불구하고 교육자들은 테크놀로지가 교실 수업 도구로 통합되는 데서 일어나는 행동 유도성을 고려해야 한다.

테크놀로지의 행동 유도성은 교실 환경에서 학생들에게 자신의 개인적 삶을 반영하는 리터러시 과정을 중재하는 데 필요한 흥미로운 방법을 제공해 준다. 교사를 위한 전통적 방식의 작문 대신, 학생들은 사람들의 사회적 행동에 영향을 미치기 위해 동영상을 제작하여 유튜브에 공유하고, 인포그래픽을 만들어 소셜미디어에 올리고, 논쟁이 되고 있는 이슈에 대해 블로그를 쓴다. Kid President와 같이, 어린이들도 수천 명의 구독자를 보유한 디지털 존재를 만들어 낸다.

[그림 3.3.] Kid President - 우리가 더 자주 말해야 하는 20가지 (https://youtu.be/m5yCOSHeYn4)
출처: Brad Montague and Robby Novak [SoulPancake]. (2013. 11. 21).

이러한 멀티리터러시들의 사례로 20세기에 장애인을 위해 제정된 법령에 바탕을 두고 모든 학습자들이 교육적 접근성을 얻은 경우가 있다. 건축 설계를 바꾸어서 평등한 접근성을 만들어 내고 건물 설비를 다르게 하여 접근성을 높인 것처럼 국가 법령이나 정책, 사람들의 인식에서 목표로 해야 하는 것은 학교에서 아이들과 청소년들에게 테크놀로지에 대한 평등한 접근성을 주는 것이다.

지원 법령 및 정책

국가적 법령의 목표는 테크놀로지가 아이들의 손에 들어갈 수 있도록 재정적으로 지원하는 것이다. 미국의 국가교육협회The National Edcuation Association: NEA

는 "학교 밖의 일반적 사용"과 마찬가지로 학교 안에서도 테크놀로지에 대한 동일한 접근성을 갖추어야 한다고 했다(National Education Association, 2017, 2항). 미국 '국가교육테크놀로지계획(The U.S. National Education Technology Plan: NETP, 2017)'에서도 "언제, 어디서나 학습이 가능하도록 하는(1항)" 공평성을 견지한다. 이러한 시각은 '모든 학생 성공법Every Student Succeeds Act'의 '테크놀로지의 효과적 사용 지원 활동'(IV장 A항)에 제시된 원리 및 예시와 부합한다. 테크놀로지에 관한 교육 정책은 일상적인 삶과 직업에 사용되는 테크놀로지 도구들의 변화하는 성질을 반영하며 계속해서 진화하고 있다. 미국의 '국가교육테크놀로지계획'은 학교 학습자들에게 공평성과 접근성을 부여하려는 노력을 대표한다.

미국 '국가교육테크놀로지계획'

미국 교육부 교육기술국Office of Educational Technology의 책무에는 '국가교육테크놀로지계획'의 개발과 모든 수준의 교육에 교수학습 변화를 끌어낼 수 있는 테크놀로지 도구에 대한 비전 수립이 포함된다. 교육기술국의 주요 성과 중 하나는 교육에 미치는 테크놀로지의 영향력과 관련된 계획을 수립해 온 것이다. 1996년 이후 여섯 차례 공표되었는데, 2010년에 마지막으로 공표된 것이 바로 '미국 교육의 대변혁: 테크놀로지로 작동되는 학습'이다.

'국가교육테크놀로지계획'(2010)에서는 테크놀로지로 작동되는 21세기형 교육 모형을 제시하였고, '학습, 평가, 교수, 기반 시설, 생산성'의 다섯 가지 핵심 영역의 목표와 권고 사항도 밝혔다. 다섯 가지 핵심 요소마다 교육 변혁을 위한 테크놀로지 사용 관련 기본 원칙을 기술하였다.

- **학습**: 학습자의 요구와 흥미에 맞출 수 있도록 학습 과정을 바꿀 것.
- **평가**: 대학 및 직업 준비를 위한 성취기준 전체에 대하여 학생의 향상도를 측정하고 지속적인 향상을 위해 실시간 데이터를 사용할 것.
- **교수**: 교사들에게 고도로 효율적이고 지원성이 높은 도구, 자원, 전문가, 동료를 연결해 줄 것.

- **기반 시설**: 모든 학생들에게 학교, 지역 사회, 가정 등 어디에서나 사용 가능한 광대역 인터넷 연결망을 제공할 것.
- **생산성**: 비용 조절과 함께 테크놀로지 사용으로 학교가 더 생산적이면서 학생의 성취를 가속화할 수 있도록 할 것

(미국 교육부 교육기술국, 2010).

2010년도 '국가교육테크놀로지계획'에서는 테크놀로지 목표를 5년 단위로 업데이트할 것을 권고하였다. 교육기술국은 2016년도에 보고서를 낸 이후, 2017년에 또 한 번 업데이트를 하여 '교육에서 테크놀로지 역할 다시 상상하기: 2017 국가교육테크놀로지계획 업데이트'를 발표하였다. 이 두 번의 업데이트 후 교육기술국은 다음과 같은 설명을 하였다.

거의 하루 단위로 학교, 지역, 주에서 나타나는 변화에 발맞추기 위해 우리는 '국가교육테크놀로지계획'을 더욱 자주 업데이트하고 있다. 교육 관계자들이 피드백을 통해 이전의 5년 주기 업데이트는 충분하지 않다는 점을 지적하였고, 이에 따라 우리는 2017년도부터 1년 단위로 소규모 업데이트를 시작하고자 한다.

(OET, 2017, 2항)

업데이트된 '국가교육테크놀로지계획'은 테크놀로지 접근성과 학습 경험이 더욱 의미 있게 공평해지도록 할 지속적인 필요성을 인정한다.

'장애 학생 교육 지원법'

테크놀로지 사용과 교육 정책의 역사적 맥락은 장애인을 위한 지원법과 궤를 같이 한다. 부분적으로는 교육적 맥락에 사용된 테크놀로지 도구들이 1973년에 통과된 국가법에 명시된 적응형 기술 또는 보조 기기였기 때문이다. 미국장애인법 504절과 (이후 장애학생교육지원법(IDEA)으로 알려졌으며 2004년 재승인된) 공공

법 94-142라는 법령은 장애 학생들의 "최소 제한 환경"에 대한 접근성 보장 조항을 신설하였다. 법 조항은 다음과 같다.

공립이나 사립 기관 또는 기타 보호 시설의 아동들을 포함하여 장애 학생들은 최대한 적절한 방식으로 비장애 학생들과 함께 교육받아야 하며, 특수 학급, 분리 학습 등 장애 학생의 정규 교육 환경으로부터의 분리는 학생의 장애 정도로 인해 정규 수업에서 보조 기구나 서비스 사용이 충분히 이루어질 수 없는 경우에만 허용된다.

(20 U.S.C. §1412(a)(5)(A))

일반교육을 하는 교실은 대부분의 장애 학생들에게 가장 제한이 적은 환경이므로, 교수학습은 이와 같은 환경에서 이루어져야 한다. 이러한 목표를 달성하기 위해, 이 법에서는 보조 기구 및 서비스의 사용을 추가로 요구한다. 1997년 장애 학생 교육 지원법 개정 조항에서는 지역 교육 기관들LEAs이 '장애 학생을 위한 개별 교육 계획Individual Education Planning (IEP) for children with disabilities'을 수립할 때, 보조 테크놀로지에 대한 요구를 고려하도록 하였다. 보조 기구와 보조 테크놀로지로는, 아이들이 일반교육의 교육과정과 최소 제한 환경에 접근하도록 리터러시 과정을 중재해 주는 문자-음성 변환, 음성-문자 변환, 글자 크기 확대 등을 비롯한 수많은 테크놀로지 편의 기술을 활용하는 도구들이 있다. 장애 학생 교육 지원법은 2015년 재승인되었고 '모든 학생 성공법'으로 수정되었다.

'낙오 아동 방지법'과 '모든 학생 성공법'

'낙오 아동 방지법NCLB'과 '모든 학생 성공법ESSA'은 책무성과 교육 수준에 관련된 조항을 만들어 교육 평등권을 확고히 한다. '낙오 아동 방지법'은 모든 아동이 양질의 교육을 받고 최소한 주정부에서 정한 성취기준과 평가 기준에 도달할 수 있도록 이들에게 공정하고 평등하며 의미 있는 기회를 보장하기 위한 목적으로 2001년 제정되었다(p.1193). '낙오 아동 방지법'은 일반교육을 반영하고 '모든 학생 성공법'은 특수교육을 반영하지만, 둘 다 학생과 교사를 위한 높은 책무성을 기대하는 유사한 목표를 담고 있다. '낙오 아동 방지법'에서는 학교 및 지역구가 연간 성취 기준을 달성했는지 판정하기 위하여 일부 예외는 있지만 모든 학생들에게 주 전체 평가와 요구 조사에 참여하게 한다.

'모든 학생 성공법'은 2015년 12월 1일 '낙오 아동 방지법'을 대체하여 제정되었으며, 교육 테크놀로지와 디지털 학습을 지원하는 연방 정부의 지출 방식에 영향을 주는 주요 조항을 담고 있다. 교사, 교장, 학교 지도자를 위해 효과적인 테크놀로지 활용법에 관한 전문성 개발 및 연수 관련 내용도 포함하고 있다. 국제교육테크놀로지협회는 '모든 학생 성공법'의 교육 테크놀로지 조항 개발에 지역 사회가 참여하도록 중요한 역할을 하였다(International Society for Technology in Education, 2016). 국제교육테크놀로지협회의 비전은 "모든 교육자들이 테크놀로지를 이용하여 교수학습의 혁신을 가속화하고 학습자들이 자신의 최대 잠재력을 발휘하도록 북돋워 주는 것"이다(International Society for Technology in Education, 2016, 4항). 이 단체는 교사와 학생을 위한 국제교육테크놀로지협회 기준을 알리며 테크놀로지를 통합하는 최상의 실천이 촉진되도록 한다. '모든 학생 성공법'이 시행되었으므로 국제교육테크놀로지협회는 연방 및 주 정부가 법을 준수하도록 영향력을 행사하며 정치 지도자들이 교육자들의 역량을 강화하고 디지털 학습을 확대할 수 있는 테크놀로지에 건실하게 투자하는 법을 잘 알 수 있도록 한다.

멀티리터러시 반성적 교수법과 모든 학습자를 위해 의도적인 계획을 수립하는 보편적 교육 설계의 틀을 활용하면 포용적, 확장적, 변혁적 교육이 가능하다. 멀티리터러시들이 테크놀로지 도구와 결합할 때, 곧 보편적 학습 설계로 인해 교육과정 목표 달성을 위한 접근성을 지닐 때, 학생들은 범교과적인 학습의 성공에 필요한 다양한 의사소통 양식으로 정보를 접하게 된다. '모든 학생 성공법(2015)'은 보편적 학습 설계를 수차례 언급하면서 주정부가 보편적 학습 설계의 원리를 활용하여 평가를 설계할 것, 보편적 학습 설계를 사용하는 지역 교육

기관에 보조금을 지원할 것, 보편적 학습 설계에 부합하는 테크놀로지를 채택할 것을 권한다.

<인식 전환> 다시 보기

보편적 학습 설계의 원리와 관련 법령은 모든 학생이 성공적으로 교실 수업에 참여할 수 있는 길을 닦았다. 이 장의 도입부 <인식 전환>으로 다시 돌아가 멀티리터러시 활용 수업 계획에 관한 내용을 다시 살펴보라. 보편적 학습 설계에 관한 내용을 읽었으므로 '취약 계층'의 학생들을 포용하는 보편적 학습 설계의 원리를 활용하여 자신의 수업 계획을 되돌아 보라. 청각 장애 학생의 요구를 다루고 있는가? 시각 장애 학생은? 독해에 어려움을 겪는 학생은? 만약 그렇지 않다면 다른 리터러시 양식을 활용하여 모든 학습자를 지원할 수 있는 방법을 생각해 보라. 마지막으로, 보편적 학습 설계에 대해 학습하였으므로, 테크놀로지 통합을 통해 보편적 학습 설계의 원리를 적용한 아래 Adrian의 사례를 읽어 보기 바란다. 이 사례는 영어 학습에 어려움을 겪는 초등학교 3학년 학생이 영어로 교과의 내용을 익히는 과정을 보여준다. 테크놀로지 통합은 복잡한 주제인데, 4장에서 여러 틀을 사용하여 다룰 것이다.

◆ Adrian의 사례: 보편적 학습 설계 적용하기

Adrian은 영어를 학습하는 초등학교 3학년생이다. 제2 언어로서 영어 기능은 듣기, 말하기, 읽기, 쓰기 모든 영역에서 초급 수준이다. Adrian은 사교적이며 쉬는 시간이나 체육 시간에 급우들과 어울리는 것을 좋아한다. 영어 능력 발달이 또래보다 뒤처지기 때문에 영어로 내용을 학습하는 데 어려움을 겪는다. 담당 교사는 Adrian의 교재 학습을 도와줄 방법을 찾아야 한다. Adrian에게 필요한 것에 맞추어 보편적 학습 설계 원리를 적용하고 Adrian을 포함한 모든 학생을 아우르는 교육 설계 방법을 강조할 것이다.

다중적 표상 수단

Adrian을 비롯한 여러 학생들이 인쇄 매체의 장벽으로 어려움을 겪을 수 있다. Adrian의 선생님은 모든 학생에게 접근성을 제공하고 싶어 한다. 테크놀로지 도구를 활용하여 교사가 학생들을 지원할 수 있는 방법은 아래와 같다.

- 벽에 붙인 단어 목록에서 단어와 그림 옆에 QR 코드를 제시하여 단어의 발음을 들을 수 있는 음성 파일을 제공한다. 학습자는 이를 스캔하여 단어의 정확한 발음을 들을 수 있다.
- 어휘 목록에 하이퍼링크를 달아 놓는다. 링크를 클릭하면 목표 어휘의 시각 자료를 볼 수 있다.
- 언어 번역기를 제공한다. 특히 학문 목적 학습의 경우 학습자의 제1 언어를 통해 도움을 줄 수 있다.
- Newsla와 같은 사이트에서는 동일한 기사를 독해 수준을 달리해서 여러 가지로 제공하고 있다. Newsla는 초중고 학생들을 위한 유익한 뉴스 기사들을 제공하여 학생들의 독해 실력을 쌓는 데에 중점을 둔 교육용 웹사이트이다. Newsla는 조정된 텍스트, 즉 렉사일(Lexile) 수준[3]을 다섯 가지로 다르게 한 기사로 되어 있다는 점에서 모든 학습자를 위한 정보 표상 방식의 하나라 할 수 있다.
- 음성-문자 변환 도구는 인쇄 자료 해독에 어려움을 겪는 학습자를 도와줄 수 있다.

다중적 표현 수단

교사는 학습자에게 능숙한 수행 모형과 조력을 받아 실행할 수 있는 기회들을 제공해서 다양한 전략적 신경망을 지원해야 한다(Coyne et al., 2007). 다중적 행동 및 표현 수

---

3) 렉사일(Lexile) 지수는 미국의 교육 연구기관 MetaMetrics® (메타메트릭스) 사에서 개발한 독서 수준 지표로서, 도서의 난이도를 BR(Beginning Reader)에서 2000L까지 수치화하였다. 독자의 읽기 능력을 측정하는 렉사일 독자 지수(읽기 능력 지수: Lexile reader measure)와 영어 텍스트의 난이도를 측정하는 렉사일 도서 지수(Lexile text measure)로 구성되어 있다. 전 세계 30여 개 이상의 국가와 미국 21개 주의 공교육에서 정기적으로 렉사일 시험에 응시하고 있으며, 미국에서 가장 대표적인 영어 읽기 능력 평가로 인정받고 있다. 또한, 국공립학교 교과서 및 추천 도서의 제목 옆에 렉사일 지수를 표시하도록 하고 있다. 렉사일 지수를 이용하여 자신의 읽기 능력에 알맞은 난이도의 책을 선택하거나 영어 학습 목표를 설정할 수 있다(https://lexiletest.kr).

단을 제공하는 것은 학습자가 학습한 내용을 효과적으로 증명해 보일 수 있도록 해 준다 (p.3). 학습자들이 수업에서 학습한 내용을 다양한 방식으로 표현할 수 있도록 해 주는 기법과 도구에는 다음과 같은 것이 있다.

- 녹음 장비는 학습자가 음성 언어 숙달도를 활용하여 자신을 표현할 수 있는 방법을 제공한다. 이러한 유형의 장비는 Adrian이 제1 언어로 자신의 지식을 공유한 후 동일한 정보를 영어로 들을 수 있도록 해 준다.
- 비디오와 같은 매체는 문자를 초월하여 표현할 수 있는 환경 기반을 제공해 준다. 학생들은 동영상을 제작하여 유튜브에 공유하고 소셜미디어에 인포그래픽을 만들어 올리며 FlipGrid[4]에서 짧은 동영상을 제작하여 자신의 학습을 증명해 보일 수 있다.
- 협동 학습 전략은 Adrian과 같은 학생들에게 유익하다. '생각하기—짝 활동하기—공유하기(Think-Pair-Share)' 전략을 통해 Adrian은 또래들과 협력하여 문제를 해결하거나 질문에 답할 수 있다. 또, 하나의 주제에 대해 혼자 생각해 보고, 친구와 짝을 지어 아이디어를 비교하고, 반 전체와 아이디어를 공유하도록 해 준다. 짝과 함께 토의하면 참여를 통해 흥미를 갖게 되고 내용에 대한 이해도 촉진된다(Reading Rockets, 2017). 협동 학습 전략은 위험 부담이 없는 환경에서 자신의 지식을 표현할 수 있는 방법을 제공한다.

다중적 참여 수단

교사는 다중적 참여 수단을 통해 다양한 정의적 신경망을 지원한다. "동기, 의미 생성, 정서적 개입은 정의적 신경망에서 기원한다."(Coyne et al., 2007) 학생들은 학교에서 배우는 것에 선택권이 거의 없다(Coyne et al., 2007). 하지만 교사는 학생의 선택과 도전을 포함하도록 학습 활동을 설계할 수 있다. Adrian이 재미있는 방식으로 언어를 연습할 수 있는 기회를 제공하는 것이 중요하다.

- 시각 어휘(Sight Words)는 추가 연습이 필요한 Adrian을 포함하여 모든 학습자에게 중요하다. 특정한 시각 어휘 앱이 탑재된 태블릿은 시각 어휘나 해독 가능한 이야기를 연습하는 재미있는 방법을 제공한다. 많은 앱에서 게임 같은 시각 어휘 연습 활동을 제공한다. 이런 앱으로는 Play Sight Words나 Sight Word Bing 같은 것이 있다(https://itunes.apple.com/us/app/sight-words-bingo/id634113828?mt=8).
- 음성 지원이 되는 앱 또한 언어 학습을 지원한다. 이런 예로는 Starfall.com, 닥터 수스, Bob Books

---

4) Flipgrid는 전 세계 수백만 명의 PreK-PhD 학습자, 교육자 및 가족이 사용하는 간단하고 액세스 가능한 무료 화상 토론 앱이다. Flipgrid는 학생의 목소리를 증폭시키고 모든 연령대의 학습자가 비디오의 힘을 사용하여 참여하고 공유할 수 있도록 한다. 교육자는 토론 주제를 만들고 학습 커뮤니티와 공유한다. 학습자는 앱을 다운로드하고 고유한 가입 코드를 입력하고 공유할 짧은 비디오를 녹화하기만 하면 된다. https://play.google.com/store/apps/details?id=com.vidku.app.flipgrid&hl=ko&gl=US

등이 있다.

- Adrian과 또래들에게 도움이 될 수 있는 또 다른 앱으로는 음성 지원이 되는 의사소통 기호 그림 카드(picture communication symbols)[5]나 음성 지원이 되는 무지개색 문장 생성 이미지(rainbow sentences)[6]를 제공하는 Vocabulary PCS와 같은 것이 있다. 제2 언어로서의 영어 학습자를 포함해서 많은 학생들이 영어 숙어 학습에 어려움을 겪는다.

- Kidioms(https://itunes.apple.com/us/app/kidioms/id475844040?mt=8)는 학습자의 상용 어구 이해를 돕기 위해 그림과 함께 예시를 제공하는 앱이다. 선택과 참여를 통해 학습자의 참여도와 주도적 학습을 촉진해서 모든 학생에게 영향을 줄 수 있다.

---

5) 의사소통 기호 그림 카드 예시

https://www.teacherspayteachers.com/Product/AAC-Core-Vocabulary-Communication-Board-60-words-Boardmaker-PCS-5992434 CS-5992434

6) 무지개 문장 생성 이미지

https://artscrackers.com/2015/02/24/teach-grammar-using-rainbows/

References

Americans with Disabilities Act of 1990, as amended with ADA Amendments Act of 2008. (n.d.). Retrieved from http://www.ada.gov/pubs/adastatute08htm

Buzbee, L. (2014). Blackboard: A personal history of the classroom. Minneapolis, MN: Graywolf Press.

Center for Applied Special Technology. (2011a). CAST timeline. Retrieved http://www.cast.org/about/timeline.html#.Vs3d7UBRqrY

Center for Applied Special Technology. (2011b). Universal design for learning guidelines version 2.0 [graphic organizer]. Wakefield, MA: Author.

Center for Applied Special Technology. (2015). About Universal design for learning. Retrieved from http://www.cast.org/our-work/about-udl.html#.VT_d5NJVhBd

Center for Applied Special Technology. (2018). Universal design for learning guidelines version 2.2 [graphic organizer]. Retrieved from http://udlguidelines.cast.org

Center for Universal Design (1997). The principles of universal design. Retrieved from https://www.ncsu.edu/ncsu/design/cud/about_ud/udprinciplestext.htm

Christensen, C. M. (1997). The innovator's dilemma: When new technologies cause great firms to fail. Boston, MA: Harvard Business School Press.

Coyne, P., Ganley, P., Hall, T., Meo, G., Murray, E., & Gordon, D. (2007). Applying universal design for learning in the classroom. In D. H. Rose, & A. Meyer (Eds.), A practical reader in universal design for learning (pp.1-13). Cambridge, MA: Harvard Education Press.

Coyne, P., Pisha, B., Dalton, B., Zeph, L. A., & Smith, N. C. (2013). Literacy by design: A universal design for learning approach for students with significant intellectual disabilities. Remedial and Special Education, 33(3), 162-172.

Every Student Succeeds Act (2015). Pub. L. 114-95. Stat. 1177 (2015).

Foulger, T. T., & Slykhuis, D. S. (2013). TPACK as a tool for teacher professional learning. Learning & Leading with Technology, 41(1), 20-22.

Gordon, D., Gravel, J. W., & Schifter, L. A., Eds. (2009). A policy reading in universal design for learning. Cambridge, MA: Harvard Education Press.

Houston, L. (2018). Efficient strategies for integrating universal design for learning in the online classroom. Journal of Educators Online, 15(3), 96-111, doi: 10.9743/jeo.2018.15.3.4

International Society for Technology in Education. (2016). EdTekWhitePaper: Breaking down ESSA A guide to the new ed tech provisions in the federal education law. Retrieved from https://www.iste.org/docs/advocacy-resources/edtekwhitepaper_advocacy_nclb-essa.pdf

Lisenbee, P. S., Hallman, C., & Landry, D. (2015). Geocaching is catching students' attention in the classroom. The Geography Teacher, 12(1), 7–16.

McLeod, J., & Vasinda, S. (2009). Electronic portfolios: Perspective of students, teachers and parents. Education and Information Technology, 14(1), 29–38.

Magana, S. (2017). Disruptive classroom technologies: A framework for innovation in education. Thousand Oaks, CA: Corwin.

Meyer, A., Rose, D. H., & Gordon, D. (2014). Universal design for learning: Theory and practice. Wakefield, MA: CAST Professional Publishing.

Mishra, P., & Koehler, M. (2006). Technological pedagogical content knowledge: A framework for teacher knowledge. Teachers College Record, 108(6), 1017–1054.

National Education Association. (2017). NEA positions on technology and education. Retrieved from http://www.nea.org/home/58795.htm

No Child Left Behind Act of 2001, Pub. L. No. 107–110, 115 Stat. 1425 (2002).

Pilgrim, J., Vasinda, S., & Lisenbee, P.S. (2019). Universal design for learning: Examining access afforded by children's search engines. Journal of Literacy and Technology, Manuscript accepted for publication.

Ralabate, P. K. (2011, August 30). Universal design for learning: Meeting the needs of all students. The ASHA Leader. Retrieved from http://www.readingrockets.org/article/universal-design-learning-meeting-needs-all-students

Reading Rockets (2017). Think-pair-share. Retrieved from http://www.readingrockets.org/strategies/think-pair-share

Rose, D. H., & Meyer, A. (2002). Teaching every student in the digital age: Universal design for learning. Alexandria, VA: Association for Supervision and Curriculum Development.

Rose, D. H., & Meyer, A., Eds. (2006). A practical reader in universal design for learning. Cambridge, MA: Harvard Education Press.

United States Access Board. (n.d.). Architectural Barriers Act of 1968. Retrieved from https://www.access-board.gov/the-board/laws/architectural-barriers-act-aba

U.S. Department of Education, Office of Educational Technology. (2010). Transforming American education: Learning powered by technology. National Educational Technology Plan 2010: Executive Summary. Washington, DC: Author. Retrieved from http://www.ed.gov/technology/netp-2010

U.S. Department of Education, Office of Educational Technology. (2017). Reimagining the role of technology in education. 2017 National Education Technology Plan Update. Washington, DC: Author. Retrieved from https://tech.ed.gov/files/2017/01/NETP17.pdf

Vasinda, S., & McLeod, J. (2011). Extending readers theater: A powerful and purposeful match with podcasting. The Reading Teacher, 64(7), 486–497.

Vygotsky, L. S. (1978). Mind in society: The development of higher psychological processes. Cambridge, MA: Harvard University Press.

WBDG Accessibility Committee. (2019). History of accessibility facility design. Whole Building Design Guide. National Institute of Building Sciences. Retrieved from https://www.wbdg.org/design-objectives/accessible/history-accessible-facility-design

제**2**부
테크놀로지 통합의 틀

4장
리터러시 교육을 위한 테크놀로지 반영 틀

인식 전환

　모든 학생이 모바일 테크놀로지 기기를 사용하고 있는 학교의 교사로 근무하고 있다고 가정해 보라. 자신이 가르칠 리터러시 개념 한 가지를 생각한 후 수업에 대한 아이디어, 교수법, 학습자를 지원해 줄 도구를 메모해 보라. 학생들은 자신이 이해한 내용을 어떻게 보여 줄 수 있을까? 이 도구를 리터러시 교육에 통합하려면 어떤 종류의 교사 관련 지식이 필요할까?

　교사들에게 제공되는 교수 자원이 교수학습에 관한 자신의 신념에 맞을 수도 있고 맞지 않을 수도 있다. 예를 들면, 읽기 수업 자료에 내포된 교수법이나 교수 철학이 자신과 맞지 않을 수 있고, 테크놀로지 기기가 자신의 철학과는 맞지 않을 수 있다. 전자칠판이 학교에 처음 도입되었을 때, 교사 중심의 관점을 지닌 교사들은 이 화이트보드를 강의나 PPT 슬라이드, 동영상, 기타 시각 자료 등을 보여주는 크고 비싼 영사 장치로 사용하였다. 학생들이 이 전자칠판의 화면을 손으로 작동하거나 화면을 통해 상호작용하는 경우는 거의 없었다. 반면, 학습자 중심의 관점을 지닌 교사라면 학생들이 소집단 활동을 하면서 이 전자칠판을 가지고 직접 상호작용할 수 있는 가상공간 속 탐구 활동을 설계했을 것이다. 최근의 학습자 중심적 교사라면 태블릿의 크기나 이동성 덕분에 학습자 변동성 및 개별화에 맞는 상호작용과 도구들을 더 많이 제공받을 수 있다는 점을 강조하며 태블릿 사용을 적극 지지할 것이다.

디지털 도구도 변화한다는 사실을 안다면 교사는 학습을 고려하고, 강화하고, 확장하고, 변혁할 수 있는 의식 구조를 갖춰야 한다. 교사는 학습 목표를 효과적으로 지원해 주는 테크놀로지 활용법을 고려해야 한다. 학습을 최대한 지원하고 강화해 주는 교육적 접근법들도 교사의 의사결정 과정에 포함되어야 한다. 테크교수법technagogy이라는 말은 테크놀로지, 교수법, 내용의 통합을 나타내며 학습의 촉진을 위해 테크놀로지 사용을 변화시키려는 의도를 담고 있다. 테크교수법이 블로그에서 주로 쓰이는 말이기는 하지만, 제5회 국제교육테크놀로지회의IETC에서 이 말을 회의 의제에 포함하였다(Stevens, 2011). 교수법이 의사결정과 교수 전략의 실행에 관한 것이라면, 테크교수법은 이전에 가능하지 않았던 학습 기회를 창출할 수 있는 테크놀로지를 포함하는 의사결정과 이를 포함하는 전략적 지도에 관한 것이다. 테크교수법이라는 개념은 교수법과 테크놀로지가 서로 밀접히 연관돼 있음을 말한다.

테크놀로지의 급속한 변화로 인해 이러한 작업에 길잡이가 되는 지도map가 없다. 그래서 테크놀로지와의 상호작용을 고려할 수 있는 이론적 모형과 틀이 의사결정을 돕는 나침반 역할을 할 수 있다. 길잡이가 되어 주는 틀이 있다면 교수학습 개선 방법을 모색할 때 교사가 더욱 효과적으로 의사결정할 수 있을 것이다. 멀티리터러시 이론은 리터러시를 갖춘다는 것의 의미를 확장하고, 보편적 학습 설계는 교실의 맥락과 학습자 변동성을 주의 깊게 고려하도록 해 주었다. 다음에서 설명할 테크놀로지 교수법 내용 지식 모형Technological Pedagogical and Content Knowledge model, TPACK은 효과적인 테크놀로지 통합 교육에서 복잡한 교사 역할을 이해할 수 있게 해 준다.

교사들에게 새로운 지식 영역을 설명하는 틀: TPACK

효과적으로 가르친다는 것은 단순히 내용 지식을 많이 가르치는 것 이상이다. 효과적으로 가르치는 교사는 가르치는 방법, 또는 교수법을 안다. 학습 내용에 대한 개념이 어떻게 조직되어야 하는가? 최상의 이해를 위해서는 어떤 학습 경험이 필요한가? 개념 발달에 가장 효과적인 배열 순서는 무엇인가? 학습자들이 자주 혼동하는 것 중에서 피하거나 특정 교수 전략으로 조정되어야 하는 것은 무엇인가? 다음으로는 학습자를 학습 과정에 어떻게 참여시킬 것인가를 포함하여 학습에 대한 신념에 맞게 의사결정 해야 한다. 내용 학습 목표를 최상으로 지원해 주는 교수 모형은 어떤 것인가? 문제 기반 전략? 시범보이기와 명시적 교수? 강의와 토의? 또, 학생들을 2인, 3인 혹은 소집단 중 어떤 방식으로 편성할 것인가? 전체 활동, 소집단 활동, 개별 학습, 연습, 창작 등에 시간을 어떻게 배분할 것인가? 교수학습은 맥락 의존적이기도 하다. 사회경제적 지위, 학습자 배경, 교과, 학년과 같은 전형적인 차이 외에도 기기 접근성과 인터넷 속도와 같은 것도 교수학습 맥락에 영향을 준다.

테크놀로지 교수법 내용 지식 [TPACK]

수업을 설계할 때, 교사는 먼저 내용과 내용의 조직을 고려한다. 교사가 가지고 있는 이러한 유형의 지식을 내용 지식Content Knowledge: CK이라 한다. 내용 지식이 강하다는 것은 지식이 풍부함은 물론 교과의 구조와 법칙에 대한, 여기서는 리터러시에 대한 깊이 있는 이해를 의미한다. 내용 지식에는 교과의 목적 또는 교과의 이론적 기반도 포함된다. 교사들은 수업을 조직하는 최상의 방법과 학습자가 이해하기에 가장 효과적인 접근법도 고려한다. 이런 유형의 지식을 교수법 지식Pedagogical Knowledge: PK이라 한다. 교수법 지식에는 읽기, 쓰기와 같이 학습 내용이나 과정을 도와주는 교수 및 지도 전략에 대한 풍부하고 깊이 있는 이해가 반영돼 있다. 내용 지식과 교수법 지식이 겹치는 부분은 특수한 교사 지식에 해당하는데 Shulman(1986)은 이를 교수법적 내용 지식 즉 PCKPedagogical Content Knowledge로 명명하였다(그림 4.1).

[그림 4.1] TPACK 모형이란? https://youtu.be/yMQiHJsePOM.
출처: Common Sense Education. (2016. 7. 12).

교수법적 내용 지식은 교수와 학습에 관한 연구를 기반으로 하여 구축되었다(Shulman, 1986). 교수법적 내용 지식을 갖춘 교사는 내용 특수적 개념과 학습의 하위 과정이 학습자에게 어렵다는 것을 알고 특정 교수 전략을 사용하여 학습을 중재한다. 교수법적 내용 지식이 발현되면 교수법이 교사의 내용 교수 능력을 강화해 주고 유능하고 적극적인 교사가 되게 해 준다. 내용 지식이 부족하면 오개념이 고착화될 우려가 있다. 교수법적 지식이 부족하면 한 분야에서 최고의 학식을 가진 전문가라도 개념과 내용을 초보 학습자에게 쉽고 명확하게 설명하지 못한다. 최근에는 교수학습 도구가 교수법적 내용 지식의 일부가 되고 있다. 예를 들어, 읽기를 갓 시작한 독자를 위해 텍스트 선정에 신경을 쓰거나 특정 쓰기 방법을 시범 보이려고 할 때 교수법적 내용 지식이 중요하다. 이제 교사들은 전통적 리터러시 기능이든 뉴리터러시든 이를 위한 교수학습에 디지털 도구를 추가적인 지원 수단으로 고려해야 한다.

내용 지식과 교수법 지식이 처음에는 각기 다른 지식 저장고로 생각되었듯이, 테크놀로지 지식Technology Knowledge: TK 역시 처음에는 지식과 기능의 별도 영역으로 생각되었다. Mishra and Koehler(2006)에서는 테크놀로지 지식을 새로운 교사 지식으로 인정하고, Shulman의 교수법적 내용 지식 개념을 확장하여 테크놀로지 지식을 또 하나의 지식 영역으로 포함하였다. 테크놀로지 지식에는 테크놀로지가 언제 목표 달성에 도움이 되고 언제 방해가 되는지를 이해하면서 정보 기술을 개인적·직업적 삶에 생산적으로 사용할 수 있는 지식과 테크놀로지 변화에 계속해서 적응할 수 있는 능력이 포함된다. 기술이 끊임없이 변하기 때문에 종착점은 없다. 교사는 늘 테크놀로지 지식을 발전시켜야 한다. 여기서는 테크놀로지 지식과 교수법적 내용 지식을 통합하여 21세기 교육을 위해 교사에게 필요한 지식 영역들의 복잡성을 설명하는 새로운 틀을 창안하였다. 그것이 바로 테크놀로지 교수법 내용 지식Technological, Pedagogical, and Content Knowledge, TPACK(그림 4.2)이다.

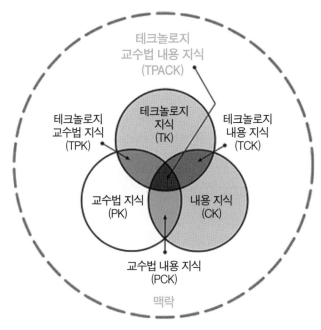

[그림 4.2] 테크놀로지 교수법 내용 지식[TPACK] 모형.
출판사의 사용 승낙 받음. © 2012 by tpack.org

테크놀로지 교수법 내용 지식 모형에는 지식이 겹치는 부분이 몇 군데 있다. 테크놀로지 내용 지식, 테크놀로지 교수법 지식, 세 지식 영역들이 완전히 통합된 테크놀로지 교수법 내용 지식 등이 그것이다(Koehler & Mishra, 2007; Mishra & Koehler, 2006). 교사 지식 영역의 겹치는 부분을 이해하는 것이 성공적인 테크놀로지 통합에 영향을 준다(Koehler, Mishra, & Cain, 2013, p.13). <표 4.1>에서는 이렇게 겹치는 부분에 대해 설명하고 있다.

표 4.1 테크놀로지 교수법 내용 지식 모형(Mishra & Koehler, 2006)의 지식 영역 개관[1]

지식 영역	설명
교수법 지식 (PK)	교수 방법, 학습 이론, 수업 계획, 학습 평가 등을 포함한 교수학습 과정에 관한 전문 지식
내용 지식 (CK)	수학, 과학, 언어 등 특정 영역의 정보, 개념, 과정에 관한 전문 지식
테크놀로지 지식 (TK)	활용 가능한 다양한 테크놀로지와 그 기능, 그리고 이를 업무나 일상 생활에 효과적으로 사용하는 방법에 관한 전문 지식. IT는 교수법이나 내용보다 더 급속히 진화하므로, 테크놀로지 지식 영역은 끊임없이 변화한다.
교수법 내용 지식 (PCK)	학생들에게 접근 가능하고 의미 있는 방식으로 교과목 지도를 뒷받침하는 교수법 지식과 내용 지식이 교차하는 영역(Shulman, 1986).
테크놀로지 내용 지식 (TCK)	테크놀로지 지식과 내용 지식의 관계, 상호 영향력, 그리고 특정 내용 학습에 어느 테크놀로지가 적절한지에 관한 지식
테크놀로지 교수법 지식 (TPK)	다양한 테크놀로지의 행동 유도성 및 제약에 관한 지식과 교수학습을 지원하는 발달 단계별로 적절한 교수 계획 및 전략에 관한 지식이 교차하는 영역.
테크놀로지 교수법 내용 지식 (TPACK)	주요 지식 영역(내용, 교수법, 테크놀로지) 간 복잡한 상호작용에 관한 지식

Koehler 외(2013)에서는 교수학습 맥락의 복잡성이 수업 설계를 할 때 가장 전면에 등장한다는 것을 알았다. TPACK 모형에서 작은 원들을 둘러싸고 있는 점선으로 된 커다란 원이 맥락을 뜻하는데, 개별 학생들의 요구와 같이 교실에서의 구체적인 교수학습 맥락을 나타낸다. 또한, 1인 1기기 지원 정책, 기기 공유, 주 1회 컴퓨터 실습실 사용, 특별한 학습을 위한 이동식 컴퓨터 사용도 여기에 포함된다.

마지막으로, 이렇게 겹치는 부분의 지식이 지니는 중요성은 과소평가될 수 없다. Mishra and Koehler(2006)에서는 내용, 교수법, 테크놀로지는 '역동적 평형 상태'로 존재하므로 이들을 따로 떼어 생각하는 것은 "효과적인 교수에 해가 된다."(p.1029)라고 하며, 이들을 분리해서는 안 된다고 경고하였다. 이

---

1) 원저자의 요청에 따라 원저자가 보내 온 수정본(2023.08.11)을 번역한 것임.

세 개념을 함께 묶어 하나의 새로운 교사 지식으로 제시해야 한다는 것이다. Lisenbee(2009a)는 어린 학습자들을 가르친 경험을 통해 내용, 교수법, 테크놀로지 활용이 스토리텔링 활동에서 학습자의 참여도를 높이고, 내용의 표상에 변화를 가져왔으며, 소집단의 일원으로서 협력적 행동에 영향을 주었음을 보고하였다. 훌륭한 지도라는 것은 복잡한 문제이며, 우리는 교수 도구의 사용 방법에 대해 의도적으로 고민해야 한다.

테크놀로지 교수법 내용 지식, 보편적 학습 설계, 멀티리터러시들

테크놀로지 교수법 내용 지식의 지식 영역들을 둘러싼 맥락(점선으로 된 원)을 고려한다는 것은 멀티리터러시 관점과 보편적 학습 설계의 틀을 통해 학생들과 그들만의 고유하고 다양한 요구를 고려한다는 것을 의미한다. 멀티리터러시 관점은 우리가 리터러시를 갖게 되는 모든 방법을 상기시키고, 학습자 변동성은 학습자들이 불러들이는 모든 경험을 상기시킨다. 구체적 학습이라는 면에서 학습자 변동성을 세심하게 고려하는 것은 보편적 학습 설계 모형에 부합한다. Benton-Borghi(2015)는 테크놀로지 교수법 내용 지식과 보편적 학습 설계가 서로 부합하며 이것들이 교사 양성에 영향을 미친다고 했다. 이 연구에서 "일반 및 특수교육 교사들은 디지털 시대의 모든 학생을 위한 지식, 기능, 자질을 갖추도록 양성되어야 한다."(p.287)라고 하였다. 테크놀로지 교수법 내용 지식 모형으로 교사 지식의 개별적인 영역과 통합적인 영역을 확인할 수 있지만, 테크놀로지를 교수학습에 통합하기 위해서는 지식 이상의 것이 필요하다. 그것은 이러한 지식을 체계적이고 유용한 교수 계획으로 바꾸는 것이다(Hutchison, Beschorner, & Schmidt-Crawford, 2012; Hutchison & Reinking, 2011). 모든 학습자를 위한 수업 설계를 위해 교사는 멀티리터러시의 반성적 교수법, 교실 내 학습자 변동성을 고려하는 보편적 학습 설계 틀, 탐구와 시범 보이기를 최적화할 수 있는 학습 설계 방법을 고려해야 한다.

리터러시는 교실 내 의사소통이 어떻게 발생하는지에 깊이 관련되어 있기 때문에 수업 설계에 필수적인 부분이다. 학생들이 리터러시 내용에 쉽게 접근하도록 하려면 효율적인 의사소통이 필요하다. 게다가 내용에 접근하기 위해서는 학습하는 시범을 보여야 한다. 수업을 실행할 때 교사는 3장에서 소개한 보편적 학습 설계의 원리를 고려해야 한다. 원리 1, 교수 내용은 인지적 신경망에 관련되는데, 그 내용에 대해서 학생들이 가장 잘 접근할 수 있는 다양한 지도 방법을 결정한다. 또한 강력한 내용 지식을 요구한다. 원리 2, 학습 방법은 전략적 신경망에 관련되는데, 행동과 표현을 선택하게 한다. 원리 3, 교수 이유는 정의적 신경망을 반영하는데, 이 교수 이유에 대한 답으로 학습자 참여 문제가 다루어진다(Center for Applied Special Technology, 2015). 교사는 유연한 자료, 기법, 전략을 사용해야 하며, 복합적인 방식으로 정보를 제시해야 한다.

교육자들이 도전해야 할 과제 중 하나는, 가르쳐야 하는 내용과 관계없이 모든 학생을 위한 포용적이고 효과적인 학습 기회를 제공하는 것이다(Ralabate, 2011). 교사가 교실에서 만나게 되는 학생들의 읽기 능력은 모두 다르다. 예를 들어, 4학년 교사는 글자를 잘 모르는 입문기 독자로부터 4학년 수준을 넘어서는 텍스트를 읽고 이해하는 유창한 독자에 이르기까지 여러 학생이 섞여 있는 반을 맡을 수 있다. 혹은 구어 리터러시는 유창하나 문어 리터러시는 초보 수준이라든지, 시각 리터러시는 강하지만 청각 리터러시는 약한 학습자를 만날 수도 있다. 모든 학습자의 요구를 맞춰주는 것은 절대 쉬운 목표가 아니지만, 리터러시를 멀티리터러시 관점과 보편적 학습 설계라는 렌즈를 통해 바라본다면, 의도적인 수업 설계를 통해 모두가 학습이 가능하도록 할 수 있다. 테크놀로지 도구를 지렛대로 사용하면 모든 내용 교과의 모든 학습자에게 도움을 줄 수 있다. 새로운 아이디어와 개념을 시각적이고 비언어적인 매체로 제시하면 반성적 교수법의 경험과 새로운 지식의 형성이 용이해진다. Magana(2017)에서는 테크놀로지 도구가 복합적 감각의 상호작용, 토의, 피드백, 성찰을 통해 학습 경험을 강화한다고 주장하였다. 테크놀로지 교수법 내용 지식과 보편적 학습 설계 둘 다 교실마다 학생 요구가 각기 다른 고유한 맥락을 고려하여 교수 계획이 이루어져야 함을 강조한다. 또한, 테크놀로지 교수법 내용 지식은 학습 목표에 도움이 되느냐 방해가 되느냐의 관점에서 테크놀로지와의 통합 효과를 고려해야 함을 일깨워 준다.

교사는 테크놀로지 통합을 언제 어떻게 할 것인지를 고려해야 한다. 이 장의 나머지 부분에서는 테크놀로지 통합과 리터러시 교육에 초점을 두고 논의를 이어가겠다. 교사가 테크놀로지 통합을 계획하고 실행하는 데에 도움이 되며 테크놀로지 교수법 내용 지식에 부합하는 두 가지 모형을 다룰 것인데, 그것은 '테크놀로지 통합 계획하기 순환 모형'The Technology Integration Planning Cycle: TIPC 과 '탐구, 시행착오 모델링, 비계 활용 탐구, 학급 전체적으로 문제 해결, 독립적 활동 모형'Exploration, Modeling with Mistakes, Scaffolded Exploration, Classroom Problem-Solving, and Independent Activities: EMSCI이다.

교수 계획 및 실행 틀: TIPC

테크놀로지 통합은 계획하기부터 시작한다(Harris & Hofer, 2009; Niess, 2005). Harris and Hofer(2009)는 테크놀로지를 통합하는 교수 계획 시 다음 몇 가지를 고려하라고 한다.

- **학습 목표 선정**
- **교수법 결정**
- **결합할 활동 선정**
- **평가 전략 선정**
- **도구와 자료 선정**

테크놀로지 교수법 내용 지식 모형과 Harris and Hofer의 제안을 바탕으로 Hutchison and Woodward(2014)에서는 '테크놀로지 통합 계획하기 순환 모형'(TIPC, 그림 4.3)이라는 교수 계획 모형을 개발하였다. 이 틀은 학습 목표와 교수법에서부터 시작한다. 다음으로 교사는 이 둘을 가장 잘 보완해 줄 수 있는 테크놀로지를 선정한다. 이때 테크놀로지나 도구는 디지털이 아니라 아날로그

이어도 상관없다. 이 모형의 목표는 리터러시 학습 목표와 디지털 리터러시 목표 둘 다를 위한 교사의 계획하기를 지원하는 것이다. 두 연구자는 '리터러시와 언어' 교과를 위한 테크놀로지 통합 계획하기 순환 모형을 개발하는 과정에 관여하는 7가지 주요 요소를 규정하였다(Hutchison & Woodward, 2014). 교사에게는 다음과 같은 능력이 필요하다.

1. 명료한 교수 목표를 선정하고 이에 집중하는 능력
2. 선정한 목표에 맞는 적절한 교수법을 파악하는 능력
3. 교수 목표와 교수법을 지원하는 적절한 디지털 또는 비디지털 도구를 선택하는 능력
4. 선택한 도구가 교수 목표를 어떻게 향상시킬지 예상할 수 있는 능력
5. 선택한 도구를 사용할 때 나타날 수 있는 제한점을 파악하고 가능한 대안을 모색하는 능력
6. 선택한 도구의 사용에 따라 교수가 어떻게 수정되고 조정되어야 하는지 이해하는 능력
7. 실행 결과를 성찰하고 필요시 도구와 관련하여 변경할 점과 더 숙지해야 할 점을 결정하는 능력

교수 목표

교수 목표는 계획하기 과정에서 가장 먼저 고려할 사항이다. 이 단계에서 교사는 내용 지식을 활용하여(Mishra & Koehler, 2006; Shulman, 1986), 목표 달성을 위해 어떻게 계획을 수립할지 고민한다(그림 4.3). 달리 말하면, 학생들의 (수렴적) 이해력을 발달시켜야 하는가 아니면 (발산적) 사고력을 발달시켜야 하는가(Harris & Hofer, 2009)를 고민해야 한다. 교수 목표는 수업 설계 과정의 입구이자 출구이다. 수업의 모든 부분을 설계하고 나면, 모든 부분이 원래의 교수 목표에 부합하여 구현하고 있는지(Hutchison & Woodward, 2014) 점검해야 한다.

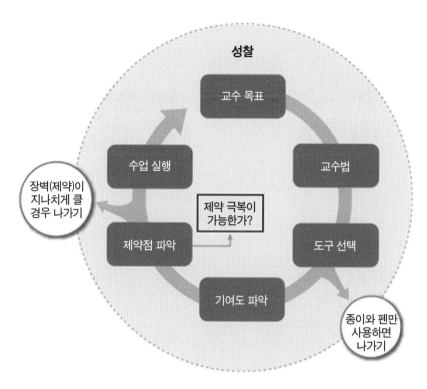

[그림 4.3] 테크놀로지 통합 교수 계획하기 순환 모형.
Hutchison & Woodward(2014)의
"디지털 테크놀로지를 리터러시 교수로 통합하기 위한 계획하기 순환 모형"에서 가져옴.
The Reading Teacher 67권 6호, 459쪽.
The International Reading Association의 사용 승낙 받음.

교수법

선정한 목표 달성을 촉진하는 최상의 접근법을 정하기 위해 교사는 교수법 내용 지식 영역의 지식을 가져온다(Mishra & Koehler, 2006; Shulman, 1986). 교수법에는 수업 설계는 어떻게 할지, 학습은 교사 중심적일지 학생 중심적이어야 할지에 대한 의사결정이 포함돼 있다. 그 외 다른 고려사항으로는 학습자의 배경 지식, 수업 지속 시간, 구조, 모둠 편성 결정이 있다(Harris & Hofer, 2009). 학생들이 목표 달성에 대비할 수 있도록 멀티리터러시에 대해서도 고려해야 한다.

도구

계획하기 과정에 도구 선택을 포함하기로 했다면, 어떤 도구로 할지 결정하기 위해서 테크놀로지 교수법 내용 지식TPACK의 세 가지 지식 영역을 고려해야 한다. 교사는 도구 선택이 학습 목표와 교수법을 뒷받침하거나 강화할 수 있는지 판단해야 한다. 만약 아날로그 도구가 목표 달성에 더 도움이 된다면 이 과정은 더 이상 필요하지 않다. 만약 디지털 도구가 학습 목표 성취를 도와주고, 보완하고, 강화해 준다면 이 과정에 새로운 사고가 이어져야 한다.

지도상 이점

테크놀로지 통합 계획하기 순환 모형TIPC은 반성적이고 회귀적인 모형이므로, 테크놀로지 교수법 내용 지식TPACK으로 다시 돌아가보면 학습 목표와 디지털 도구가 어떻게 수업을 뒷받침해 주는지 알 수 있다. 이를 위해 도구 자체가 아니라 도구의 구체적인 행동 유도성을 비판적으로 바라볼 필요가 있다. 다음 단계에서 도구의 제한점을 살펴볼 것이지만, 도구의 잠재적 기여도와 수업 향상성을 먼저 살펴본다면 잠재력과 가능성을 중심으로 한 장점 위주로 도구를 생각할 수 있다. 이렇게 초반에 장점 위주의 입장을 취하면 "잠재적인 장애 요소가 교수에 미치는 영향을 줄여 줄 것이다."(Hutchison & Woodward, 2014, p.461) 테크놀로지를 통합하는 순환 모형의 이 지점에서 고려할 중요 사항은 다음 두 가지이다. (1) 이 수업은 디지털 리터러시 기능과 전통적 리터러시 기능 모두를 촉진해 줄 것인가? (2) 이 수업은 3장에서 논의했던 주 정부 및 국가 테크놀로지 성취기준에 부합하는 복합양식을 제작하거나 사용할 기회를 제공하는가?

제한점

테크놀로지 통합의 어떤 경우라도 언제나 학습 목표가 중심이 됨을 다시 한번 강조한다. 따라서, 교사는 기술적인 면이 학습 목표를 간과하지 않도록 테크놀로지 통합이 지닌 제한점도 생각해야 한다. 특정 테크놀로지를 사용할 때 리터러시 학습에서 무엇이 가능한지를 알기 위해 이점을 고려하는 것처럼, 이러한 이점을 감소시키는 것에는 무엇이 있는지도 고려해야 한다. 잠재적인 제한점을 파악하고 나면 교사는 다음 몇 가지를 질문해야 한다. (1) 제한점이 수업에서 압도적인가? (2) 이러한 제한점은 극복될 수 있는가? 질문 (1)에 대한 답이 '그렇다'라면 제한점을 완화하는 것이 어려울 것이고, 이에 따라 선택한 디지털 도구는 학습 목표를 적절하게 지원하지 못하게 될 것이며, 따라서 교사는 계획하기 과정의 '도구' 단계로 다시 돌아가야 한다.

수업 지도

수업을 실행하기 전에 교사는 수업이 어떻게 전개될 것인지를 상상하여 그려볼 필요가 있다. 여기에는 학생들의 모둠 편성과 관련하여 미리 생각해 둔 교수법을 비롯하여 교실의 물리적 공간 배치, 시간 배정, 평가도 포함된다. 이러한 머릿속 리허설을 통해 잠재적 문제 해결 연습을 할 수 있고 모두의 참여, 상호작용, 도구 사용이 의도한 학습 결과를 가져올 수 있도록 학습 목표를 재점검할 수 있다.

성찰

[그림 4.3]에서 볼 수 있듯이, 성찰이 전체 모형을 둘러싸고 있다. 이 모형의 각 요소마다 테크놀로지 교수법 내용 지식TPACK을 활용하고 발전시키는 성찰의 기회들이 있다. 이 순환의 각 단계를 성찰하면서 특별히 테크놀로지 사용이 주는 이점과 제한점을 반영하면서 테크놀로지 지식을 형성하고, 이어서 교수법 내용 지식과 통합한 후에 최종적으로 테크놀로지 교수법 내용 지식으로 발전한다. 순환 과정 내에서 지속적으로 학습 목표를 점검하면서 출구를 찾기 때문에 이 과정은 끊임없는 반성적 과정일 뿐만 아니라 회귀적 과정이다.

이 모형은 여러 면에서 독특하다. 우선, 반성적 과정이 회귀적이다. 교사는 학습 목표를 계속해서 재점검하고 특정 테크놀로지가 지닌 신기함 때문에 학습의 목적이 함몰되지 않도록 해야 한다. 둘째, 만약 테크놀로지 도구가 학습 기회를 확대하거나 변화시키지 못한다면, 혹은 테크놀로지 도구 사용이 가능하지 않다면, Hutchison and Woodward(2014)는 리터러시 학습 목표에 잘 맞는 아날로그 도구 사용을 권한다. 셋째, 학습자의 배경 지식을 고려할 때 교사는 학습자의 테크놀로지 접근성, 기회, 사용 경험도 고려해야 한다. 만약 학습자에게 학습 도구로서 테크놀로지에 대한 접근성과 경험이 부족하다면 해당 테크놀로지를 살피고 가르쳐 주는 데 시간을 할애해서 다음 모형에서 설명할 학습자의 도구 자립성을 길러 주어야 한다.

테크놀로지의 독립적 사용을 돕는 틀: EMSCI

이 모형의 주목적은 교사가 학습자에게 점진적으로 책임을 이양해서 학습자가 테크놀로지를 자립적으로 사용할 수 있는 테크놀로지 통합 수업 방법을 제공하는 것이다. [그림 4.4]에서 볼 수 있듯이, 이 모형의 다섯 단계는 탐구, 시행착오 모델링, 비계 활용 탐구, 학급 전체적으로 문제 해결, 독립적 활동, 즉 EMSCI이다(Lisenbee, 2009b). 오랜 시간에 걸쳐 이 테크놀로지 통합 모형은 학생들이 테크놀로지 도구에 숙련되도록 교사가 필요에 따라 빠르거나 느리게 속도를 조절하면서 학생들의 기능이 중심의 원인 '탐구'에서 가장 바깥쪽의 원인 '독립적 활동'으로 이행하도록 교육하는 데 도움이 되었다. EMSCI의 모든 단계는 회귀적이어서 테크놀로지 도구를 다루는 학생의 자신감과 능력이 신장될 수 있도록 필요하면 이 틀의 어느 단계로든 앞뒤로 왔다갔다할 수 있다. 이 반성적 모형은 연속체를 따라 점진적으로 교사의 지원을 줄이고 학습자의 독립성을 늘려 가는 책임 이양 모형(Pearson & Gallagher, 1983)과 유사하다. 다음에서는 탐구 단계부터 시작해서 EMSCI 모형의 각 단계에 대해 설명하도록 하겠다.

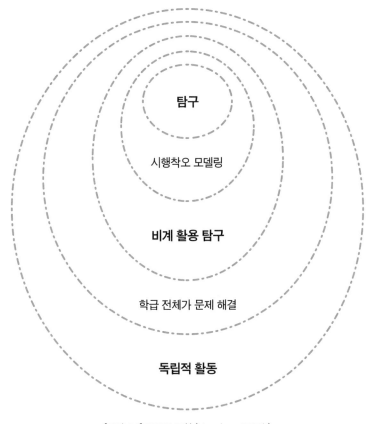

시행착오 모델링

비계 활용 탐구

학급 전체가 문제 해결

독립적 활동

[그림 4.4] EMSCI 모형 (Lisenbee, 2009b)

탐구

　이 단계에서는 학생들이 개별적으로 설명서나 교사의 개입 없이 테크놀로지 도구를 탐구하도록 한다. 교사의 역할은 학생들이 도구를 조작하고 도구와 상호작용하는 것을 주의 깊게 관찰하는 것이다. 이런 시간을 통해 자연스럽게 학생들의 테크놀로지 독립성이 증가해서 학생들이 탐구하고 발견할 수 있는 여지가 생긴다. 테크놀로지의 상호작용적이고 직관적인 속성 때문에 디지털 도구에 대한 학생들의 호기심도 커진다. 또한, 멀티리터러시 반성적 교수법을 뒷받침하는 학습 경험을 하게 해 준다.

시행착오 모델링

탐구 단계에서 학생들이 테크놀로지 도구를 관찰하고 나면, 교사는 테크놀로지 도구 사용 시 생기는 시행착오를 보여준다. 교사는 일부러 실수를 하고 특정 도구 사용 시 전형적으로 발생하는 실수에 대처하는 방법을 시연한다. 의도된 실수를 통해서 테크놀로지 사용 방법뿐만 아니라 테크놀로지 사용 방법을 알아내기 위해서는 교사도 위험을 감수해야 한다는 점을 보여줄 수 있다. 이 단계는 학생들에게 위험을 감수하는 것이 학습의 기회가 되고 문제 해결책을 개념화하는 데 도움이 된다는 생각을 갖게 해 준다.

비계 활용 탐구

이 단계는 비계 — Lev Vygotsky(1978)의 근접발달영역(ZPD)과 관련된 말 — 와 탐구를 결합하였다. 비계를 사용하는 탐구 활동에서는 학생들과 교사로 구성된 소집단 활동에 시간과 공간을 주고 테크놀로지 도구를 같이 사용해서 탐구하고 연습해 보도록 한다. 이 단계에서 교사는 소집단 가까이에 있으면서 테크놀로지 도구의 사용을 두고 벌이는 학생들의 토의를 주의 깊게 듣는다. 학생들이 테크놀로지와 관련된 문제를 해결하지 못한다면 교사는 비계를 놓아 준다. 그리고 소집단 활동에서 해결된 문제든 해결되지 않은 문제든 모두 목록을 작성해 놓는다. 그러면 이 목록에서 EMSCI 다음 단계인 학급 전체 수업 시 다룰 문제를 얻을 수 있다. 교사는 학생들이 협력하여 학습하면서 어느 집단이 기능과 이해가 향상되었는지, 어느 집단이 현 단계나 이전 단계로 돌아가 테크놀로지 사용 경험을 더 해 봐야 하는지를 판단한다. 이 단계에서 처음으로 학생들이 독립적인 테크놀로지 도구 사용 능력을 보여주기 시작한다.

학급 전체적으로 문제 해결

이 단계는 학급 전체가 앞의 두 단계에서 해결한 문제들을 이야기하고, 앞 단계인 비계 활용 탐구 단계의 소집단 활동에서 해결하지 못하고 남은 문제들을 해결하도록 한다. 교사는 이 단계를 학급 전체의 협력적 문제 해결 활동으로 운영한다. 비계 활용 탐구 단계에서 테크놀로지를 사용하면서 겪었던 문제를 바탕으로 학생이 테크놀로지 도구를 독립적으로 사용해 보고 얻은 능력과 자신감을 학급 전체 구성원과 나누는 기회로 삼을 수 있다. 이 단계는 학급 회의의 목적과 유사한데, 그것은 "……공동의 프로젝트에 헌신하는 공동체를 만드는 것"이다 (Gartrell, 2004, p.94). 학생들이 앞 단계에서 탐구하고, 모델링을 관찰하고, 비계를 사용해 소집단으로 문제를 해결한 결과를 가지고 학급 전체로 모여 특정 테크놀로지 도구 사용법에 대해 논의하고 그에 대한 생각을 합치면서 이들 사이에 공동체 의식이 함양된다. 이 단계는 학생들이 각종 테크놀로지 도구의 사용법에 자신감을 가지게 한다.

독립적 활동

독립적 활동 단계는 학생이 테크놀로지 도구 사용을 독립적으로 할 수 있는지를 알아보는 단계이다. 만약 학생들이 독립적인 도구 사용 능력을 보여주지 못한다면, 학생(들)이 독립적으로 도구 사용법을 연습해 볼 수 있도록 앞의 어느 단계로든지 돌아가도록 해야 한다. EMSCI의 단계들은 선형적이지 않으며, 독립성을 기를 때까지 학생 각자가 테크놀로지 도구 사용에 필요한 만큼 앞뒤로 이동하는 것이 가능하다. 이 단계는 디지털 시대의 교사들에게 학생, 수업 설계, 교실 학습 환경 맥락에 대한 중요한 정보를 제공한다.

테크놀로지는 교수법에 새로 등장한 요소이다. 그래서 모든 테크놀로지 도구를 독립적으로 사용할 수 있는 방법을 익히도록 시간도 주고 그에 필요한 교육도 해 주어야 한다. 학생이 테크놀로지 도구를 사용한다고 하더라도, 교사는 학생이 도구를 독립적으로 사용할 수 있다고 단정해서는 안 된다. EMSCI 모형은 학생들이 독립적으로 테크놀로지 도구 사용법을 배울 수 있게 하는 상호작용적이고 회귀적인 틀이다.

이 장에서 논의한 테크놀로지 교수법 내용 지식(TPACK)모형, 테크놀로지 통합 계획하기 순환(TIPC) 모형, 탐구－시행착오 모델링－비계 활용 탐구－학급 전체적으로 문제 해결－독립적 활동(EMSCI) 모형은 수업 설계, 교수 자료, 테크놀로지 도구에 대한 교사의 의사결정 과정을 보조해 준다. 교실 수업에서 테크놀로지 통합이 지닌 행동 유도성은 학생들이 학습 활동에 테크놀로지를 사용할 때 혁신과 영감을 일으킬 수 있다. 이러한 모형들은 도구들의 급속한 변화 너머 지속될, 테크놀로지 통합을 대하는 사고방식을 보여 준다. 이 모형들은 학습자의 리터러시 학습을 최대한 지원하기 위한 교사의 계획과 성찰을 안내하고 뒷받침한다. 이들 모형에 자리 잡고 있는 사고의 틀은 교사들이 새롭고 낯선 교수학습 도구를 사용하도록 뒷받침해 주면서도 학습 목표를 최우선시 할 수 있도록 해 준다. 5장에서는 이러한 틀에 관한 논의를 지속하면서, 테크놀로지 사용으로 학생의 학습이 향상되거나 변화되었는지 또 어떻게 향상되고 변화되었는지를 평가하는 분류 체계를 검토할 것이다.

<인식 전환> 다시 보기

이 장 서두의 <인식 전환>에서 언급했던 모든 학생에게 모바일 테크놀로지 기기를 제공하는 학교를 생각해 보라. 모든 학생이 모바일 기기의 효과적인 사용법을 알고 있다고 생각하는가? 만약 그렇지 않다면, 학습자의 독립적인 기기 사용을 돕기 위해 어느 틀을 사용하겠는가? 메모해 놓은 수업 계획에 어떤 틀을 사용하겠는가? 목록에 작성해 놓은 교수법을 실행하기 위해서는 어떤 틀을 사용하겠는가? 어떤 틀이 <인식 전환>에서 선택한 테크놀로지 도구 사용에 도움이 되겠는가? 이 장을 다 읽고 난 지금, 테크놀로지 통합을 위해 이러한 틀의 사용법을 더 잘 알게 되었는가? 학생들이 테크놀로지 사용과 사고 틀을 통해 자신이 이해한 것을 어떻게 보여줄 수 있는지 이해했는가? 이 질문들에 분명히 답할 수 없다면 이 장을 다시 한번 읽어 보기 바란다. 테크놀로지 교수법 내용 지식(TPACK), 테크놀로지 통합 계획하기 순환(TIPC), 탐구－시행착오 모델링－비계 활용 탐구－학급 전체적으로 문제 해결－독립적 활동(EMSCI) 사이의 차이점을 파악하기 위해 각 틀을 다시 살펴보라. 또, 아래에 제시된 교사의 생생한 경험담을 읽고, 이 교사가 스토리텔링 활동을 하면서 테크놀로지 통합이 지닌 행동 유도성을 활용하는 모습을 살펴보라.

❖ 어린이집 교사의 경험: 테크놀로지 통합이 지닌 행동 유도성

다음은 교실 수업에서 전자칠판을 사용했던 내가 직접 겪은 일이다. 테크놀로지 지원 사업의 지원금으로 우리 어린이집에 이동식 전자칠판 세 개가 제공되었고, 필요한 교실로 이동하여 사용할 수 있었다. 나는 허락되는 범위 내에서 최대한으로 사용 신청을 했으나, 다른 교사들도 사용해야 했기에 우리 반 모든 학생이 이 전자칠판을 독립적으로 탐구해 볼 수는 없었다. 어느 날, 교장 선생님이 그중 한 대를 한 달 동안 우리 교실에 두고 사용해 보라고 하셨다. 전자칠판을 우리 교실에 두었던 첫날 경험담은 테크놀로지 통합이 지닌 행동 유도성을 뚜렷이 보여준다.

리터러시 수업을 위해 소집단 활동을 하면서 아이들 네 명한테 전자칠판을 사용해서 이야기 다시 말하기를 할 것이라고 했다. 아이들은 천으로 된 칠판에 스토리텔링하는 것이 익숙했기 때문에, 나는 전자칠판이 커다란 천 칠판이며, 여기 있는 아이콘을 사용해서 이야기를 다시 말하면 된다고 했다.

아이들한테 가장 먼저 시킨 것은 나의 설명 없이 이 전자칠판을 탐구해 보라는 것이었다. 아이들은 활동 내내 키득키득 웃으면서 이미지가 나타나게도 하고 사라지게도 하고 원을 그리고는 돌리기도 하였다. 전자칠판에 펜으로 화면에 무언가를 적기도 했다. 10분쯤 지난 뒤, 아이들한테 이야기 다시 말하기를 위해 전자칠판의 소프트웨어에서 제공하는 이야기를 고르라고 하였다. 아이들은 늑대와 돼지 이미지를 보고 '아기 돼지 삼형제'를 선택하였다.

아이들한테 전자칠판을 사용해 보게 하려고 차례로 줄을 서게 했다. 첫 번째 아이가 벽돌집 아이콘을 전자칠판의 화면 위로 끌어 오려고 했는데, 아이콘 끄는 것이 힘들어 보였다. 나는 손가락 대신 주먹을 쥐고 해 보라고 했다. 아이가 그렇게 하자 아이콘이 쉽게 이동했다. 나머지 아이들이 그 아이에게 '아기 돼지 삼형제'가 지푸라기집으로 시작한다고 소리치기 시작했다. 두 번째로 나온 여자아이가 전자칠판 화면 왼쪽에 있는 아이콘들을 살펴보다가 지푸라기집을 발견하고는 그 아이콘을 끌어오기 시작했다. 손가락으로 아이콘을 끌어오려다 실수로 다른 폴더를 건드리는 바람에 화면에 관람차 아이콘이 생겨 버렸다. 나머지 세 명이 그걸 보고 '아기 돼지 삼형제'에 축제 장면은 없다고 했다. 그러자 그 여자아이가 관람차가 아니라 지푸라기집 아이콘을 가져오려다 그렇게 된 것이라고 했다. 실수로 다른 아이콘이 생긴 이유를 이야기하는 가운데 아이들이 가족들과 축제에 다녀온 이야기를 하게 되었고, 한 아이가 "아기 돼지들이 축제에 가는 걸로 하면 어때?"라고 하였다.

나 역시 아기 돼지들이 축제에 가는 이야기에 찬성했고, 아이들은 관람차 아이콘을 그대로 두고, 텐트 두 개와 회전목마 아이콘을 전자칠판 화면에 추가하였다. 아이들은 계속해서 배경과 등장인물을 설정해 나갔고, 한 아이는 네 번째 아기 돼지를 축제 장면에 추가하였다. 아기 돼지 삼형제 이야기에 네 번째 아기 돼지를 등장시키는 것 때문에 아이들은 줄거리를 가지고 활발하게 토론을 벌였다. 아이들은 늑대는 아기 돼지들의 친구가 아니니까 네 번째 아기 돼지를 삼형제의 친구로 만들자고 했다. 나는 아이들의 협력, 의사소통, 창의성이 자랑스러웠고, 특히 등장인물을 추가하고 배경을 달리해서 의견을 모아가는 점이 무척 자랑스러웠다. 천 칠판을 사용했더라면 가능하지 않았을 일이었다. 전자칠판 통합 수업을 통해 적극적인 참여와 상호작용을 넘어서 이야기의 경계에 도전하는 아이들의 능력을 보게 되리라고는 상상하지 못했다. 그런데 예상하지 못했던 더 놀라운 일이 기다리고 있었다.

아이들이 아기 돼지, 옷, 건초 더미 아이콘을 끌어오는 가운데 우연히 각 아이콘 상자의 테두리를 건드리게 되면 아이콘 크기가 커지거나 작아진다는 것을 알게 되었다. 한 아이가 늑대가 입으로 바람을 부는 모습(집을 날려 버리려는 모습)의 아이콘을 끌어오다가 늑대 크기가 관람차만큼 커져 버렸다. 순간 아이가 깜짝 놀라 뒤로 물러났다가 늑대 크기를 줄이려고 다시 화면으로 다가갔다. 그때 나머지 아이들이 그대로 두라고 했다. 나는 아이들에게 그 큰 늑대가 아기 돼지 두 마리가 타고 있는 관람차를 날려버리면 어떻게 되겠느냐고 물었다. 아이들은 서로 의논하더니 그러면 관람차, 텐트, 심지어 회전목마까지 다 날아갈 것이라고 일제히 대답했다. 나는 아이들이 늑대의 크기와 그것이 다른 사물들에 미치는 영향을 관련지어 생각하는 것에 놀랐다. 아이들의 이러한 생각은 그렇게 커다란 늑대를 본 적도 없고, 그런 말을 하는 데 참조할 만한 틀도 없었다는 점에서 매우 변혁적이었다.

나는 늑대를 다시 작게 만들고 싶어 하는 아이에게 늑대 크기를 바꿔 보라고 했다. 전체 아이들을 향해 다른 질문을 하나 더 하고 싶었기 때문이다. 나머지 아이들도 동의했다. 그 아이는 늑대를 아기 돼지들의 크기와 같게 바꿨다. 나는 또 한 번 질문했다. 이제 늑대 크기가 아기 돼지 크기와 같아졌는데, 늑대가 관람차를 날리려고 바람을 불면 어떤 일이 생길지 대답해 보라고 했다. 아이들의 예상은 작아진 늑대가 부는 바람 세기에 정확하게 들어맞는 것이었다. 아기 돼지들은 바람을 못 느낄 수도 있고, 텐트, 관람차, 회전목마 모두 괜찮을 것이라 했다. 아이들의 대답은 커다란 늑대를 가지고 인과관계를 이해한 데서 말미암은 것이 틀림없어 보였다. 최근, 날씨에 관한 수업을 하고 우리 지역이 바람이 많이 부는 곳이라는 이야기를 나눈 적이 있는데, 아이들이 일관되게 변혁적인 생각을 하는 능력은 내가 가르친 것도 자신들의 경험치도 넘어서는 것이었다.

전자칠판에서 늑대 크기를 바꾸던 아이가 다른 아이들에게 늑대 크기를 이대로 둬도 괜찮은지 물었다. 그 아이는 작아진 늑대가 그다지 무서워 보이지 않는다고 했다. 이 네 살짜리 아이들이 비판적 사고, 협력, 의사소통, 창의력을 통해 자신들이 이해하고 있는 것을 나타내는 목소리를 들으면서 나는 전자칠판이 소집단 활동에 미친 행동 유도성에 감탄했다. 전자칠판은 커다란 천 칠판 이상이었다. 이 수업에서 나는 학생들이 전자칠판을 활용해서 변혁적인 방식으로 새로운 경계를 만들어 내고, 생각을 생성하고, 사회적으로 상호작용하는 것을 목격할 수 있었다(Lisenbee, 2009b, pp.1-4).

References

Benton-Borghi, B. H. (2015). Intersection and impact of Universal Design for Learning (UDL) and Technological, Pedagogical, and Content Knowledge (TPACK) on twenty-first century teacher preparation: UDL-infused TPACK practitioner's model. In C. Angeli & N. Valanides (Eds.), Technological, Pedagogical, and Content Knowledge (TPACK) (pp.287–304). Boston, MA: Springer.

Center for Applied Special Technology. (2015). About Universal design for learning. Retrieved from http://www.cast.org/our-work/about-udl.html#.VT_d5NJVhBd

Gartrell, D. (2004). The power of guidance: Teaching social-emotional skills in early childhood classrooms. Washington, DC: National Association for the Education of Young Children.

Harris, J., & Hofer, M. (2009). Instructional planning activity types as vehicles for curriculum- based TPACK development. In C. D. Maddux (Ed.), Research highlights in technology and teacher education 2009 (pp.99–108). Chesapeake, VA: Society for Information Technology in Teacher Education (SITE).

Hutchison, A., Beschorner, B., & Schmidt-Crawford, D. (2012). Exploring the use of the iPad for literacy learning. The Reading Teacher, 66(1), 15–23. doi: 10.1002/TRTR.01090

Hutchison, A., & Reinking, D. (2011). Teachers' perceptions of integrating information and communication technologies into literacy instruction: A National survey in the United States. Reading Research Quarterly, 46(4), 312–333. doi:10.1002/RRQ.002

Hutchison, A., & Woodward, L. (2014). A planning cycle for integrating digital technology into literacy. The Reading Teacher, 67(6), 455–464.

Koehler, M., Mishra, P., & Cain, W. (2013). What is technological pedagogical content knowledge? Journal of Education, 193(3). 13–18.

Lisenbee, P. S. (2009a). Digital whiteboards, websites, and photography: Enhancing early childhood curriculum. Young Children, 64(6), 92–95.

Lisenbee, P. S. (2009b). Influences on young children's behavior, engagement level and representation during storytelling using an interactive whiteboard. Ann Arbor, MI: ProQuest Dissertations Publishing.

Magana, S. (2017). Disruptive classroom technologies: A framework for innovation in education. Thousand Oaks, CA: Corwin.

Mishra, P., & Koehler, M. (2006). Technological pedagogical content knowledge: A framework for teacher knowledge. Teachers College Record, 108(6), 1017–1054.

Niess, M. L. (2005). Preparing teachers to teach science and mathematics with technology: Developing a technology pedagogical content knowledge. Teaching and Teacher Education, 21(5), 509–523.

Pearson, P. D., & Gallagher, M. C. (1983). The instruction of reading comprehension. Contemporary Educational Psychology, 8(3), 317–344.

Ralabate, P. K. (2011, August 30). Universal design for learning: Meeting the needs of all students. The ASHA Leader. Retrieved from http://www.readingrockets.org/article/universal-design-learning-meeting-needs-all-students

Shulman, L. S. (1986). Those who understand: Knowledge growth in teaching. Educational Researcher, 15(2), 4–14.

Stevens, V. (2011). Transforming learning with creative technology: Achieving the aha! moment. TESL-EJ, 14(4), 1–9.

Vygotsky, L. S. (1978). Mind in society: The development of higher psychological processes. Cambridge, MA: Harvard University Press.

5장
테크놀로지 통합의 평가
테크놀로지 반영 분류법

인식 전환

　분류법은 학습의 잠재적 변화 가능성에 대해 교사가 선택한 테크놀로지 도구의 영향력을 평가할 수 있는 방법의 하나다. 그 핵심은 디지털 도구의 사용이 수업 결과를 바꾸었는가이다. 학생들이 교실에서 구글 문서 프로그램을 어떻게 사용하는지 생각해 보라. 타자기와 별반 차이 없는 문서 작성 도구로 사용하기도 하고, 지역적으로 또는 전 세계적으로 참여자들과 함께 협력하고 의사소통하기도 한다. 이런 방식의 의사소통은 타자기로는 불가능하다. 학생들이 구글 문서를 도구로 사용하는 방법에는 또 어떤 것들이 있을까? 구글 문서에서 새 파일을 생성하고 [도구] 탭을 살펴보라. 드롭다운 박스에 여러 선택지가 펼쳐질 것이다. 이 선택지들의 행동 유도성을 탐구해 보라. 각각 무엇을 지원하는지 살펴보라. 이러한 도구를 지렛대로 활용해서 어떻게 모든 학생들의 학습을 지원할 수 있을까? 이러한 행동 유도성이 어떻게 여러분의 학습을 변화시킬까? 어떻게 행동 유도성이 다른 집단에 속한 구성원들의 학습을 변혁할 수 있을까? 이 장을 읽으면서 구글 도구를 사용하기 전에는 가능하지 않았던 학습에 대해 생각해 보라.

테크놀로지가 우리 삶의 방식과 의사소통 방식을 어떻게 변화시켰는지 생각해 보면, 아이들이 교실에서 정보, 또래, 교사와 상호작용하는 방식에서 유의한 변화를 확인할 수 있을 것 같다. 교장이면서 혁신가인 George Couros는 다음과 같이 이야기한다.

최신 테크놀로지를 갖춘 학교라면 모든 면에서 현대적인 21세기형 학교라 할 수 있을지 모른다. 그러나 여전히 21세기형 교육은 제공하고 있지 못할 수 있다. 교과서에 이미 있는 똑같은 정보에 접근하고 테크놀로지를 사용해 과제를 낸다면 컴퓨터는 1,000달러짜리 연필이나 다름없다(2019, 6항).

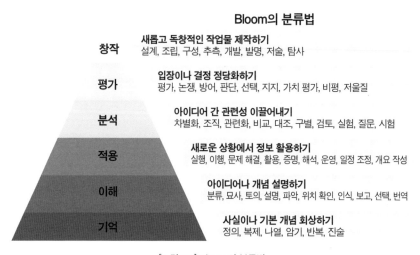

[그림 5.1] Bloom의 분류법.
(Creative Common Attributes의 사용 승낙 받음)

테크놀로지 통합 초기, Reinking(1997)은 교실에서 테크놀로지 사용이 '이전과 다름없는' 방식으로 계속되고 있다고 하였다. 초창기에 컴퓨터 사용은 글자, 소리, 시각 어휘의 학습 훈련에 국한되어 학습지와 낱말 카드를 단지 디지털로 바꾸었을 뿐이었다. 세상은 계속해서 급속도로 변해 가는데 21세기의 학교에서 테크놀로지 사용 방식은 여전히 똑같아 보인다.

Reinking의 논문은 20년도 넘은 것이지만 테크놀로지 통합에 관한 우려는 여전하다. 분류법은 테크놀로지 통합 수업을 계획하거나 실행한 후 수업 설계의 효과를 평가하는 데 도움이 된다. 교육 목표 분류안 중 유명한 것이, 'Bloom의 분류법'으로 더 잘 알려져 있는 교육 목표 분류법Taxonomy of Educational Objectives이다. 1956년에 개발되어 2001년에 수정된 Bloom의 분류법은 교사들이 학습과 평가 방식을 논의하고 의견을 교환하는 데 공통 언어 역할을 한다 (Anderson & Krathwohl, 2001). Bloom의 분류법을 사용하는 목표는 학생들의 인지적 기능이 낮은 수준에서 높은 수준으로 발전해 가도록 하는 것이다. 대부분의 교육자들은 사고 수준이 점진적으로 복잡해지는 이 분류법의 위계 구조에 익숙하다. 기능과 능력이 상호 발전하면서 단순 회상으로부터 시작하여 평가나 창의력과 같은 고등 사고 기능으로 이행해 간다. Bloom의 분류법은 수업 설계 평가에도 적용 가능하다(그림 5.1). 예를 들어, 교사는 사실의 회상을 넘어 사실을 가지고 문제를 파악하거나 해결하는 등 실세계에 활용할 수 있는 보다 실제적인 수업으로 확장할 수 있다. 지역 사회나 세계적 문제를 해결하는 데는 고등 사고가 필요하다.

동일한 논리로 테크놀로지 통합을 평가하고 학습 혁신 의도를 평가하는 데도 적용 가능하다. 아이패드를 활용하여 학생에게 문법 연습 문제를 숙제로 제출하게 한다면, 이것은 새로운 도구로 옛날과 똑같은 활동을 하게 하는 것이다. 이 활동은 학습을 혁신하는 것이 아니라 본질상 '디지털로 하는 연습 문제 풀기'일 뿐이다(Magana, 2017, p.11). 테크놀로지 통합을 통해 학습의 혁신을 목표로 삼는다면, 교사에게는 자신의 수업 설계가 지니는 효과를 짚어 볼 수 있는 방법이 필요하다. 이 장에서는 유치원에서 고등학교까지 테크놀로지 통합을 평가하기 위해 고안된 몇 가지 틀을 살펴보겠다.

테크놀로지 통합을 위한 분류법

교사들은 테크놀로지 도구의 효과 분석을 위하여 테크놀로지 통합 틀을 사용해 왔다. 이 틀들은 전형적으로 점차 복잡해지는 방식으로 테크놀로지가 학습에 영향을 미치도록 할 것을 제안한다. 그래서 일종의 분류 체계 역할을 해서 교사들의 다양한 테크놀로지 도구 사용을 검토하는 데 쓰일 수 있다. 이제, 테크놀로지 통합에 대한 평가 방법 중 널리 알려진 세 가지 틀을 소개하겠다. SAMR, RAT, T3가 그것이다.

대체, 확대, 조정, 재정의 [SAMR]

비록 Puentedura(2006)의 분류법이 연구를 기반으로 개발된 것은 아니지만, 교사들 사이에서는 테크놀로지의 학습 지원 방식 평가에 가장 빈번하게 사용되고 있다. '대체, 확대, 조정, 재정의'[SAMR] 분류법은 학습의 단순한 향상에서 변혁까지 단계를 나누어 테크놀로지를 평가한다. Robert Puentedura(2006)는 업무 환경 및 교육 환경에서의 테크놀로지 사용 방법을 관찰하고, 테크놀로지 통합이 테크놀로지를 활용하는 학습의 과정이나 결과를 향상시키고 변혁시키는 방법을 확인하고 이를 범주화하였다. Puentedura는 '대체'와 '확대'는 학습의 향상으로, '조정'과 '재정의'는 학습의 변혁으로 규정하였다. SAMR 분류법은 학습 목표 성취를 위해 테크놀로지를 통합하는 수준과 관련지어 학습 활동이나 과제를 평가하는 틀이 될 수 있다(그림 5.2).

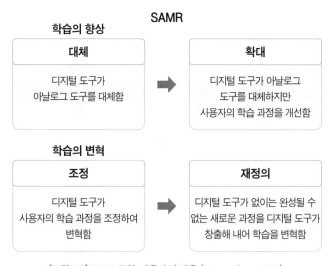

[그림 5.2] SAMR 모형. 사용 승낙 받음 (Puentedura, 2006).

SAMR 모형에서 '대체' 및 '확대' 수준의 테크놀로지 통합은 학습을 향상시킨다. '대체'는 테크놀로지가 별다른 변화 없이 다른 도구를 직접적으로 대체한다는 의미이다. 대체의 예로는 아이패드로 수학 연습 문제 푸는 것을 들 수 있는

데, 이 활동은 종이로 하는 경우와 기능상 큰 차이가 없다. '확대'는 테크놀로지가 다른 도구를 대체하면서 그 기능이 확대되는 경우를 의미한다. 예를 들어 종이 사전이 아닌 dictionary.com과 같은 웹기반 사전은 전통적인 인쇄 기반 사전에서는 제공되지 않는 즉각적인 검색 기능이나 발음 청취 기능과 같은 비계를 제공한다.

테크놀로지 통합의 '조정' 및 '재정의' 수준은 변혁적 학습에 해당한다. '조정'은 테크놀로지를 통해 활동의 변형이 가능해서 과제를 재설계할 수 있도록 한다. 전자칠판이나 음성 지원 스토리북 앱 등은 사용자가 활동을 기록하고 온라인 콘텐츠로 연결할 수 있도록 해 준다. 이 수준의 테크놀로지 통합은 테크놀로지가 없었을 때는 불가능했던 목표를 이룰 수 있게 하므로 학습 조정에 해당한다. 마지막으로 '재정의'는 테크놀로지가 컴퓨터 없이는 불가능할지 모르는 새로운 과제를 창출하는 방식을 말한다. iMovie와 같은 제작 기반 앱 혹은 생성 앱은 변혁적 학습이 가능한 기회를 제공한다. 이러한 앱은 제약이 없는 성격 때문에 학습자가 다양한 복합양식으로 자신이 이해한 것을 증명해 보일 수 있는 콘텐츠 제작 능력을 길러 준다. 테크놀로지 도구를 통한 변혁적 학습은 학습자에게 더 많은 주도성을 준다.

교체, 확장, 변혁 [RAT]

교체, 확장, 변혁[RAT] 틀은 문서화된 연구 자료가 있으며, 테크놀로지 통합 수업을 설계할 때 교사가 평가 틀로 사용하기 위해 개발되었다. 이 틀은 교수학습 과정에서 교사의 테크놀로지 사용 실태를 고찰한 Joan Hughes(2000)의 박사 논문으로부터 시작되어 이후 지속적인 연구를 거쳐 RAT 틀로 개발되기에 이르렀다(Hughes, Thomas, & Scharber, 2006). 테크놀로지의 역할을 검토하기 위해 교사들은 교사의 교수 방법과 학생의 학습 과정과 교육과정의 목표가 포함된 '교수학습 활동'에서 학생들이 사용하는 테크놀로지를 살핀다(그림 5.3).

[그림 5.3] RAT 테크놀로지 통합 모형.
유튜브(https://youtu.be/RDGsLoahDDM.)에서 가져옴.
출처: Ka Yang. (2016, December 18).

RAT 틀(그림 5.4)에 의하면 테크놀로지는 교체, 확장, 변혁의 세 가지 방식 중 하나로 사용된다. '교체'로 사용되는 경우는 SAMR 모형의 '대체'와 마찬가지로 테크놀로지가 전통적 과제와 별다른 기능상의 차이점을 보이지 않는다. 예를 들어 전자칠판으로 슬라이드쇼나 교육용 비디오를 보는 경우, 화면의 종류만 바뀌었을 뿐 학습자가 경험하는 것에는 달라진 점이 없다. '확장'으로 사용된 테크놀로지는, 테크놀로지 통합이 학생의 학습, 교사의 지도, 내용 목표에 대한 효과를 증가시킨 경우에 해당한다. 예를 들어, 일반 타자기가 아닌 컴퓨터의 워드프로세서를 사용하면 잘라 붙이기, 철자 및 문법 검사, 단어 수 세기, 유의어 사전 펼치기 등의 기능을 통해 쉽게 수정이 가능하다는 점에서 행동 유도성이 증가한다. 과제가 달라지는 것은 아니지만, 디지털 도구를 통해 과제를 더욱 생산적이고 효율적으로 수행할 수 있다.

테크놀로지가 이전에는 가능하지 않았던 결과물의 산출 기회를 제공한다면, '변혁'이 일어난 것이다. Hughes et al.(2006)에서는 '변혁'이 어떻게 발생하게 되는지를 구체적으로 설명하였다(p.1618).

1. 정신적 작업이 실제로 변화하거나 확장되었다.
2. 정신적 작업 과정에 관여하는 변인의 수가 증가하였다.
3. 테크놀로지 도구가 그 도구가 사용되어 온 구성 방식에 변화를 가져왔다.
4. 새로운 요인이 도구 사용에 개입되거나 도구 사용을 확대하였다.
5. 문제 해결을 통해 전통적 접근법에서는 가능하지 않았던 다양한 형태 및 유형의 새로운 학습 기회가 생겨났다.

변혁이 학습 과정에 새로운 것은 아니다. 1990년대 후반에도 멀티미디어 도서 비평의 출현으로 Reinking(1997)은 리터러시 수업에서 교사와 학생의 혁신적인 모습을 볼 수 있었다. 멀티미디어 비평을 하면서 학생들은 자신이 읽고 있는 책에 대해 더 많이 알게 되었을 뿐 아니라, 멀티리터러시 관점에서 새로운 도구를 가지고 설계 및 재설계하며 의사소통하는 법에 대해서도 더 많이 학습할 수 있었다.

변혁은 교사의 지시는 줄이고 학습자 간 상호작용과 협력은 늘리는 결과를 가져오며, 궁극적으로 학생의 주도성, 참여, 학습을 증진한다. 그 결과, 학습자들이 디지털 도구를 일상적으로 사용하게 되고 '사고와 행동의 새로운 가능성'에 열린 자세를 갖게 되어서 학습 과정이 학생들의 이해를 변화시키게 된다 (Pea, 1985, p.175). 예를 들어, 음성 비평이나 음성 입력을 추가하고, 전 세계의 학생들과 동시에 협력해서 구글 문서 작업을 완성하는 능력은 이전에는 불가능했다. 테크놀로지 통합은 수업 설계, 의사소통, 교수법에 변혁을 가져 왔다.

교체

수업 상의 변화 없이 아날로그 도구가 디지털 도구로 교체됨

확장

수업 상의 변화는 없으나 디지털 도구가 효율성을 증가시킴

변혁

학생 학습에 대한 디지털 도구의 영향으로 인해 수업이 변화됨

[그림 5.4] R.A.T. 사용 승낙 받음 (Adapted from Hughes (n.d.) 날짜 미상).

전환, 변혁, 초월 [T3]

테크놀로지 활용 학습을 구분하기 위해 최근에 개발된 모형이 T3 모형이다. Magana(2017)는 저서 ≪혼란스러운 교실 테크놀로지(Disruptive Classroom Technologies)≫에서 교사들에게 학습 효과를 최대화할 수 있도록 테크놀로지를 활용하여 수업을 향상해 보라고 하였다. 혼란은 변화를 상정하기 때문에 Magana는 변화에 적응할 필요가 있다는 데 동의한다. 그의 관심사는 우리가 디지털 테크놀로지로 대변되는 중대한 혼란의 시기에 처해 있다는 점이며 (Christensen, 1997; Magana, 2017), 학교에서는 "낮은 수준의 테크놀로지 사용만 넘쳐날 뿐 고급 수준이나 최고급 수준의 테크놀로지 사용은 거의 찾아 볼 수 없다."는 점이다(p.xxiii). Magana(2017)에 따르면, 대부분의 학교에서 테크놀로지를 교수학습에 통합하려고 할 때 참고하는 두 가지 지배적인 틀은 TPACK과 SAMR이었다. Magana는 교육 목적의 테크놀로지 사용에 도움이 되는 좀 더 정밀하고 시의적절하며, 실행 가능한 피드백을 제공하기 위하여 T3 틀(그림 5.5)을 개발하였다.

교육적 테크놀로지 사용의 단계

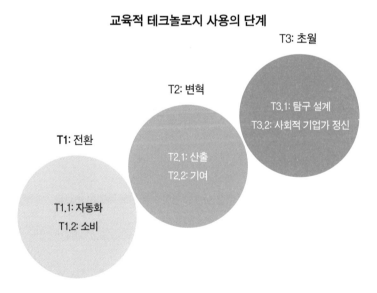

[그림 5.5.] 혁신을 위한 T3 틀: 교육 목적 테크놀로지의 사용 단계 (Magana, 2017).
www.maganaeducation.com 참조. 사용 승낙 받음.

T3 틀은 효과가 별로 없는 테크놀로지 앱들은 걸러 내고 효과가 큰 테크놀로지를 사용하도록 해 준다(Magana, 2017). 이 틀은 교사와 지도자들이 테크놀로지 사용을 스스로 평가해서 전문적으로 성장할 수 있는 목표를 정하고 지속적으로 더 높은 수준의 숙련도에 이르도록 이끌어 준다(Magana, 2019a). T3 틀은 테크놀로지 통합을 통해 학습자의 자율성과 학습 환경이 변화하는 방식에 대해 통찰할 수 있도록 해 준다. 이런 방식으로 테크놀로지 통합을 구분하는 것은 평가에 복잡함을 더할 수 있다. Magana는 혁신에 초점을 두었기에 T3를 차세대 틀이라 불렀다(Magana, 2019년 12월 12일 직접 교신함). T3 틀의 세 영역은 전환 translational, 변혁transformational, 초월transcendent이다. Magana는 각 영역을 구체적이고, 실행 가능하며, 관찰 가능하고, 측정 가능한 요소와 전략으로 조직하였다. Magana(2019b)에서는, T3 틀의 전략을 실행하면 "디지털 테크놀로지의 효과가 커져서 학생들이 학습과 기여를 위한 무한한 역량을 펼칠 수 있게 될 것"(p.1)이라고 한다. T3 틀의 범주와 전략을 설명하면서 Magana는 학생들의 학습 과제에 테크놀로지가 더해 주는 가치를 중점적으로 다루었다.

전환(T1)

테크놀로지의 전환적 사용은 보통 테크놀로지 없이 수행하는 과제에 디지털 도구를 사용하는 것이다. 테크놀로지의 행동 유도성은 과제 수행 속도를 증가시키고 과제 수행의 용이함과 정확성을 향상시킨다. 수업의 측면에서 테크놀로지의 전환적 사용은 기존의 과제를 새로운 방식으로 수행하는 것과 관련된다. 테크놀로지의 전환적 사용의 예로 종이와 펜 대신 구글 폼으로 설문 조사하는 경우를 들 수 있다. T1 영역에는 2개의 하위 범주 또는 단계가 있다.

• T1.1 자동화
자동화는 교사나 학생이 교수학습 과제를 자동화하기 위해 테크놀로지를 사용할 때 발생한다. 학습자들은 시간 절약, 효율성 제고, 정확성 향상을 위해 전통적인 아날로그 활동에 디지털 도구를 적용한다. 자동화의 예로 워드프로세서를 들 수 있는데, 종이와 펜 혹은 타자기 사용에 비하여 효율성과 정확성이 훨씬 뛰어나다. 자동화는 교실에서 나타나는 가장 흔한 테크놀로지 유형이다.

• T1.2 소비

T1 영역의 두 번째 단계는 정보를 소비하기 위해 디지털 테크놀로지를 사용할 때 발생한다. 디지털 미디어는 지식을 전달하는 복합적인 수단을 제공하므로, 정보를 소비하는 데 사용되는 디지털 도구는 부가가치가 있다. 인터넷이나 전자책 속의 정보와 같은 디지털 콘텐츠는 양적으로 풍부하며 복합양식적 성격을 지닌다. 복합양식적 텍스트의 특성으로 인해 교사와 학생이 전통적인 교과서, 신문, 백과사전에 의존할 필요성이 낮아진다(그림 5.6).

[그림 5.6] 교육 변혁을 위한 T3 틀 5분 설명.
https://youtu.be/RTQjEPmex8E에서 가져옴.
출처: Sonny Magana. (2018. 01. 02).

변혁(T2)

변혁 영역은 과제의 성질, 과제에 참여하는 개인의 역할, 사람들의 과제 인지 방식을 반영하는 테크놀로지 사용과 관련된다. 변혁은 "테크놀로지가 없이는 가능하지 않은 방식으로, 지금껏 가장 높은 수준의 지식과 숙달도에 도달할 수 있도록 학생의 학습 전문성을 촉진하기 위해 디지털 테크놀로지를 의도적으로 적용하는 것"(Magana, 2017, p.39)이다. 이 영역에서는 통제권이 교사에서 학생들에게로 이양되어 학생들로 하여금 새로운 내용 지식에 대해 자신이 이해한 것을 표현하는 하나의 방법으로서 테크놀로지를 사용할 수 있도록 한다. 테크놀로지 도구는 교사와 학생들에게 보편적 학습 원리, 곧 다중적 표상 수단에 따라 지식을 표현하고 멀티리터러시 활동에 참여할 수 있는 방법이 된다.

T3 틀의 변혁 영역에서 전략의 효과를 판단하기 위해 Magana(2019a)는 T2, 곧 변혁 영역을 Hattie의 가시적 학습 모형(Hattie, 2008)과 일치시켰다. 그 결과 효과 크기가 1.6이었는데, 이는 학생의 성취도에 유의한 발전이 있었음을 시사한다. 변혁 영역의 두 가지 하위범주는 '산출Production'과 '기여Contribution'이다.

• T2.1 산출

'산출'은 학생들이 설계 과정에 참여하여 자신이 이해한 것을 표현하는 디지털 산출물을 만들어 내는 것이다. Magana는 세 가지 산출 전략을 제시하였는데, (1) 학생의 목표 설정, (2) 학생의 성장과 능숙도 발달 과정 추적, (3) 학생의 순수 창작물 생산이 그것이다. 이러한 전략 사용과 관련하여 Doceri, Educreations, Powtoon, ShowMe와 같은 다양한 디지털 도구가 있으며 이들 도구는 학습에 혁신을 가져와 디지털 산출물 제작을 가능하게 한다. 산출의 예로는 학생들이 구글 드라이브와 MS 오피스 365를 사용하여 목표를 유지 및 점검하며 자신들이 성장하고 숙달했음을 디지털로 표현해 내는 경우를 들 수 있다.

• T2.2 기여

기여는 변혁의 두 번째 단계로 학생이 자신이 제작한 산출물을 가지고 다른 이를 가르치도록 하는 것이다. 이 단계는 학습 환경의 변화를 요구한다. Magana(2017)에 의하면 학생들이 디지털 도구를 활용하여 협력적인 학습 과정에 기여할 수 있도록 교사와 학생이 학습 공동체로 기능할 수 있는 상호의존적인 학습 환경을 조성해야 한다. 학생과 교사 간의 역할 전환이 이 단계를 변혁적인 과정으로 만든다. 그래서 이 단계는 앞서 나온 T3의 모든 하위 범주를 포괄한다. Magana(2017)는 디지털 도구 사용을 장려하여 학생들이 실제로 개인 교습 동영상을 제작, 공유, 큐레이팅하여 다른 사람의 학습에 기여할 수 있도록 한다. 예를 들면, ShowMe와 같은 제작 도구는 수학 문제 푸는 방법을 보여 준다.

학생들은 수학 문제 풀이 동영상을 학급 웹사이트나 블로그에 게시하여 결석한 학생이나 학교에 다니지 않는 사람들을 위해 개인 교습을 한다.

초월(T3)

초월 단계는 도달하기 가장 어려운 영역인데, 왜냐하면 지금까지의 경험과 기대는 물론이고 "정상적인 범위의 경험과 기대를 넘어서는" 개념이 관련되기 때문이다(Magana, 2017, p.63). '초월'은 다른 테크놀로지 통합 틀에는 없었던 테크놀로지 적용에 대해서 고려한다. Magana는 교사들에게 학습 기회를 교실 밖으로 확대하라고 한다. 초월적 테크놀로지는 설명하기 힘든 점이 있는데, 정상적인 범위를 넘어서는 경험을 알기 어렵기 때문이다. 우리가 한 번도 해 본 적 없는 무언가를 하려고 할 때 테크놀로지를 활용하여 어떻게 초월할 수 있는가? 이것은 무엇을 의미하는가? Magana(2017)에 따르면 "테크놀로지를 초월적으로 사용하게 되면 지식, 기여, 가치 생성의 측면에서 진정으로 독창적이고 전례 없는 성장을 이룰 수 있다." 이 영역에 대한 Magana의 설명을 교실 환경에 적용해 보면, 디지털 테크놀로지가 새로운 학습 환경을 조성하고, 지식을 확장하고, 디지털 정보를 활용하여 새로운 학습 도구를 설계하는 데 기여하는 힘이 있다고 할 수 있다. 초월 영역에 대해서 '탐구 설계Inquiry Design'와 '사회적 기업가 정신Social Entrepreneurship'의 두 단계를 통해 더 자세히 설명하겠다.

• T3.1 탐구 설계

Magana(2017)에서는 학생들이 개인적 관련성이 있는 문제를 탐구하고, 이러한 문제를 다루기 위한 질문을 생각해 내고, 디지털 도구를 사용해서 조사하고 탐구해서 해결책을 마련해 보는 학습 기회가 중요함을 강조한다. 탐구 설계는 실세계에서 연구조사가 행해지는 방식을 따른다. 학생의 역할은 교육과정을 수동적으로 따라가는 사람에서 탐구 과정을 적극적으로 설계하고 문제를 해결하는 사람으로 바뀐다. 이 영역에서 학생들은 한 가지 문제를 선택하여 이를 탐구하고 해결 방안을 논의하는 프로젝트 기반 학습과 유사한 과정을 거치게 된다.

• T3.2 사회적 기업가 정신

T3의 마지막 하위 범주인 사회적 기업가 정신은 탐구 설계를 바탕으로 한다. 사회적 기업가 정신은 학생들이 테크놀로지 도구를 사용하여 진심으로 사회적 선을 위한 경험을 할 수 있도록 해 준다. 사회적 기업가 정신에 의한 활동은 지도자를 양성하고 문제 해결을 통한 사회봉사를 장려하는 등 많은 목적에 쓰인다. 사회적 기업가 정신은 전통적인 학생 역할에 변화를 요구하는데, 그 이유는 학생들이 스스로 생각하는 사람이 되어야 하기 때문이다. 비록 학생들한테서는 사회적 기업가 정신이 디지털 도구의 사용을 통해 구현되고 또 문제를 해결하거나 해결 방안을 실행하기 위한 새로운 도구를 만들어 보는 것으로 전개돼 왔지만, Magana(2017)에서는 이러한 학생 역할의 변화가 학생의 학습 평가에 기술적 가치보다 인간적 가치를 더해 준다는 사실을 강조한다.

분류법과 보편적 학습 설계

지금껏 살펴본 분류법은 유사한 목적의 다른 분류법들과 마찬가지로 교사와 학교가 테크놀로지를 수업 설계에 통합하는 과정에 길잡이가 되어 주며, 다양한 학습자를 지원하기 위해 학습 과정과 결과의 변화된 양상을 평가하는 데에도 도움을 준다. 변혁적이고 초월적인 테크놀로지의 행동 유도성으로 인해 학생들이 전통적 리터러시는 물론, 이전에는 가능하지 않았던 뉴 리터러시를 성공적으로 학습할 수 있는 방법을 얻을 수 있다. 보편적 학습 설계가 목표, 방법, 수업 자료, 평가와 관련하여 학습자를 뒷받침하는 수업을 설계하고 실행하는 틀이 될 수 있으므로, 의도적으로 테크놀로지 평가 도구를 사용하도록 계획하면 최대한 많은 범위의 학생들을 대상으로 그들의 요구를 충족할 수 있을 것이다. 교사들이 학습자 요구를 고려하여 수업을 설계할 때, 모든 학습자를 지원할 수 있도록 수업 자료와 도구(테크놀로지 도구 포함)를 선택할 여지가 생긴다. 테크놀로지 도구란 언제든지 손쉽게 이용할 수 있으므로 필요 시 학생들이 이들 도구에 접근할 수 있다. 영어 학습자는 번역 앱에 접근할 수 있고, 철자 쓰기를 어려워하는 학습자는 음성-문자 변환 도구에 접근할 수 있다. 학생들은 학습 과제를 위해 도구를 선택하고 사용할 수 있는 주체성을 갖추어야 한다. "학생들에게는 자신의 학습에 대한 주체성을 기르고 학교 수업을 성공적으로 해낼 수 있다는 믿음을 심어 줄 기회가 있어야 한다."(U.S. Department of Education, 2017, p.14)

법령이나 교사로서의 경험에 비춰 볼 때, 테크놀로지는 학습에 참여하도록 하고 학습을 강화해 준다(U.S. Department of Education, 2017). 학습자에게는 학습에 대한 주체성을 기를 기회가 필요한데, 이는 테크놀로지 도구를 포함할 때 증진될 것이다(U.S. Department of Education, 2017). 테크놀로지 통합을 위한 SAMR, RAT, T3의 세 가지 틀은 교사가 테크놀로지의 행동 유도성을 이용하여 학습을 혁신할 수 있도록 한다.

<인식 전환> 다시 보기

앞의 <인식 전환>으로 돌아가 다시 한번 생각해 보라. 학생들이 사용할 수 있는 도구로서 구글 문서 프로그램이 지닌 행동 유도성을 탐색해 보았다. 또 학생들의 학습을 위한 변혁적 행동 유도성을 고려해 보았다. 그렇게 한 의도는 이 장의 목표인 테크놀로지 통합에 대한 평가와 관련된다. 테크놀로지 사용은 의도적이어야 하고 교사의 일상적 교수 활동에 가치를 더해 주어야 한다. 또한, 테크놀로지 사용 효과에 대한 평가도 이루어져야 한다. 교사는 변혁을 위해 교수학습에 테크놀로지를 통합하는 방법을 고려해야 한다. 학생들이 이전에는 불가능했을지 모르는 학습 결과물을 생각하고, 만들고, 산출해 낼 수 있다는 점을 생각해 본다면, 여러분이 구글 도구 탭에서 찾은 도구는 학생들의 학습을 어떻게 변혁시켰는가? 이제 이러한 학습을 SAMR, RAT, T3 틀로 평가해 보라.

References

Anderson, L. W., & Krathwohl, D. R. (2001). A taxonomy for learning, teaching and assessing: A revision of Bloom's taxonomy of educational objectives: complete edition. New York: Longman.

Christensen, C. M. (1997). The innovator's dilemma: When new technologies cause great firms to fail. Boston, MA: Harvard Business School Press.

Couros, G. (2019a, October 22). Leaners are the driver of innovation in education. Retrieved from https://georgecouros.ca/blog/

Couros, G. (2019b, October 22). Going beyond the "cool" factor. Retrieved from https://georgecouros.ca/blog/

Hattie, J. (2008). Visible learning: A synthesis of over 800 meta-analyses relating to achievement. New York, NY: Routledge.

Hughes, J. E. (n.d.). Replacement, amplirication, and transformation: The RAT model. Retrieved from https://techedges.org/r-a-t-model/

Hughes, J. E. (2000). Teaching English with technology: Exploring teacher learning and practice. Unpublished Doctoral Dissertation, Michigan State University.

Hughes, J. E., Thomas, R., & Scharber, C. (2006). Assessing technology integration: The RAT – replacement, amplification, and transformation – Framework. Paper presented at the Society for Information Technology and Teacher Education, Orlando.

Magana, S. (2017). Disruptive classroom technologies: A framework for innovation in education. Thousand Oaks, CA: Corwin.

Magana, S. (2019a). Disrupting low-impact technology use aligning visible learning and the T3 framework for innovation. Seattle, WA: Corwin Press. Retrieved from https://maganaeducation.com/wp-content/uploads/2019/06/Magana_Disrupting-Low-Impact-Technology-Use_FINAL.pdf

Magana, S. (2019b). Disruptive classroom technologies. In G. W. Noblit (Ed.), Oxford research encyclopedia of education (pp.1–28). New York, NY: Oxford University Press. doi:10.1093/acrefore/9780190264093.013.423

Magana Education. (2019). Disruptive classroom technologies. Retrieved from https://maganaeducation.com/disruptive-classroom-technologies/

Pea, R. D. (1985). Beyond amplification: Using the computer to reorganize mental functioning. Educational Psychologist, 20(4), 167–182.

Puentedura, R. (2006). Transformation, technology, and education. Retrieved from http://hippasus.com/resources/tte/

Reinking, D. (1997). Me and my hypertext: A multiple digression analysis of technology and literacy (sic). The Reading Teacher, 50(8), 626–643.

U.S. Department of Education, Office of Educational Technology. (2017). Reimagining the role of technology in education. 2017 National Education Technology Plan Update. Washington, DC: Author. Retrieved from https://tech.ed.gov/files/2017/01/NETP17.pdf

제**3**부
교실 수업 적용

6장
리터러시 교육에서 인터넷 사용
웹 2.0 도구들

인터넷에서 자신이 의사소통하는 방식을 생각해 보라. 자주 방문하는 소셜미디어 사이트의 목록을 작성해 보라. 성인들이 이용하는 가장 일반적인 소셜미디어 플랫폼은 무엇인가? 아동이나 청소년들이 이용하는 가장 일반적인 플랫폼은 무엇인가? 교사가 수업에 사용할 수 있는 소셜미디어 사이트에는 무엇이 있는가? 조금 전에 작성해 놓은 소셜미디어 사이트 목록에 이 질문들의 답을 써 보라. 목록을 완성한 후에 표를 만들어 윗줄에 '장점'과 '단점'을 쓰고, 왼쪽 칸에는 해당 소셜미디어 사이트의 장점이나 유익한 점을, 오른쪽 칸에는 단점이나 부정적인 점을 써 보라. 이 장을 읽으면서 장점과 단점을 표에 계속 추가해 보라.

사회적 연결망은 테크놀로지와 함께 진화해 왔다. 인터넷이 없던 시절, 학생들은 수업 시간에 친구들끼리 비밀 쪽지를 돌려보곤 했다. 이제는 스마트폰 문자 메시지, 이미지 공유, 이메일 등을 통해 서로 연결되어 있어서 학교에서의 쪽지 전달도 새로운 모습을 띠게 되었다. 교육을 변혁하기 위해 인터넷과 디지털 도구가 지닌 힘과 가능성을 활용하려고 하는 학교로서는 이처럼 진화하고 있는 학생들의 주의 산만한 행동이 새로운 도전거리가 되고 있다. 초기에 학생 1인 1기기 지원 정책을 채택한 학교들은 학생들이 수업 시간 중에 친구들과 연락하는 방식을 끊임없이 새로 만들어내고 있다는 사실을 알게 되었다. 쪽지 전달이 이렇듯 디지털화하자 어떤 곳에서는 수업 시간 중 학생들의 이메일 사용을 제한했다. 그러자 학생들은 구글 문서 프로그램을 활용하여 연락하는 방법을 또 찾아냈다. 사회적 연결망은 학생들이 어떤 방식으로든 또래와 어울리도록 만들며, 오늘날에는 인터넷이 그런 방식 중 하나가 되었다.

2015년 기준, 3세 이상 미국인의 71%가 인터넷을 사용하는 것으로 나타났다(National Center for Education Statistics, 2017). 집과 학교에서의 인터넷 사용은 어린 학습자의 사회적 기능에 영향을 준다. 오늘날의 학생들은 학교 입학 시 이미 인터넷 검색, 블로그 사용, 동영상 제작, 문자 메시지 전송, 채팅 활동, 네트워크 참여, 게임, 코딩 등 테크놀로지 기능을 가지고 있다. 웹 기반의 사회적 실천 방식을 고려한다면 리터러시 교육이 학교 밖에서의 삶을 더욱 잘 반영할 수 있도록 진정한 디지털 의사소통 방식을 사용해야 한다(Mills & Levido, 2011). 이 장에서는 인터넷이 단순한 정보 검색에서 정보 교류와 사회적 상호작용으로 변화한 방식을 비판적 사고, 협력, 창의성, 의사소통에 초점을 두고 설명하고자 한다. 이러한 변화는 교실 수업에 영향을 준다.

웹 2.0: 읽고 쓰는 웹

테크놀로지가 교실의 리터러시와 사회적 실천 모두에 영향을 준 한 가지는 웹 2.0 테크놀로지의 진화이다. 웹 2.0 또는 읽고 쓰는 웹은 Tim O'Reilly(2005)가 고안한 신조어로서 웹상의 양방향 의사소통과 협력 가능성을 설명하기 위해 사용되었다. 웹 1.0으로 정의된 이전의 인터넷 테크놀로지는 사용자 대부분이 소비자로서 참여하는 읽기 전용 인터넷을 가리킨다(Davies & Merchant, 2009). 웹 1.0 도구가 하이퍼링크로 연결된 웹페이지를 활용하여 정보를 찾고 정보에 접근하는 것을 도와주었다면, 웹 2.0 테크놀로지는 웹페이지 내에서 참여와 상호작용을 가능하게 한다(Gunning, 2013). 월드와이드웹World Wide Web이 제공하는 창조, 의사소통, 공유의 기능은 사용자들이 양방향으로 의사소통하고 협력하는 변화를 끌어냈다.

　일반적으로 사회적 측면에서 보면 웹 2.0 도구들 덕분에 기술적 훈련을 받지 않은 사람들도 사용자 친화적인 무료 도구들을 이용하여 자신의 생각을 공유하는 것이 가능해졌다. 웹 2.0 테크놀로지의 참여적, 사회적 속성 때문에 이러한 환경에서의 리터러시 과제는 웹 1.0의 전통적 읽기·쓰기 과제와는 다르다. 때때로 리터러시 2.0이라고도 불리는(Knobel & Wilber, 2009) 새로운 리터러시 과제와 기회는, 테크놀로지와 함께 지속적으로 발전하고 확대되고 있으며 다양한 수준의 변혁을 반영한다. 예를 들어, 팬픽션fan fiction은 인기 도서, 영화, 텔레비전 등의 팬들이 좋아하는 주인공이나 이야기를 바탕으로 하여 새로운 에피소드나, 모험담, 줄거리를 만들어 가는 것인데, Fanfiction.net과 같은 공개 사이트에서 단독으로 또는 협업을 통해 제작되고 공개된다. Wattpad 홈페이지에 공개되는 팬픽션은 하루에 2백만 명 이상의 필자가 참여해서 10만 편 이상의 스토리를 제작하며, 이 소셜 네트워크의 독자는 2천만 명이 넘는다(Streitfeld, 2014). 책이나 그 일부 또는 다른 제재들이 창작되고 업로드되면 독자들의 의견이 올라오기 시작하며, 리터러시 2.0의 '양방향성'이나 협력적·사회적 속성이 더욱 촉진된다 (Knobel & Wilber, 2009, p.21).

　초등학교 연령대의 아이들은 웹 2.0을 사용하여 자신들이 좋아하는 것과 관심 있어 하는 것을 소통한다. Olivia Van Ledtje는 9살에 블로그를 시작하여 자신이 좋아하는 상어와 책에 대한 애정을 공유하였다. 11살이 되어서는 상어 및 해양 보호 활동은 물론 아이들 사이의 집단 괴롭힘과 같은 사회적 문제에 대해 사람들이 인식할 수 있도록 블로그를 활용했다. Robbie Bond의 사명감은 8살에 고향 하와이의 국가 기념물을 보호하려는 노력에서 시작되었으며, 자신의 웹사이트 '국립 공원을 보호하는 아이들Kids Speak for Parks'을 활용하였다. 2007년생 Amariyanna Copeny는 자신의 트위터 계정 @LittleMissFlint를 통해 미시건 주 Flint 시의 물 위기에 대하여 어린이들의 목소리를 반영하였다. 이 아이들은 웹 2.0의 힘을 알고 있다. 이러한 참여적 자세는 교사에게 받은 과제를 교사에게 제출하기 위해 썼던 전통적인 리터러시에서의 자세와는 상당히 다르다. 웹 2.0은 생산자의 목소리를 확대해 주는 전 세계의 실제 독자들을 불러모은다(그림 6.1).

[그림 6.1.] #KidsCanTeachUs | Olivia Van Ledtje | TEDxYouth@BHS.
https://youtu.be/g5Je9a4vSaI에서 가져옴.
출처: Olivia Van Ledtje [TED 강연]. (2017. 06. 01).

웹 2.0과 교수법

웹 2.0 테크놀로지가 지닌 한 가지 행동 유도성은 웹브라우저를 통해서 제작하고, 편집하고, 협업하는 기회를 숙고하여 활용하는 것이다(Bower, 2015). 교수법과 관련한 웹 2.0 테크놀로지의 행동 유도성에는 연대감과 사회적 친밀감을 형성하고, 협력을 통해 정보를 발견하고 공유하며, 콘텐츠를 제작하고, 정보를 축적하고 재조합하는 능력이 있다. 웹 2.0의 사용을 통해 학생들은 새로운 방식으로 탐구하고, 현대적 디지털 리터러시를 발달시키며, 자신들의 목소리를 키우고, 변혁적인 학습을 보여준다. 디지털 도구에 대한 설명이나 범주나 목록들이 작성과 동시에 옛것이 되어 버린다는 사실을 알기에, 여기서 이러한 도구들의 예를 제시하기는 하지만 테크놀로지 도구의 급격한 발전으로 이 목록 중 일부는 유효하지 않을 수 있다는 점을 미리 알려 둔다.(표 6.1).

<표 6.1.> 교육자용 웹 2.0 테크놀로지

웹 2.0 테크놀로지	행동 유도성	예
사회적 북마크	사용자가 북마크한 온라인 웹사이트를 저장하여 언제 어디서나 접근할 수 있도록 해 준다. 집단적 협업이 가능한 사이트도 있다.	Delicious, Diigo
위키	공동 저작 활동	Wikipedia, Wikispaces
문서 작성 공유	각기 다른 장소에 있는 사용자들이 같은 문서에 접속하여 공동 작성 및 편집, 의견 교환이 가능하다.	Google Docs, Microsoft OneNote, Google Slides
블로그	개인 사용자들이 인터넷에서 정보를 게시, 배열, 조직할 수 있다.	Blogger, Edublogs
마이크로블로그	실시간 정보 소통이 가능하다.	Twitter, Instagram, Facebook, Pinterest
프레젠테이션 도구	공유하려는 정보를 순서대로 조직하지 않아도 된다.	Prezi, CoolIris, Nearpod, Keynote
이미지 제작 및 편집 도구	온라인 이미지 저장소와 도구를 통해 시각적 표현을 가능하게 한다.	Flickr, Photoshop Express, Canva, VoiceThread
팟캐스트/오디오	음성 파일의 제작, 편집, 품질 향상을 가능하게 하는 무료 오디오 도구. 결과물은 팟캐스트나 음성 파일의 형태로 다른 사람들과 공유할 수 있다.	GarageBand, VoiceThread, WavePad
동영상 제작/공유	동영상 공유 및 댓글 기능의 사용이 가능한 온라인 사이트	YouTube, Vimeo, TeacherTube, iMovie, FlipGrid, VoiceThread
마인드맵	시각 자료의 조직과 제작이 가능하다.	FreeMind, Inspiration Maps
디지털 스토리텔링	온라인 이미지 및 오디오 믹싱 도구를 활용하여 스토리 창작 및 공유가 가능하다.	Animoto, Toodoo, Adobe Spark

Bower, Hedberg, and Kusware (2010)의 내용을 편집하여 제시함.

소셜 미디어 플랫폼

Bower 외(2010)의 교육용 웹 2.0 도구 범주(표 6.1에 편집 제시함)에는 마이크로블로그 사이트가 포함되어 있다. 목록에 예시된 소셜미디어 플랫폼들은 우리 일상생활의 일부가 되었다. Pew Research Center의 보고서에 따르면 미국인의 대다수가 소셜미디어를 사용한다(Smith & Anderson, 2018). 10대들의 경우 95%가 스마트폰 접근성이 있으며, 이 중 85%는 유튜브를, 72%는 인스타그램을, 69%는 스냅챗을, 51%는 페이스북을 사용한다(Anderson & Jiang, 2018). 10대들의 소셜미디어 플랫폼 사용에서 유튜브가 1위를 차지한 것은 놀라운 일이 아니다. 유튜브에는 어린이들이 시청하기에 적절한 동영상이 많이 있어서 초등학생들 역시 유튜브를 일상적으로 사용한다(Common Sense Media, 2019). 아이들은 최신 유행 소품 만들기나 새로운 비디오 게임 조작법 등과 같은 스스로 해 보기DIY: Do It Yourself 동영상을 통해 기능을 습득한다.

다른 형태의 소셜미디어 역시 어린 학습자들의 관심을 끈다. 유튜브 다음으로 스냅챗과 인스타그램이 가장 인기가 많다(Anderson & Jiang, 2018). 음악 동영상 제작 앱인 틱톡Tiktok이라든지 단체 문자 채팅 앱 그룹미GroupMe와 같은 새로운 소셜미디어 사이트가 생겨나서 젊은 층의 마음을 사로잡고 있다. 이러한 앱은 보통 십대 청소년 사용자들과 관련이 깊지만, 초등학생이나 십대 미만 아동들도 여러 개의 소셜미디어 플랫폼을 통해 의사소통한다. 2016년 Common Sense Media에서 발표한 8세~18세 아동들의 소셜미디어 사용에 관한 보고서에 따르면, 이들 중 56%가 개인 소셜미디어 계정을 보유하고 있으며(Lauricella et al., 2016), 8세~12세의 경우 23%인 데 비해 13세~18세의 경우는 80%가 자신의 소셜미디어 계정을 가지고 있는 것으로 나타났다. 십대 미만의 경우 자신의 계정을 가지고 있는 아동들의 평균 나이는 9.6세였다(Lauricella et al., 2016).

이 책의 독자들은 이것이 어떻게 가능한지 궁금할 것이다. 많은 미국인들이 13세 이상 사용 가능한 앱에 어린이가 가입하는 것을 당연히 법률 위반으로 생각한다. 엄격하게 말해서 법률 위반은 아니지만, '아동온라인개인정보보호법(Children's Online Privacy Protection Act: COPPA, 1998)'에서 소셜미디어 사이트가

13세 미만 아동의 개인정보를 부모 동의 없이 수집, 사용, 공개하는 것을 막는 제한을 두고 있다. 그래서 유튜브나 페이스북과 같은 소셜미디어 사이트에서는 계정을 만들려면 13세 이상이어야 함을 명시하고 있다. 이러한 제한이 있어도 아동들은 집에서나 학교에서나 늘 소셜미디어 환경에 둘러싸여 있다. 부모님이나 선생님, 학교 행정 담당자들이 교실에서 일어나는 여러 가지 일들을 공유하기 위해 페이스북, 인스타그램, 리마인드 등을 사용하는 것도 본다.

웹 2.0 세상에서 새로운 교수학습 방법

Web 2.0 세상에서 누릴 수 있는 모든 혜택을 누리려면 비판적으로 사고하는 인간, 의사소통능력을 갖춘 인간, 협력하는 인간, 창의적 인간이 되어야 한다. 4C라 불리는 이러한 능력을 지지하면서 국가교육협회National Education Association: NEA는 2002년 '21세기 능력을 위한 파트너십Partnership for 21st Century Skills: P21'을 설립하고 21세기 학습을 위한 틀을 개발하면서 4C 기능을 강조하였다.

국가교육협회NEA와 몇몇 단체들[1]이 협력하여 <'4C'에 관한 교육자용 가이드(An Educator's Guide to the "Four Cs")>를 출간하였다(National Education Association, 2010). 4C 기능은 테크놀로지 없이도 존재하지만, 디지털 도구가 있으면 영향력이 증폭되고 범위가 확대된다. 2016년 국제교육테크놀로지학회the International Society for Technology in Education: ISTE에서는 '학생을 위한 ISTE 성취기준ISTE Standards for Students'에 4C 기능을 포함하여 디지털 환경 하의 학습에 대해 고려할 필요가 있음을 더욱 강조하였다.

---

1) 한국어 번역문의 가독성을 위해 원문에서 나열한 단체 목록을 각주에 제시하기로 한다. 원문에서 제시한 단체는 다음과 같다. 미국외국어교육위원회(American Council on the Teaching of Foreign Languages: ACTFL), 국가음악교육협회(National Association for Music Education: NAfME), 국가지리교육위원회(National Council for Geographic Education: NCGE), 국가사회교육협회(National Council for the Social Studies: NCSS), 국가영어교사위원회(National Council of Teachers of English: NCTE), 미국수학협회(Mathematical Association of America: MAA), 국가수학교사위원회(National Council of Teachers of Mathematics: NCTM), 국가과학교사협회(National Science Teachers Association: NSTA)

[그림 6.2] 4C 기능이란 무엇인가?
https://youtu.be/QrEEVZa3f98에서 가져옴.
출처: Common Sense Education. (2016. 07. 12)

비판적 사고

비판적 사고가 새로운 인지적 기능은 아니다. 진보주의 교육자이자 이론가였던 존 듀이는 하나의 성향으로서 이것을 반성적 사고라 명명하였는데, 반성적 사고를 통해 학습자들이 정보나 어떤 근거를 능동적으로 끊임없이 주의 깊게 살펴 신념을 지니게 된다. 의견과 사실, 뉴스와 논평을 구분하기 위해 근거를 판단하는 일은 웹 2.0 세상에서 더 확대되었다. 모든 사람이 참여해서 기여할 수 있는, 읽고 쓰기가 가능한 웹을 통해 주어진 이 놀라운 기회에는 더 큰 책임감이 따르고 비판적 사고의 필요성도 커지며 학생들의 '신뢰성 판단 능력'을 개발하는 방법의 필요성도 커진다(Pilgrim, Vasinda, Bledsoe, & Martinez, 2019, p.85). 학생들은 웹에 있는 모든 정보를 접할 때 비판적 사고를 견지하여 자기 생각과 신념을 형성해 가야 한다(International Society for Technology in Education, 2016). 소셜미디어 플랫폼이나 위키백과 시리즈를 사용하려면 저작 관련 지식은 물론, 게시물과 내용의 신뢰성을 비판적으로 검증할 수 있는 방법이 필요하다. 21세기 능력을 위한 파트너십(Partnership for 21st Century Skills: P21)에 따르면 "오늘날의 시민은 근거를 비교하고, 상충하는 주장들을 평가하며, 합리적 의사 결정을 내리기 위해 적극적으로 비판적 사고를 하는 인간이어야 한다."(National Education Association, 2010, p.8)라고 한다.

의사소통

의사소통에는 생각과 의견을 명료하게 표현하고, 조리 있게 설명하고, 설득력 있는 말로 사람들에게 동기를 부여하는 등 전통적인 학문적, 사회적, 업무적 기능이 포함된다(National Education Association, 2010). 멀티리터러시들이라고 하면 몸짓이나 음성 언어로부터 문자 언어나 시각적 표상에 이르기까지 과거 오랜 세월 우리가 의사소통해 온 모든 방법은 물론 디지털 도구가 의사소통 양식을 확장하고, 혼합하고, 재혼합하는 모든 방법을 상기시킨다. 인터넷은 생각이나 제작물을 사적으로는 친구, 급우, 가족들과, 대중적으로는 더 넓은 전 세계 사람들과 공유하는 많은 방법을 제공한다. 또한, 공유를 통해서 어떤 대의를 위해 사람들이 행동할 것을 촉구하거나 잠시 멈추어 서서 새로운 각도에서 문제를 다시 들여다보도록 하는 힘을 지니기도 한다. ISTE(2016) 성취기준에서는 학생들이 "다양한 매체와 형식을 사용해서 정보와 자신의 생각을 여러 복잡다단한 청중들에게 효과적으로 전달할 수 있어야" 함을 명시하였다.

협력

협력은 하나의 목표를 달성하기 위해 함께 작업하는 과정이다. 협력은 언제나 가치 있는 기능으로 여겨져 왔으며, 일반적인 리터러시와 마찬가지로 디지털 의사소통 도구와 함께 진화해 왔다. 인터넷과 웹 2.0 테크놀로지는 접근성과 편리성을 높여서 협력의 범위를 확대하였다. 위키피디아와 같은 프로젝트들은 수백만 참여자들이 작성한 결과물을 반영하고 팀으로 달성 가능한 의미 있는 작업을 보여주면서 전 지구적 수준의 상호연결성과 협력을 증명해 왔다. 이 책을 저술하는 과정에서 우리는 화상 회의를 통해 의견을 나누고, 생각하고, 머릿속으로 그려보고, 계획을 세우곤 했다. 구글 문서로 협동하여 글을 쓰고 자료를 공유하였다. 우리 저자들은 가까이에 살지 않았지만, 함께 작업하여 이 목표를 달성할 수 있었다. 웹 2.0 도구는 지역과 세계를 망라하여 협력할 수 있도록 뒷받침해 준다. #globaledchat이나 교사를 위한 글로벌 협력 가이드 웹사이트

(https://www.globaledguide.org/)와 같은 방식을 통해 다른 교사들과 연계되면 수질 문제에서 디지털 독서 클럽에 이르기까지 어느 학년 수준에서든 각종 화제를 탐구할 수 있도록 교사와 학생이 협력자를 구할 수 있게 도와준다. 협력은 알지 못하는 사람들과의 연결을 촉진하고 이전에는 닿을 수 없었던 사람들에게까지 학습을 확장한다. 디지털 도구를 통해 학생들은 시야가 넓어지고 경험이 더욱 풍부해진다(International Society for Technology in Education, 2016).

창의성

멀티리터러시라는 렌즈로 보면 창의성은 복합적인 관점을 취하고 새롭거나 독창적인 성과를 만들어내는 것으로서 설계나 재설계를 가리킨다. 창의성을 촉진하는 교육적 실천으로는 탐구, 문제 해결 도전, 생산적인 실수의 기회 등이 있다(International Society for Technology in Education, 2016; Voogt & Roblin, 2012). 협력에서처럼 디지털 도구는 기술적인 전문 지식이 부족하더라도 창조와 변혁에 더 다가갈 수 있도록 해 준다. 오늘날의 사람들에게는 의사소통 기능과 협력 기능 외에도 창의성이 요구된다(International Society for Technology in Education, 2016; Voogt & Roblin, 2012). 디지털 도구의 사용으로 사람들의 인식을 형성하는 멀티미디어 메시지 산출이 가능해지며 게임 제작, 스토리텔링, 문제 해결을 위한 코딩 작업 기회도 확보할 수 있다. 디지털 도구로 인해 "브레인스토밍과 같이 광범위한 아이디어 생성 기법을 사용하는 것, 점진적 개념이든 급진적 개념이든 새롭고 가치 있는 아이디어를 생성하는 것, 창의적 성과를 개선하고 최대화하기 위해 원래 아이디어를 정교화하고 다시 다듬고 분석하고 평가하는 것"과 같이 창의적 사고에 대한 P21의 정의가 확대되었다(National Education Association, 2010, p.25).

교실에서의 4C

4C 기능은 학생들이 교육과정의 개념들을 잘 익혔는지 보여줄 수 있는 가장 효과적인 웹 2.0 도구를 교사가 선택할 수 있도록 해 주는 틀이 된다. 4C 관련 웹 2.0 도구들이 명확히 구별되는 것은 아니다. 그래서 <표 6.2>에서 웹 2.0 도구 사용 시 4C 기능이 겹치는 경우는 진한 글자로 표시하였다. 4C 중 비판적 사고는 이 표에 제시하지 않았는데, 다음 장에서 전략 사용과 관련지어 다룰 것이다.

<표 6.2.> 웹 2.0 도구

의사소통 도구	협력 도구	창의성 도구
Facebook 페이스북	Google Docs 구글 문서	Animoto 애니모토
Twitter 트위터	Google Forms 구글 설문지	Wordle 워들
Snapchat 스냅챗	Diigo 디이고	Vokis 보키스
Instagram 인스타그램	**Blogs 블로그**	**Popplet 포플렛**
Edmodo 에드모도	**Wikis 위키백과 시리즈**	**VoiceThread 보이스스레드**
Pinterest 핀터레스트	SeeSaw 시소	QR Codes QR 코드
Blogs 블로그	QR Codes QR 코드	YouTube 유튜브
Wikis 위키백과 시리즈	Padlet 패들렛	Flickr 플리커
SeeSaw 시소	Flickr 플리커	Podcasts 팟캐스트
VoiceThread 보이스 스레드	Evernote 에버노트	ShowMe 쇼미 등
Podcasts 팟캐스트	**Popplet 포플렛**	
Flickr 플리커	YouTube 유튜브	
Evernote 에버노트	Podcasts 팟캐스트 등	
Popplet 포플렛		
YouTube 유튜브 등		

다음의 두 사례는 웹 2.0 도구를 사용해서 교육과정과 연계하는 경우를 보여준다.

중학교 1학년 교실에서 Walter Dean Myers의 ≪Lockdown≫이라는 작품을 읽고 사회적 정의를 화제로 협력 과제를 수행하였다. 교사는 학생들에게 같은 화제에 대해서 유형이 다른 글을 인터넷에서 검색하도록 했다. 이 과정에서 학생들은 각자 Diigo 계정을 만들어 화제와 관련된 기사나 동영상, 사진 등의 자료를 북마크하고, 주석을 달고, 공유하였다. 학생들은 온라인 정보를 공동으로 저장했을 뿐만 아니라 반 전체가 협력함으로써 정보를 더 깊이 이해할 수 있었다(Bass & Sibberson, 2015).

또 하나의 예는 학생들이 온라인 문학 토의에 참여하도록 학급 블로그를 제작한 4학년 교사의 경우이다. 학생들은 문학 동아리 방식의 모둠 활동으로 짧은 텍스트들을 읽는다. 그리고 나서 학급 블로그에 각자 자신에게 인상적이었던 점과 궁금한 내용을 써서 올린다. 문서화 된 블로그는 학생들이 추가한 설명들을 취합하도록 해 주며, 토론 참여를 주저하는 학생이 없도록 해 준다. 학생들은 멀리 떨어져 있는 수준 높은 독자들과도 온라인으로 아이디어를 공유한다. 이 두 교사들은 블로그 작성 활동이 독자이자 필자인 어린 학생들이 아이디어나 문학 작품에 대한 반응을 공유하도록 돕는다는 것을 알게 되었고, 학생들이 테크놀로지 도구를 사용함으로써 기대치를 넘어서는 과제 수행이 이루어졌음을 보고하였다(Lisenbee, Hallman, & Landry, 2015).

웹 2.0 도구와 포용적 실천

멀티리터러시 관점의 틀에서 보면, 웹 2.0 도구와 보편적 학습 설계를 실행하게 되면 교사들이 수업 설계 시 학생들의 내용 접근성을 고려하는 데 도움이 된다. 교육과정 설계 시 4C 기능을 고려해야 하듯이, 포용적 교육을 실천할 때는 보편적 학습 설계의 3원칙 즉 다중적 표상 수단, 다중적 행동 및 표현 수단, 다중적 참여 수단을 고려해야 한다.

표상

학습자는 정보를 매우 다양한 방식으로 지각하고 이해하며(Center for Applied Special Technology, 2018), 의미 있는 경험을 통해 개념을 학습한다(Vygotsky, 1978). 학습에 대한 최대한의 접근성을 제공하기 위해, 교사는 학습 능력이 다양하고 언어도 다양한 학생들을 포함해서 모든 학생들이 사용할 수 있는 선택지를 두고 내용을 공유하도록 한다. 예를 들면, 언어가 다르거나 활자 인식이 어려운 학생들을 위해 개념을 소개하는 효과적인 동영상으로 시작할 수 있고 그리하여 멀티리터러시 교수법을 통한 경험하기를 활용해 볼 수 있다. 모든 학습자는 강의나 문자 기반 자료로 개념을 강화하기 전에 배경 지식을 활성화해 주는 시청각 메시지를 받는다. 학생과 교사가 함께 협력해서 영어와 함께 교실에서 사용하는 다른 언어로 된 내용 어휘로 분석 차트를 작성한다. 만약 디지털 차트를 작성한다면 발음과 낱말 뜻을 알려주는 하이퍼링크가 달려 있는지가 중요하다. 차트가 종이로 되어 있다면 QR 코드가 그런 역할을 할 수 있다. 문자 텍스트로 넘어가면, 문자-음성 변환 앱과 번역 앱이 텍스트 읽기에 포괄적인 접근을 가능하게 할 것이다. 학생에게 시각 장애가 있다면 큰 활자나 점자 장비를 이용할 수 있다. 멀티리터러시 교수법의 일환으로 학생들이 하나의 개념에 대해 여러 경험을 하게 되면, 이렇게 쌓인 충분한 경험과 배경 지식 덕분에 교사가 학습자의 개념화를 지원할 수 있다. 학생들 또한 화제에 대해 비판적 사고를 펼칠 준비가 된다.

행동, 표현, 참여

멀티리터러시 교수법과 4C 기능을 고려하는 것은 학습자의 강점을 활용함으로써 보편적 학습 설계의 행동, 표현, 참여 원리를 뒷받침한다. 우리는 아동들이 새로운 정보를 분석할 때 비판적으로 사고하기를 바라며, 모두가 동등한 위치에서 기대되는 방식으로 또는 창의적인 방식으로 자신이 배운 것을 의사소통하고 협력하고 새롭게 창출해 낼 수 있기를 바란다. 예를 들면, 구두 스토리텔링에는 뛰어나지만 문자 언어 사용 기능은 어려워하는 학생들이 있다. 구글 문서 프로그램의 음성-문자 입력 도구를 활용하면 이러한 학생들이 문서 공동 작성에 참여할 수 있다. 또한, 문자 리터러시를 우회하여 몸짓이나 시각 또는 청각적 양식으로 같은 메시지를 전달하는 동영상을 제작할 수도 있다. 이렇게 다른 선택이 가능하도록 하면 동기를 부여하고 참여를 독려할 수도 있고 학습자의 다양한 상황을 반영할 수도 있다. <표 6.3>은 보편적 학습 설계의 원리와 4C 기능을 멀티리터러시 반성적 교수법으로 통합한 경우를 보여준다.

멀티리터러시 반성적 교수법	보편적 학습 설계	4C 기능
경험하기		
알고 있는 것 경험하기: 초인지적 성찰과 함께 실세계 경험과 지식, 이전 경험으로 돌아감. **새로운 것 경험하기**: 웹에서 획득 가능한 정보, 직접 참여하는 활동, 몰입 경험 등과 같은 정보의 원천 속으로 빠져들기	보편적 학습 설계의 **표상 원리** 고려: 교사는 학급의 학습자 요구를 고려하여 동영상, 가상 및 증강 현실 경험, 팟캐스트, 접근성 높은 텍스트 모음, 문자–음성 변환 읽기 보조 도구, 글자 크기, 배경화면, 텍스트 색깔, 증강 및 가상 현실을 조정할 수 있는 디지털 텍스트를 통해 개념이나 내용을 익힐 수 있도록 다양한 출발점을 제공해야 한다.	**비판적 사고**에 필요한 지식 기반을 갖추도록 배경 지식을 개발하고 개념화하기
개념화		
명명을 통한 개념화: 범주화와 분류, 개념 정의 **이론을 통한 개념화**: 학문적 스키마와 심적 모형 개발	교사는 계속해서 보편적 학습 설계의 **표상 원리**를 실천하고, 경험에서 나오는 개념들을 명명함으로써 개념화를 뒷받침하고 명료화할 수 있는 교수법적 내용 지식에 대한 이해를 심화한다.	교사와 좀 더 많이 아는 또래들이 서로 **의사소통**하고 자신의 지식을 공유하면서 학습을 돕는다. 이것은 이해라는 공통의 목표를 향해 학생들이 함께 작업하는 것이므로 **협력**하는 것이기도 하다.
분석		
기능적으로 분석하기: 글, 도표, 시각적 데이터가 들어 있는 주장과 설명 **비판적으로 분석하기**: 사람들의 관심사와 목적 관련 지식을 분석	학생들은 내용 학습에 **참여**하기 시작하며 개념상 유관한 방식으로 복합 양식을 사용하여 자신이 이해한 바를 **표현**한다.	이해가 심화되면, 저자의 편견, 입장, 목적 등을 찾으면서 보다 **비판적인 사고**로 참여하고 표현할 수 있다.
적용		
적절하게 적용하기: 가장 근접한 맥락에서 의미와 지식이 효과를 발휘하도록 하는 것. **창의적으로 적용하기**: 지식을 학생의 목소리와 관점을 표현하는 여러 다른 맥락, 혼종 지식, 문화적 창조물로 전이하는 것	이해가 높아지면서 학생들의 **참여**와 **표현**도 심화되며, 학생들은 자신의 지식과 고유한 생각을 보여줄 수 있는 모든 양식과 도구, 예를 들면 동영상, 팟캐스트, 시각적 이미지와 시각예술, 키보드나 음성 인식 소프트웨어로 작성한 글 등을 사용하여 지식 형성의 맥락에 의미를 적용한다.	이용 가능한 모든 설계와 양식을 사용하면서, 학생들은 **비판적인 자세**로 다중적이거나 독자적인 관점에서 **의사소통**하며 **창의성**을 발휘해서 독창적인 방식으로 지식을 적용한다. 이러한 활동은 전문가들 및 또래들과의 **협력적 의사소통**으로 수행될 수 있다.

4C 중 하나인 의사소통은 우리가 매일 사용하는 기능이다. 대개 인터넷상의 소셜미디어 형태로 발생한다. 앞의 <인식 전환>에서 우리는 개인적으로 사용하거나 수업에 사용하는 소셜미디어 플랫폼의 목록을 작성하였다. 자신이 만든 목록을 다시 보면서 이 6장에서 얻은 지식을 가지고 목록에 추가해 보라. 4C 기능 신장을 위해 교실에서 사용해 보고 싶은 사이트를 가지고 두 번째 목록을 작성해 보라. 이 장에서 설명한 4C 기능을 사용해서 학생들이 즐겁고 독창적인 방식으로 참여할 수 있는 테크놀로지 도구들도 포함해 넣을 수 있다. <인식 전환>에서 우리는 소셜미디어의 장단점에 관한 얘기를 시작하였다. 차후 디지털 시민 정신을 논의할 때 웹 2.0 테크놀로지의 잠재적 장점 및 단점을 다시 한 번 살펴볼 것이다.

References

Anderson, M., & Jiang, J. (2018). Teens, social media & technology 2018. Pew Research Center. Retrieved from https://www.pewinternet.org/2018/05/31/teens-social-media-technology-2018/

Bass, W. L. II, & Sibberson, F. (2015). Digital reading: What's essential in Grades 3–8. Urbana, IL: National Council for Teachers of English.

Bower, M. (2015). Deriving a typology of Web 2.0 learning technologies. British Journal of Educational Technology, 47(4), 763–777.

Bower, M., Hedberg, J. G., & Kuswara, A. (2010). A framework for Web 2.0 learning design. Educational Media International, 47(3), 177–198. doi:10.1080/09523987.2010.519911

Center for Applied Special Technology. (2018). 5 examples of Universal Design for Learning in the classroom. Understood. Retrieved from https://www.understood.org/en/learning-attention-issues/treatments-approaches/educational-strategies/5-examples-of-universal-design-for-learning-in-the-classroom?view=slideview

Common Sense Media. (2019). The common sense census: Use by tweens and teens, 2019. Retrieved from https://www.commonsensemedia.org/research/the-common-sense-census-media-use-by-tweens-and-teens-2019?utm_source=morning_brew

COPPA. (1998). Children's Online Privacy Protection Rule "COPPA." Retrieved from https://www.ftc.gov/enforcement/rules/rulemaking-regulatory-reform-proceedings/childrens-online-privacy-protection-rule

Davies, J., & Merchant, G. (2009). Web 2.0 for schools: Learning and social participation. New York, NY: Peter Lang Publishing, Inc.

Gunning, T. G. (2013). Creating literacy instruction for all students. Boston, MA: Pearson.

International Society for Technology in Education. (2016). ISTE standards for students. Retrieved from ISTE.org/standards

Knobel, M., & Wilber, D. (2009). Let's talk 2.0. Educational Leadership, 66(6), 20–24.

Lauricella, A. R., Cingel, D. P., Beaudoin-Ryan, L., Robb, M. B., Saphir, M., & Wartella, E. A. (2016). The common sense census: Plugged-in parents of tweens and teens. San Francisco, CA: Common Sense Media.

Lisenbee, P.S., Hallman, C., & Landry, D. (2015). Geocaching is catching students' attention in the classroom. The Geography Teacher, 12(1), 7–16.

Mills, K. A., & Levido, A. (2011). iPad: Pedagogy for digital text production. The Reading Teacher, 65(1), 80–91.

National Center for Education Statistics. (2017). Children's access to and use of the internet. Retrieved from https://nces.ed.gov/programs/coe/indicator_cch.asp

National Education Association. (2010). Preparing 21st century students for a global society: An educator's guide to the "four c's." Retrieved from http://www.nea.org/assets/docs/A-Guide-to-Four-Cs.pdf

Pilgrim, J., Vasinda, S., Bledsoe, C., & Martinez, E. (2019). Critical thinking is CRITICAL: Octopuses, online sources, and reliability reasoning. The Reading Teacher, 73(1), 85–93. doi:10.1002/trtr.1800

Smith, A., & Anderson, M. (2018). Social media use in 2018. Pew Research Center. Retrieved from https://www.pewinternet.org/2018/03/01/social-media-use-in-2018/

Streitfeld, D. (2014, March 23). Web fiction, serialized and social. The New York Times. Retrieved from https://www.nytimes.com/2014/03/24/technology/web-fiction-serialized-and-social.html

Voogt, J., & Roblin, N. P.(2012). A comparative analysis of international frameworks for 21st century competencies: Implications for national curriculum policies. Journal of Curriculum Studies, 44(3), 299–321.

Vygotsky, L. (1978). Interaction between learning and development. In M. Cole, V. John-Steiner, S. Scribner, & E. Souberman (Eds.), Mind in society: The development of higher psychological process (pp.79–91). Cambridge, MA: Harvard University Press.

7장
리터러시 교육에서 인터넷 사용
온라인 읽기와 탐구

인식 전환

웹상에서 잘못된 정보를 만났던 경우를 생각해 보라. 잘못된 정보라는 것을 어떻게 알수 있는가? 비판적 사고를 통해 온라인에서 발견한 정보의 신뢰성을 판단해 보면, 출처가 인터넷이기 때문에 그 텍스트가 정확하다고 하기 어렵다. 학생들은 의심스러운 정보를 만났을 때 어떻게 하는가? 웹사이트 https://zapatopi.net/treeoctopus를 방문해서 다음의 과제를 해 보라. 표를 만들어 맨 위에 '신뢰할 수 있음'과 '신뢰할 수 없음'을 써 보라. 왼쪽 칸에는 해당 사이트에서 의심스러워 보이는 정보를 써 넣고, 오른쪽 칸에는 진실된 정보로 보이는 것들을 써 나가라. 비판적 사고에 관하여 논의할 때 여기 <인식 전환>으로 다시 돌아오도록 하겠다.

2016년, 전 세계 인구 45% 이상이 자신을 인터넷 사용자라고 인식하며 (Dutton & Reisdorf, 2017), 미국의 경우는 90%가 그렇게 인식하는 것으로 나타났다(Anderson, Perrin, Jiang, & Kuman, 2019). 직장이나 모든 학문 분야를 망라하여 인터넷 사용에는 새로운 리터러시 기능들이 요구된다(U.S. Department of Education, 2010). 지구촌 공동체에서 인터넷은 리터러시 및 학습에 결정적인 테크놀로지이므로(Leu, Kinzer, Coiro, Castek, & Henry, 2013, p.1158), 인터넷의 특징, 사용, 교육적 적용에 대해 이해하는 것이 교수학습에 유익하다. 검색 엔진과 웹사이트를 돌아다닐 때 효율적이고 영리하게 정보를 소비하기 위해서는 복합적인 웹 리터러시 기능과 비판적 사고 기능이 필요하다(Coiro, Knobel, Lankshear, & Leu, 2008; International Society for Technology in Education, 2012).

인터넷: 전 세계적 도서관 시스템

일반적으로 인터넷은 정보 탐색을 위한 최대의 저장고이기에 인터넷을 전 세계적 도서관 시스템으로 비유할 수 있다(Leu, Forzani, Timbrell, & Maykel, 2015). 인터넷과 인터넷 연결망의 구성요소를 명확히 하기 위해 Bledsoe, Pilgrim, Vasinda, and Martinez(2019)는 인터넷을 도서관 시스템에 비교 및 대조하는 비유를 만들었다(그림 7.1). 이들은 기존의 체계와 새로운 체계가 지닌 유사점과 차이점에 주목하며, 교사들에게 전략적인 온라인 검색 기법과 역동적인 디지털 자료 검색 전략을 지원하는 기본적 지식을 제공했다.

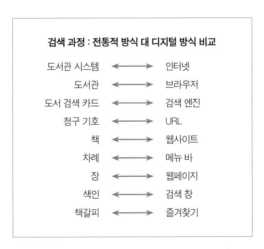

[그림 7.1.] 검색 과정: 전통적 방식과 온라인 방식 비교
(Bledsoe, Pilgrim, Vasinda, & Martinez, 2019). 사용 허가 받음.

도서관 시스템과 인터넷

Bledsoe 외(2019)에서 제시한 비유는 정보가 전통적 방식으로 저장되는지 아니면 디지털 방식으로 저장되는지를 시작으로 인터넷을 도서관 시스템과 비교한다. 도서관 시스템은 개별 도서관들을 연결하여, 시스템 내의 여러 곳에 있는 자료에 접근할 수 있도록 해 준다. 반면, 전 세계적 체계인 인터넷은 글쓴이들이 승인을 받거나 편집하는 과정을 거치지 않고도 온라인으로 쉽게 출판할 수 있는 참여적 문화를 조성한다. 전통적 자료는 출판사의 검토와 편집 과정을 거치는 반면, 온라인 자료는 편집 과정을 거치지 않으며 응집성cohesiveness이나 정보의 정확성이 부족할 수 있다(Coiro, 2005).

도서관과 브라우저

다음은 정보에 대한 접근성의 차이를 보여주기 위해 브라우저를 공공 도서관에 비유한 것이다(Bledsoe et al., 2019). 공공 도서관은 전통적으로 도서관 시스템 내에 있는 자료의 이용을 위한 물리적 접근 장소로서의 역할을 한다. 도서관 사서들은 지역 사회에 봉사하며 방문자가 책이나 다른 미디어 자료를 찾을 수 있도록 돕는다. 반면, 브라우저는 인터넷 정보에 접근할 수 있도록 해 준다. 브라우저는 온라인 자료를 찾아내기 위한 부호 해독 소프트웨어 응용프로그램(예를 들어, HTML이나 Java)이다. 브라우저를 사용할 때 사람들은 google.com이나 yahoo.com과 같은 원하는 URL을 입력해야 검색 엔진에 접근할 수 있었다. 현대적 브라우저에서는 사용자들이 선호하는 검색 엔진을 설정해서 용어나 질문이 URL 입력 창에서 검색 엔진으로 바로 이동할 수 있도록 되었고, 예전에 비해 과정이 한 단계 줄었다. 공통핵심교육과정 이니셔티브(Common Core State Standards Initiative: CCSSI, 2010)에서는 학생들이 도서관을 이용하는 전통적 탐구 방식도 계속해서 배우는 한편 온라인 환경에서의 정보 탐색에 대해서도 배워야 한다고 했다. 오프라인 도서관들은 지역 사회 내 공평한 인터넷 사용을 관리하는 주체이자 중심기지로서 전통적 자료와 인터넷 접근성 모두를 제공하고 있다.

도서 검색 카드와 검색 엔진

도서 검색 카드가 디지털 분류 시스템으로 대체되었기에(Blakemore, 2015) 도서 검색카드와 검색 엔진을 나란히 비교해 볼 수 있다. 이러한 비교는 도서 검색 카드를 최초의 검색 엔진으로 생각해 볼 수 있다는 점에서 적절하다 (Blakemore, 2015). 도서 검색 카드는 이용자들이 청구 기호를 가지고 도서관 시스템 내의 자료를 찾을 수 있도록 한다. 구글, 야후와 같은 인터넷 검색 엔진은 검색 창이나 주소창에 사용자가 원하는 검색어나 질문을 직접 입력하면 인터넷 웹사이트를 찾아주는 소프트웨어 프로그램이다. 학생들은 구글이나 사파리와 같은 검색 엔진을 사용해서 주제어를 검색할 수 있으며, 이미지나 동영상과 같이 파일 유형을 지정할 수도 있다(그림 7.2).

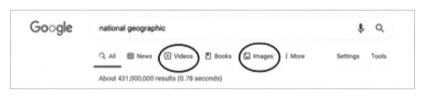

[그림 7.2] 검색 엔진과 파일 유형

검색 엔진 내에서, 스파이더 혹은 봇이라 불리는 배경화면 웹크롤러 프로그램들이 검색어와 정보를 연결 짓기 위하여 체계적이고 지속적으로 인터넷 데이터를 탐색하고 검토한다(Bledsoe et al., 2019, p.14). 자료를 찾고 나면 해당 자료의 위치가 링크 형태로 저장된다(Butterfield & Ngondi, 2016). 디지털 검색 엔진의 지원성 덕분에 사용자는 키보드로 다양한 정보 출처를 찾을 수 있게 된다.

청구 기호와 URL

도서관 청구 기호와 URLUniversal Record Locator, 웹 주소 사이에도 또 하나의 비교가 가능하다. 숫자로 분류 체계를 나타내는(의회도서관 분류법 혹은 듀이 10진 분류법) 도서관 청구 기호는 자료를 찾을 수 있는, 도서관 내의 물리적 위치를 알려

준다. URL은 주소 역할을 하며, 숫자로 된 부호 혹은 IPInternet Protocol, 인터넷 통신 규약 주소로 표시된다. 이 부호는 도서 청구 기호와 유사하게 인터넷상에서 자료의 위치를 나타낸다. URL은 웹사이트의 기원/출처, 내용, 개설자 등에 대한 정보를 알게 해 준다. [그림 7.3]은 URL의 구성요소를 보여준다.

[그림 7.3] URL의 구성요소

https://storylineonline.net/activities라는 URL은 '프로토콜://도메인/기타 정보'의 형식을 취한다. 첫 부분의 "https"는 마지막 글자 's'로 인해 하이퍼텍스트 전송 규약이 보안 사이트임을 나타낸다. 이어지는 도메인 혹은 IP 주소는 웹사이트의 주인, 즉 소유자를 나타낸다. URL의 마지막 부분은 최상위 도메인 혹은 확장자로도 불리는데, 내용의 출처가 상업적인지, 비영리적인지, 교육적인지 등을 나타낸다(표 7.1 참고). URL의 마지막 구간은 (포함돼 있다면) 기타 정보를 제공한다. 이 예에서는 "activities"라고 표시하는 것으로 해당 인터넷 자료에 대한 고유의 웹 주소가 완성되었다(November, 2008)

<표 7.1> 최상위 도메인 부호와 그 의미

최상위 도메인 부호	콘텐츠 개설처
.com	상업 또는 기업 관련
.edu	교육 관련 (주로 고등교육 기관)
.gov	정부 관련
.net	네트워크 컴퓨터 및 저장 장소 (사용자를 컴퓨터와 서비스 집합체에 연결)
.org	비영리기관

도서와 웹사이트

다음으로 책과 온라인 텍스트의 비교는 책의 물리적 구성요소 대 웹사이트의 디지털 구성요소와 관련된다. 인쇄 기반의 책은 전형적으로 왼쪽에서 오른쪽, 위에서 아래로 읽어 가는 순서에 맞춰 스토리, 화제, 주제를 중심으로 선형적인 순서로 페이지들을 함께 묶어 놓은 것이다(Clay, 2002, 2005, 2016; Warlick, 2009). 인쇄 텍스트에 시각 자료나 그 설명을 넣는 경우에도 내용은 한 페이지에서 다음 페이지로 이어 제시된다. 이에 비해, 웹사이트는 전형적으로 내용을 조직하는 하나의 홈페이지, 즉 보통 URL의 도메인이 있고, 해당 웹사이트로 접근할 수 있는 여러 층의 웹페이지를 포함하고 있다. 웹페이지는 순서대로 읽는다기보다 마우스를 클릭하거나 터치스크린을 두드려서 웹페이지에서 웹페이지로 이동한다. 온라인에서 정보를 찾아다닐 때에는 정보를 판단하는 비판적 사고 기능뿐만 아니라 웹 리터러시 지식과 기능도 필요하다.

책이나 웹사이트를 읽어나가려면 차례 사용 방법에 대한 지식도 필요하다. 인쇄 도서의 경우, 차례는 책의 첫 부분에 있으며 독자가 페이지 번호를 가지고 장이나 절을 찾을 수 있도록 해 준다. 또, 차례는 저자가 내용을 어떻게 구성했는지 시각적으로 보여준다. 반면, 웹사이트상에서 차례의 위치는 일률적이지 않다. 웹디자이너는 내용 조직을 위해 여러 선택지가 달린 탭, 드롭다운 메뉴, 아이콘과 같은 다양한 기법을 사용한다. 웹사이트에서의 이동이 색다르긴 하지만, 대부분의 메뉴 버튼이 직관적으로 설계돼 있어서 어렵지는 않다.

장(章)과 웹페이지

웹사이트에서 인쇄 도서의 장에 비교되는 것은 중층의 웹페이지들이다. 다시 말해, 웹페이지 읽기는 '2차원적 읽기'가 아니며(Warlick, 2009, p.22), 웹페이지는 인쇄 도서와 같은 공간 및 차원의 제약이 없다. 거기에다, 웹페이지의 레이아웃에는 클릭 가능한 제목, 광고, 이미지 등 다양한 복합양식적 정보가 들어간다. 이러한 디지털 환경은 독자로 하여금 원하는 내용을 신속히 검색할 수 있도록 해 주지만, 어린 독자는 관련 없는 하이퍼링크 자료 때문에 주의가 분산될 수도 있다. 하이퍼링크나 광고를 클릭하게 되면 독자는 본의 아니게 새 페이지를 열게 되므로 완전히 새 책을 읽어야 하는 상황과 유사해진다.

색인과 검색 창

색인은 텍스트 내 특정 내용 찾기를 도와주는 유용한 장치이다. 일반적으로 책의 끝부분에 위치하며, 주요 용어가 자모순으로 정렬돼 있다. 각 용어 옆에는 페이지 번호가 표시되어 독자가 해당 페이지로 가면 자세한 내용을 볼 수 있도록 되어 있다. 인터넷상에서 색인에 비교되는 것은 검색 창이다. 보통 홈페이지에 떠 있으며(그림 7.4), 독자가 웹사이트에서 특정 용어나 정보를 찾을 수 있도록 해 준다. 검색 창에 어떤 검색어를 입력하더라도 해당 웹사이트 내에서 또는 해당 웹사이트를 벗어나 검색이 가능하도록 해 준다.

[그림 7.4] 웹사이트 검색 창의 예

책갈피와 웹 2.0 북마크 도구

이어서 북마크에 대해서 비교해 보자. 인쇄 기반 자료에서 책갈피는 독자가 다시 찾고 싶은 내용이나 읽고 있는 곳 등을 표시할 수 있도록 해 준다. 예를 들어, 독자들은 책의 특정 부분으로 돌아갈 수 있도록 종이, 천 조각, 클립, 시판하는 책갈피를 페이지 사이에 끼우곤 한다. 온라인 환경의 독자에게는 다양한 북마킹 도구가 있다. 가장 흔한 도구는 별 모양의 아이콘으로 웹사이트를 디지털로 저장해서 새로 검색하지 않고도 해당 사이트를 찾아갈 수 있게 한다. 웹 환경에서 북마킹은 웹 2.0 기술을 활용하여 상호작용적 플랫폼을 제공한다. Diigo

와 같은 소셜 사이트의 북마킹 도구는 찾은 정보를 저장할 수 있는 장소를 제공하고 웹사이트에 대해 메모 작성 및 메모 정리 방법도 제공하며, 온라인 협업이 가능하도록 디지털 정보를 공유하고 의사소통하는 방법도 제공한다. 이런 것은 활용 가능한 북마킹 기능의 몇 가지 예일 뿐이다.

하이퍼링크

하이퍼링크는 전통적 자료에는 없는 인터넷 텍스트만의 특징이다. 하이퍼링크는 온라인 텍스트 문서들을 연결하며(Butterfield & Ngondi, 2016) 하이퍼텍스트, 곧 다차원적 읽기 환경을 반영한다. 온라인 환경에서 하이퍼링크는 밑줄로 표시되거나 색깔이 다르게 표시된 단어, 구, 이미지들로서, 새 웹페이지, 문서, 기타 멀티미디어 요소로 연결해 준다. Warlick(2009)은 이러한 행위를 전통적인 2차원적 읽기와는 대비되는 3차원적 읽기라고 하였는데, 이는 하이퍼링크된 텍스트가 독자를 상하좌우로, 또 보조 매체나 관련 매체와 연결된 내용으로 이동하도록 하기 때문이다. "단어, 구, 이미지들을 클릭하여 내용에 더 깊이 접근해서 이해를 더 심화할 수 있지만 주의 집중하기가 더 어려워질 수도 있다."(Warlick, 2009, p.22).

온라인 읽기: 변화하는 도로 규칙

성인들도 학생들도 오랫동안 인터넷을 탐험해 왔고 인터넷 사용법에 대한 지식도 가지고 있으나, 전술한 비유나 메타 언어[1]에 대한 이해가 부족하므로, 온라인 읽기의 복잡성을 초보 독자나 인터넷 사용자에게 가르치기가 쉽지 않다. 온라인 환경은 읽기를 복잡하게 만든다. 구체적으로 말해서, 리터러시는 단순한 인지적 기능 이상이며 온라인 환경 하의 읽기는 하이퍼미디어 텍스트의 상

---

1) 언어에 대한 언어를 뜻한다. 곧 인터넷 사용과 관련된 언어를 설명하는 언어를 말하는 것으로 인터넷 용어에 대한 설명 등이 여기에 해당한다.

호작용 방식에 대한 이해가 요구된다는 것이다. Marie Clay(2000)에서 입문기 및 초보 독자를 위해 아날로그 인쇄물에 대한 개념을 깊이 있게 명시적으로 살펴본 바와 같이, 우리의 목표는 도서관 비유를 사용하여 이러한 과정을 분명히 하는 것이다. 20세기 맥락의 전통적 텍스트와 관련하여, Clay(2000)는 "교사는 모든 아동이 필수 개념을 익혀 리터러시의 문을 열 수 있도록 가르쳐야 한다."(pp.24-25)라고 역설하였다. 온라인 텍스트에 대한 필수 개념으로 복잡성과 기회라는 개념이 추가되었으며, 전통적 '도로 규칙'(Caly, 2000, p.24)은 정보 초고속도로 규칙으로 바뀌었다.

온라인 읽기의 변화

글로벌 디지털 세상에서 학생들은 정보를 효율적으로 소비할 수 있어야 한다. 온라인 읽기를 할 때 학습자들은 하이퍼미디어로 된 3차원적 텍스트를 탐험하면서 이미지나 문자를 클릭하여 풍부한 경험의 세계를 안내해 주는 페이지나 매체로 이동한다. 이러한 경험에는 독자를 관련 없는 내용으로 연결하여 목표에서 이탈하게 할 가능성도 포함돼 있다. 유연하면서도 조작 가능한 온라인 옵션을 통해 '링크의 끝없는 순환'이 이어지는 가운데(Mills, 2016, p.87) 독자는 텍스트에 접근하고 읽는 방식에 대해 더 많은 통제권을 지닐 수 있다(Leu, 2009). 문자, 사진, 동영상, 그래프, 팟캐스트와 같은 시청각적 의사소통 양식의 통합을 통해 독자들은 복합양식적 경험을 하게 된다(Kress, 2010). 복합양식적으로 네트워크화된 정보 환경은 온라인 읽기의 복잡성을 증가시키며, 독자가 정보를 획득하고 개념을 이해하는 방식을 인쇄된 책이나 저널 기사를 사용할 때 가능했던 것 너머로 확장한다.

대체적으로, 독자들이 기본적인 리터러시 기능을 다양한 매체로 발전 및 확장시키고자 할 때 온라인 텍스트 읽기만의 독특한 어려움을 느끼게 된다(Coiro, 2005; Coiro et al., 2008; Leu et al., 2015; November, 2008; Pilgrim, Vasinda, Bledsoe, & Martinez, 2018, 2019). 전자책, PDF로부터 웹페이지, 동영상에 이르기까지 각종 디지털 텍스트가 나날이 증가하고 있으므로 이 장에서는 온라인 인터넷 기반 정보 전달의 글 읽기로 논의를 한정하고자 하는데, 여기에도 읽고 보는 많은 유형의 텍스트와 매체가 포함된다. 온라인 PDF 문서와 같은 디지털 형태의 선형 텍스트, 웹페이지와 같이 하이퍼링크를 포함하는 비선형 텍스트, 동영상이나 팟캐스트와 같은 매체 통합 텍스트, '코멘트 하기'나 '좋아요' 등의 댓글 옵션이 있는 텍스트가 그러한 예이다(Dalton & Proctor, 2008).

텍스트에서 주요 사실이나 정보를 효율적으로 찾아내기 위해 학생들은 전통적 텍스트의 특성과 온라인 텍스트의 특성을 둘 다 활용해야 한다(Common Core State Standards Initiative, 2010). 제목, 머리말, 저자, 저작권과 같은 텍스트 자질은 지면 형식이든 온라인 형식이든 크게 변하지 않으나, 그 외 온라인 텍스트 자질은 새로운 리터러시 기능을 필요로 한다. 예를 들어 온라인 텍스트에는 하이퍼링크나 뒤로 가기 버튼과 같이 전통적 인쇄물에서는 불가능한 역동적 자질이 있으므로 온라인 환경에서는 페이지 방향이나 텍스트 탐색이 달라진다. 온라인 텍스트 읽기의 가장 중요한 도전적 과제 중에는 지면 기반 텍스트를 읽을 때와 동일한 기능을 필요로 하는 것이 있다. Glister(1997)가 인터넷 사용 시 중요한 기능으로 꼽았던 도전적 과제인 비판적 사고에 대해서 다시 한번 살펴보자.

비판적 사고

지면 기반 정보와 웹 기반 정보의 평가 모두 분석, 판단, 정보의 재구성 등과 같은 비판적 사고 기능이 요구된다(Foundation for Critical Thinking, 2017). 비판적 사고는 능동적으로 숙고하는 자세나 성향을 말한다(Dewey, 1933). 교육자들은 학생들이 온라인 정보를 평가할 능력이 없다는 점을 오랫동안 우려해 왔다. 2006년, 코네티컷 대학의 연구자들이 7학년 학생 25명을 대상으로 이 장 서두의 <인식 전환>에서 언급했던 웹사이트 https://zapatopi.net/treeoctopus의 신뢰성 판단 능력을 평가하였다. 이 25명은 학교에서 온라인 읽기 숙달도가 가장 높은 독자들이었는데, 이들 모두 해당 사이트의 내용이 사실이라고 믿었으며 정보의 신뢰성 판단 기능이 부족하였다. 더욱이, 웹사이트가 가짜라는 말을 들었을 때 조차도 학생들은 신뢰성이 부족하다는 근거 제시에 어려움을 겪었다. Pilgrim 외(2019)는 1학년~5학년을 대상으로 같은 연구를 실시하였다. 그 결과, 해당 초 등학생들의 65%만이 가짜 웹사이트에 속았다. 저학년에서는 https://zapatopi. net/treeoctopus를 믿지 않은 비율이 높았을 뿐만 아니라 웹사이트의 신뢰성 판 단을 위해 사용한 전략을 말할 수 있었다. 그런데, 연구자들이 우려한 바는 학 생들이 가짜 사이트를 믿은 이유와 관련된다. 예를 들면 많은 학생들이 사이트 에 올라 와 있는 사진이 진짜라고 믿었다. 학생들의 반응을 토대로 연구자들이 웹사이트를 믿은 학생들은 정보가 인터넷에 있든, 종이 신문에 있든 그 정보를 믿었을 것으로 분석했다. 가짜 웹사이트를 믿었던 학생들에게 부족했던 것은 비판적 사고 기능이었다. 다음에서는 비판적 사고 기능을 신장시키고 온라인 정보 평가에 도움이 되는 전략들을 제시하고자 한다.

온라인 탐구

온라인 탐구 및 관련 기능은 향후 인터넷 사용이 지속적으로 증가할 것이라 는 점에서 필수적이다. 온라인 정보를 탐색하는 데에는, 학생들이 지식과 기능 을 사용해서 정보를 찾고, 평가하고, 종합하고, 조직하고, 전달할 때 이 정보를 생산적이고 영리하게 소비하도록 하는 웹 리터러시 기능이 요구된다(Leu et al., 2015; November, 2008). 예를 들어, 웹 리터러시 숙달도를 보이는 학생이라면 검 색 엔진을 목적에 맞게 사용하는 지식을 갖추고 있다. 이 학생들은 불리언 연산 자(검색 결과의 구체성을 높이기 위해 연산자를 붙인 키워드)[2], 따옴표, 고급 검색 기능 등 을 사용해서 검색 범위를 좁히는 전략을 쓸 수 있다(November, 2008; Pilgrim & Martinez, 2018). 정보를 찾은 후에는 이 복합 양식 플랫폼에 대한 비판적 사고 기 능을 발휘하여 웹사이트 및 콘텐츠의 타당성과 신뢰성을 평가해야 한다. 평가

---

2) 검색 결과의 정확도를 높이기 위해 AND, OR, & 등의 기호를 추가하는 것.

는 URL을 읽고 정보의 원천을 확인하는 것에서부터 시작한다. 다음으로는 해당 웹사이트 내의 콘텐츠가 신뢰할 수 있는 정보인지를 비판적으로 검토한다. 이 과정에는 저자에 대한 신뢰성 판단이나, 다른 페이지들을 볼 수 있는 앞뒤 링크들에 대한 검토가 포함된다(November, 2008). 적합한 웹사이트의 위치가 파악되면, 정보를 종합해야 한다. 정보 종합을 위해서는 중요한 세부 정보를 파악하고, 다양한 자료를 망라하여 정보를 분석하며, 정보를 요약하고(가능하면 멀티미디어 형태로 제시), 내용을 확언하거나 인용할 수 있어야 한다(November, 2008). 그러한 기능은 특정 화제에 관한 학습 내용을 전달하는 데에 필수적이며, 동시에 표절 방지에도 필요하다. 온라인 도구는 방대한 정보의 조직과 재조직을 도와준다. 마지막으로, 협력하고 의사소통하기 위해서는, 독자적이고 개별화된 방식으로 종합하고 재구성한 정보를 공유해서 최종 결과물을 제시할 수 있도록 온라인 네트워크나 웹 2.0 도구를 사용해서 다른 사람과 연계하도록 해야 한다. 재구성되고 재혼합된 내용은 동영상, 멀티미디어 프레젠테이션, 서면 토론과 같이 디지털이나 인쇄 형태로 다양하게 제시되고 전달될 수 있다. 학생들이 정보를 탐색할 때, 교사는 내용 전달의 독점권을 내려놓고 학생들의 탐구를 돕는 촉진자가 되어야 한다. 탐구 과정 및 결과의 성공 여부는 학생들의 웹 리터러시 기능에 좌우될 것이다(표 7.2).

<표 7.2> 테크놀로지 관련 변혁적 리터러시 기능

리터러시 기능	전통적 자료 및 방법	온라인 도구 및 방법	새로운 기능
• 정보 찾기와 조직하기	• 도서 검색 카드 • 용어 모음집 • 백과사전, 정기 간행물, 정보성 도서 색인 • 정적 정보 파일링 • 메모 카드	• 검색 엔진 • 웹사이트 • 개방형 저널 • 온라인 저널 및 자료	• 불리언 연산자에 대한 지식 • 하이퍼링크 사용 • 정보의 진위 및 정확성 평가 • 모바일 기기 사용

리터러시 기능	전통적 자료 및 방법	온라인 도구 및 방법	새로운 기능
• 의사소통하기와 협력하기	• 프레젠테이션 • 종이 도서, 잡지, 신문 • 편지	• 소셜 미디어 • 블로그 • 위키 사이트 • 동영상 • 이메일	• 디지털 환경 및 웹 2.0 도구 관련 지식 • 실시간 의사소통의 적절한 사용 • 클라우드 컴퓨팅 사용 • 디지털 시민 의식
• 평가하기	• 비판적 사고 • 교차 검토용 도서 • 도서관 이용 기능	• 비판적 사고 • 온라인 상호 참조 자료 • 인터넷 사용 기능	• 저자 정보 평가에 필요한 인터넷 특성에 대한 지식
• 산출하기	• 물리적 자료 및 도구를 활용한 복합양식적이고 개방적인 산출물	• 디지털 자료 및 도구를 활용한 복합양식적이고 개방적인 산출물	• 디지털 유창성

(Bledsoe and Pilgrim (2013)의 내용을 개작함.)

20세기의 탐구는 도서관에서 듀이의 10진 분류법을 활용하여 주 도서와 참고 도서, 정기 간행물에서 정보를 찾아 이루어졌다. 이러한 자료들은 검토도 받고 편집 과정도 거쳤으므로 신뢰할 만했다. 한편 이런 자료들은 도서관의 물리적·금전적 여건 때문에 그 수나 범위에서 제한적이어서 탐구하는 학생들이 선택할 수 있는 자원이 많지 않았다. 반대로 일반적인 인터넷 검색은 한계가 없어 관련성이나 신뢰성의 정도가 각기 다른 수백만 건의 자료를 가져다준다. 웹 2.0의 참여적 속성으로 인해, 자료의 신뢰성 판단이 21세기에 가장 중요한 기능의 하나가 되었다. 편견을 알아차리고 정보가 편향되거나 조작되는 방식을 간파하기 위해서는 건전한 의심(Leu, 2017)과 신뢰성 판단(Pilgrim et al., 2019)이 필요하다. 아이들은 인터넷 검색 결과를 좁히는 방법을 알아야 하며, 믿을 수 있는 웹사이트는 물론이고 위키 사이트, 출처 불명 사이트, 상품 판매 사이트에서 정보를 접할 때 신뢰할 수 있는 정보를 찾는 방법도 알아야 한다. 다음에서는 인터넷을 이용한 탐구 시 사용 가능한 지도 전략을 소개하겠다.

SEARCH 전략

SEARCH 전략은 Pilgrim and Martinez(2018)이 개발한 것으로, 초등학생 대상의 명시적인 웹 리터러시 지도 방법이다. 학생들은 'reSEARCH' 즉 탐구를 할 때 인터넷 지식을 적용해야 한다. SEARCH의 글자 하나하나는 효과적인 인터넷 검색 지침을 나타낸다(그림 7.5).

S	키워드 선택하기
E	검색 결과 수와 콘텐츠 평가하기
A	따옴표나 불리언 연산자 추가하기
R	검색 결과 정교화하기
C	URL 검토하기
H	핵심 정보 찾기

[그림 7.5] SEARCH 단계

SEARCH에서 S는 '키워드 선정하기(Select Keywords)'를 뜻한다. 학생들이 어떤 검색 엔진을 사용하든(Google, Bing, DuckDuckGo, Yahoo, Dogpile, KidRex 등), 적절한 키워드를 사용해야 만족할 만한 검색 결과를 얻을 수 있다. 키워드는 학생이 화제에 대해 알고 싶은 것을 반영해야 한다. Alamo에 대해 보고서를 제출해야 하는 학생은 'Alamo'가 아니라 'Alamo의 역사'와 같은 키워드로 검색할 수 있다. 검색 결과를 효과적으로 얻기 위해 다양한 키워드를 조합해 볼 수 있겠지만, 키워드에 대해 학생들과 얘기를 나누면 학생들이 좀 더 계획적으로 검색하는 데 도움이 된다.

SEARCH에서 E는 '검색 결과 수와 콘텐츠 평가하기(Evaluate Hits and Content)'를 의미한다. 여기에서는 두 가지 평가 과제가 따른다. 인터넷에서 검색을 하면 학생들이 감당할 수 없을 만큼의 수많은 결과가 나온다. 예를 들어 'web literacy'를 검색하면 1,700만 건의 검색 결과를 보여준다. 따라서 첫 번째 평가 과제는 검색해서 나온 웹사이트의 유형들을 자세히 살펴보는 것이다. 학생들은 모든 웹사이트를 방문할 시간이 없으므로 목록 상단의 사이트 몇 개만을 둘러보곤 한다. 이러한 경향은 웹사이트의 질이 아니라 편의성 때문에 생긴다. 유능한 탐구자들은 양질의 정보가 있는 사이트를 찾기 위해 검색 결과를 훑어 읽는다. 아마도 상업적 웹사이트는 피하고 권위 있는 웹사이트를 찾으려 할 것이다. 예를 들어 해양에 관한 정보를 찾는 학생이라면 신뢰할 만한 기관으로 여겨지는 미국해양청National Ocean Service이나 미국지리협회National Geographic 관련 사이트를 선택할 것이다. 사이트의 콘텐츠 역시 평가되어야 한다. 학생들은 선택한 웹사이트의 콘텐츠가 정확한지 평가해야 한다. 평가에는 웹사이트의 글쓴이나 운영자에 대한 판단도 포함될 수 있다. Whois라는 데이터베이스를 사용하면 웹사이트 운영자 정보를 찾을 수 있다(November, 2008). 웹사이트의 내용이 의심스러워서 사이트 개설자나 게시자를 알고 싶을 때는 www.easywhois.com을 방문하면 된다.

SEARCH에서 A는 '따옴표나 불리언 연산자 추가하기(Add Quotation Marks or Boolean Terms)'를 의미한다. 최초 검색 결과가 수백만 건이 될 수도 있기 때문에 학생들에게 검색 범위를 한정할 수 있는 도구를 가르쳐 준다면 검색 결과를 상당히 좁힐 수 있다. 예를 들어, 키워드에 따옴표를 붙이면 입력한 어휘와 순서 그대로 정확한 검색이 가능하다. "대왕 고래"과 같이 큰따옴표를 붙여 검색하면 '대왕'과 '고래'가 포함된 모든 검색 결과가 나타나는 대신, 대왕 고래에 대한 원하는 검색 결과를 얻을 수 있다. 학생들이 사용할 수 있는 간단한 불리언 연산자의 예로는 '+'나 '-'가 있다. '+'를 사용하면 단어나 구를 연결하거나 자주 등장하는 단어를 검색 결과에 포함하도록 할 수 있다. 예를 들어, 당뇨병을 검색할 때 '+'나 '-'를 붙이고 "1형"을 추가하면 검색 결과에 1형을 포함하거나 제외할 수 있다(예: 청소년 당뇨병-1형). 또 다른 표준 기호로는 OR과 AND가 있으며, OR은 검색 범위를 넓히고 AND는 검색 범위를 좁힌다.

SEARCH에서 R은 '검색 결과 정교화(Refine Results)'를 뜻한다. 언어, 이독성, 파일 유형, 사용 권한 등과 같은 기준을 적용해서 고급 검색을 실행하는 구글 툴바와 같은 도구를 사용하면 검색 결과를 한층 더 좁힐 수 있다. 가령, 구글에서 "Web literacy (웹 리터러시)"를 검색하면 약 1,700만 건이 나온다. 고급 검색 기능을 활용하면 '제목'에서 '웹 리터러시'를 포함하거나 제외할 수 있다. 이런 방식으로 검색을 하면 16,000건이 나오는데, 최초 검색 결과에 비하면 좀 더 처리 가능하며 상세하다.

SEARCH에서 C는 웹사이트의 내용을 살필 수 있는 단서로서 'URL 검토하기(Check the URL)'를 의미한다. ≪교육자를 위한 웹 리터러시≫(November, 2008)에서는 URL에 관한 도움말을 많이 제공하고 있다. 인터넷 사용자는 도메인과 확장자(.edu, .org, .com 등)를 알아야 하고, 저자 정보를 찾아야 하며, URL을 통해 알 수 있는 많은 정보를 활용해야 한다. 예를 들어 물결 표시(~)는 해당 웹사이트가 콘텐츠에 대한 검토나 검증을 받지 않은 개인 작성 페이지임을 알려준다.

마지막으로 SEARCH에서 H는 '핵심 정보 찾기(Hunt for Key Information)'를 의미한다. 온라인 텍스트를 헤쳐나가면서 목표하는 정보를 찾아내는 것은 지루한 작업이다. 교사는 학생들에게 정보를 찾을 때 중요한 정보를 살피며 텍스트를 훑어 읽거나 여러 다양한 자료를 검토하거나 필요하다면 대안이 되는 다른 키워드를 사용하도록 가르쳐 줄 수 있다. 텍스트의 주요 내용을 검색할 때 학생들은 하이퍼링크나 기타 인터넷 특유의 기능들을 성공적으로 다룰 수 있어야 한다. 결정적인 정보를 찾을 때 북마킹 기능을 활용하면 나중에 필요한 정보를 효율적으로 다시 찾을 수 있다. 북마킹 도구는 찾은 정보를 저장할 장소를 제공하고, 웹사이트에 대한 메모 작성과 정리에 유용하며, 온라인 협력 활동에서 디지털 폴더를 공유하고 주석을 달 수 있게 해 준다.

학습 연계를 위한 보편적 설계

인터넷 도구들은 모든 학습자를 위해 비계를 제공하는 데에 편리하므로 보편적 학습 설계 원리에도 부합한다. 보편적 학습 설계를 잘 모르는 교육자들이라 해도 인터넷을 사용할 때 해당 원리의 작용을 경험했을 것이다. 인터넷 SEARCH 전략 사용 시 모든 학습자가 학습에 성공할 수 있도록 도와주는 인터넷과 컴퓨터 화면 기반 도구들을 살펴보자.

복합양식 검색

검색 엔진을 통해 다중적 참여 수단 원리와 다중적 표상 수단 원리의 실현이 가능하다. 우선, 인터넷 사용자들은 누구나 이용 가능하도록 설계된 검색 엔진과 아동용으로 설계된 검색 엔진 등 다양한 검색 엔진 중 적절한 것을 선택할 수 있다. 보편적 학습 설계는 물론이고 온라인 탐구에 이용할 수 있는 도구라는 면에서, 검색 엔진 중 구글, 야후, 사파리는 검색 창이나 키보드의 마이크를 통해 음성-문자 변환 검색 기능을 제공한다. 사용자는 이제 목소리만으로 검색할 수 있다. 키보드 타자로 검색하고자 하는 경우 많은 검색 엔진에서 제공하는 자동완성 기능(Sullivan, 2011)이나 구글 제안 기능과 같은 인공 지능의 도움을 받을 수 있다. 구글은 2008년부터 이 기능을 제공하고 있으며, 사용자들이 철자를 정확하게 다 쓰지 않더라도 온라인으로 자료 찾기가 가능하도록 해 준다. 사용자가 검색 창에 입력하기 시작하면 이 도구가 검색어와 관련된 선택 사양을 추가로 보여준다(그림 7.6).

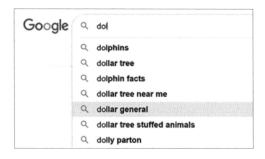

[그림 7.6] 구글 제안 기능 화면 (다른 웹사이트에서는 자동완성 기능)

또한, 인터넷 브라우저와 검색 엔진은 사용자들이 언어 설정을 변경하여 자신이 원하는 언어로 검색을 실행할 수 있게 한다. 이를 통해 거의 모든 언어의 학습자들에게 접근성을 제공한다(그림 7.7).

[그림 7.7] 언어 설정 변경 화면

아이들의 인터넷 검색 장면을 지켜보면 검색 후 바로 이미지로 이동하는 모습을 보곤 한다. 시각 자료는 그림, 동영상, 그 외 흥미로운 인터넷 멀티미디어 기능을 통해 참여뿐만 아니라 표상, 행동 및 표현의 다중적 수단을 제공하므로 어린 학생들에게 매력적이다(Lisenbee & Ford, 2018). 배경 지식이 조금 더 많은 고학년 학습자들은 이미지 검색을 통해 이미지가 특정 개념이나 화제를 잘 재현하는지, 고정관념이나 편견 또는 오개념을 강화하지 않는지를 비교하는 기회로 삼을 수 있다. 인터넷의 복합양식적 특성은 모든 유형의 독자와 모든 발달 단계의 독자들이 인터넷 콘텐츠에 접근할 수 있도록 한다.

아동용 검색 엔진의 차별성

아동을 위해 설계된 검색 엔진은 밝은 색상과 사용자 친화적 구성, 상호작용적 디자인으로 학습자의 관심을 끈다. 또한, 안전 검색 기능이 내장되어 있어 주의가 분산되지 않도록 걸러줄 뿐 아니라, 학생들이 검색 후 추려내야 하는 검색 결과 수를 줄여 준다. <표 7.3>은 특별히 아동용으로 나온 대중적인 검색 엔진들이다. 안타깝게도 이러한 아동 친화적 웹사이트에서는 일반 웹사이트에서 제공하는 일부 기능을 제공하지 않는다(Pilgrim, Vasinda, & Lisenbee, 2019). 다시 말하면, 일반적인 온라인 검색 엔진들만 최상의 다중적 접근 수단을 제공한다.

검색 엔진	웹사이트 주소	설명
DuckDuckGo	https://duckduckgo. com/?t=hp	추적, 광고, 공략의 대상이 되지 않는 검색 장소 제공
GoGooligans	https://www.lures. info/childrens_search/ gogooligans.html	간단하고 안전한 아이 중심 플랫폼 제공. 장애 아동을 위한 팝업 기보드도 제공.
Kiddle	Kiddle.com	아동용의 안전한 시각적 검색 엔진 제공.
Kidtopia	https://www.kidtopia. info/	교사, 도서관 사서, 도서관 및 교육 컨소시엄에서 추천한 웹사이트만 제공.
KidRex	https://www.alarms.org/ kidrex/	아이들에 의한, 아이들을 위한 재미있고 안전한 검색 제공! 구글 Custom Search™와 구글 SafeSearch™ 테크놀로지의 도움을 받아 전체 웹에서 아이와 관련된 웹페이지에만 집중하여 검색 가능.
SafeSearchKids	https://www. safesearchkids.com/	구글의 필터링 검색 결과 제공.
WackySafe	https://wackysafe.com	구글 Custom Search™와 구글 SafeSearch™ 테크놀로지의 도움을 받아 전체 웹에서 선별한 아동 관련 웹페이지 제공.

다중/복합양식적 콘텐츠 접근 사양과 텍스트 기반 콘텐츠 지원

검색 엔진의 음성-문자 변환 기능 외에도 많은 웹사이트에서 문자-음성 변환 옵션을 제공하고 문자 기반 정보를 음성으로 읽어 준다. 예를 들어 크롬의 Read Aloud는 문자-음성 변환 기능을 제공하여 웹페이지를 소리로 경험할 수 있게 한다. 이러한 행동 유도성은 문자 해독이 어려운 독자들은 물론, 멀티태스킹하는 사용자들에게도 접근성을 높여 준다. 웹 기반 강의 콘텐츠에서부터 블로그나 팬픽션에 이르기까지 학생들은 콘텐츠를 문자 형태로 읽을 수도 있고 오디오 파일로 들을 수도 있다.

다양한 학습자에 맞춰 텍스트 기반 웹 콘텐츠를 개작하는 또 다른 방법은 텍스트의 읽기 수준을 조정하는 것이다. 구글 고급 검색 기능에서 사용자의 읽기 수준 조정을 지원한 적이 있다. 비록 이제는 구글에서 이 서비스를 제공하지 않지만, 많은 웹사이트에서 렉사일Lexiles 지수[3]를 활용하여 읽기 수준을 조정해 주고 있다. 예를 들어, 개작 가능한 교육용 최신 웹 기반 콘텐츠를 제공하는 Newsla.com은 교사나 학생이 기사의 렉사일 지수나 읽기 수준을 조정할 수 있도록 한다(그림 7.8). 이 기능을 통해 동일한 기사를 반 전체에 제공하되 독해 수준을 차별화하여 제공된 콘텐츠가 개인별로 달라질 수 있도록 한다.

[그림 7.8] Newsla 웹사이트는 렉사일 지수 또는 읽기 수준 조정 기능을 제공하며 학습자 다양성에 맞추어 읽기 콘텐츠를 개별화한다.

하이퍼링크나 멀티미디어와 같은 온라인 텍스트의 특성 또한 독자 다양성에 맞춘 비계 지원 방식을 제공한다(Rose & Dalton, 2006). 보편적 학습 설계에 기반을 둔 The Engaging the Text Project는 하이퍼텍스트 웹 링크를 통해 상호작용성과 멀티미디어를 활용함으로써 독해 환경을 지원하였다(Rose & Dalton, 2006). 학생들은 복합양식으로 지원이 되는 링크를 선택할 수 있고, 링크를 클릭하면 배경 정보를 제공하는 짧은 동영상이나 시청각 형식의 기사 콘텐츠를 볼 수 있다. 이 연구의 연구자들에 따르면, 온라인 비계는 희망적이지만 교사가 학생들에게 사용법을 명시적으로 가르칠 때만 그러하다고 한다.

---

3) 3장 각주 3) 참고 (p. 84)

교사의 역할: 계속되는 비교

책과 문헌을 일찍 접하도록 하는 것이 어린이의 초기 리터러시 기능에 필수적이듯이 온라인 검색을 일찍 접하도록 하는 것이 아동의 탐구 기능과 웹 리터러시 기능에 필수적이다. 마찬가지로, 부모나 교사는 학생들에게 손가락으로 글을 짚어 주거나, 삽화를 수의 깊게 살펴보거나, 소리 내서 읽고 토론에 참여하거나 하는 등 반복적으로 책 읽기 시범을 보여 주어야 하며, 학생들은 세상에 대한 최초의 질문들을 시작으로 웹 리터러시 기능을 익혀야 한다. "상어의 이빨은 몇 개예요?" 또는 "개미는 어떻게 땅속에서 살 수 있어요?"와 같은 질문은 학생들이 부모나 교사들이 인터넷으로 답을 찾아 가는 모습을 보고 자신들도 그렇게 체험해 볼 수 있는 좋은 예가 된다. 이러한 제안은 리터러시 기능 발달 수단으로 온라인 조기 체험이 중요함을 역설하는 연구들과도 상통한다(Baildon & Baildon, 2008; Leu et al., 2015; Pilgrim et al., 2019). 전문가들은 학교에서 온라인 정보를 다루는 이런 방식의 학습을 최대한 일찍 시작하여, 1장에서 언급했던 대로 학교 및 직장에서의 성공에 필요한 변혁적 리터러시의 실천을 제안한다. 모든 학생이 아날로그, 인쇄, 디지털, 미디어를 유연하게 옮겨 다니며 자신의 목적에 최대한 부합하는 것을 사용하도록 해야 한다(Bass & Sibberson, 2015; Leu, Zawilinski, Forzani, & Timbrell, 2014). 이어서 지면 기반 텍스트와 화면 기반 텍스트를 계속 비교해 가면서 교사가 효과적인 검색 전략을 적용할 수 있는 방법을 얘기해 보도록 하겠다.

멘토 텍스트와 시범 보이기

멘토 텍스트는 교사가 읽기와 쓰기의 모범을 보여주기 위해 선정한 양질의 도서를 말한다(Dorfman & Cappelli, 2017; Harvey & Goudvis, 2007, 2017). 멘토 텍스트는 전통적으로 인쇄 기반 텍스트에 적용된다. 그러나 아이들이 손동작 하나로 얻을 수 있는 방대한 양의 정보를 생각한다면, 아이들에게 온라인 텍스트를 안내하는 것이 우선순위가 되어야 한다. 그러나, 이미 언급했듯이 누구나 인터넷에 정보를 게시할 수 있기 때문에 온라인 정보가 항상 양질인 것은 아니며 걸러지지 않기도 한다. 그래서 학생들에게 온라인 텍스트를 읽고 분석하는 모습을 보여주는 방법의 하나로 멘토 텍스트라는 개념을 가져왔다. 교사가 명시적인 읽기·쓰기 교육을 위해 멘토 텍스트를 엄선하는 것과 같이(Dorfman & Cappelli, 2017; Harvey & Goudvis, 2007, 2017), 비판적 리터러시 발달을 위해서도 온라인 멘토 텍스트를 선정해야 한다(Pilgrim et al., 2019).

디지털 멘토 텍스트를 선정할 때, 교사는 자신의 수업 목표에 초점을 두어야 한다. 만약 하이퍼링크를 클릭해서 내용을 탐색하는 경우와 건너뛰는 경우를 시범 보인다면, 웹페이지를 미리 살펴보고 어떤 링크에 유용한 정보가 있는지, 건너뛰어도 괜찮은 링크는 어느 것인지를 확인해 두어야 한다. 또, 시범을 통해 유용하지 않은 링크를 클릭한 후 길을 잃지 않고 다시 돌아오는 방법을 보여주는 것도 중요하다. 교사가 각 검색 단계별로 행동을 취하면서 그 이유를 소리 내어 말하는 사고 구술을 통해서는 신뢰성 판단 기능을 보여줄 수 있다. 학생들에게 온라인 텍스트의 신뢰성 분석 방법을 가르칠 경우, 인터넷 검색 모습을 시범 보이고 사고 구술이나 스스로 비계를 설정하는 과정을 통해 신뢰성을 판단해 가는 모습을 공유하기 위해서는 하이퍼링크, 광고, 기타 주의 분산 요소들이 포함된 텍스트를 선정하는 것이 중요하다. 주의를 분산하는 광고들을 무시하고 하이퍼링크가 관련 없는 콘텐츠로 연결되었을 때 제자리로 돌아오도록 해 주는 웹 리터러시 기능이 있어야 학생들이 험한 인터넷 세상을 항해할 수 있다(Vasinda & Pilgrim, 2019). 마지막으로, 교사들은 EMSCI 모형을 적용하여(Lisenbee, 2009), 3장에서 논의했던 학생들의 도구 자립성을 지원할 수 있다. EMSCI 모형은 웹 리터러시 기능의 자립성을 길러주는 전략으로서 학생들에게 탐색, 시범 관찰, 비계 설정, 문제 해결의 기회를 제공한다.

웹사이트의 신뢰성 판단을 위한 또 다른 수업으로서 훌륭한 멘토 텍스트가 되어 줄 잘 구안된 몇 가지 가짜 웹사이트의 사용을 고려할 수 있다. <표 7.4>에 제시하는 웹사이트 중 하나는 이 장 서두의 <인식 전환>에서 언급했던 사이트이다. 뒤로 가기 버튼 사용, 사이트 소개 탭, 저작권 정보, 기타 주의 분산 요소

를 시범 설명하는 것이 오늘날 교실에서 필요한 리터러시이자 리터러시 교육의
일부이다.

<표 7.4> 가짜 웹사이트를 활용한 신뢰성 판단 교육용 멘토 텍스트

가짜 웹사이트	URL
Save the Pacific Northwest Tree Octopus	https://zapatopi.net/treeoctopus/
All About Explorers	https://www.allaboutexplorers.com/
Bureau of Sasquatch Affairs	https://zapatopi.net/bsa/
Aluminum Foil Deflector Beanie	https://zapatopi.net/afdb/
Dog Island	http://www.thedogisland.com/
The Time Travel Fund	http://www.timetravelfund.com/

온라인 검색을 실행할 때, 또 하나의 걱정거리는 인터넷 안전성이다. 대다수
학교와 지역에서는 방화벽 등 안전 시설에 관한 정보를 교사와 학부모에게 알려
준다. 그 외에 KidRex나 GoogleKids와 같이 아동 친화적 검색 엔진을 사용하는
것도 고려해 볼 수 있다. 마지막으로 안전한 검색 옵션을 고르도록 설정 탭의 사
용법을 가르치는 것도 검색 과정에서 안전성을 뒷받침하는 방법이 된다(그림 7.9).
그러나 모든 교육이 그러하듯이, 교사는 방심하지 말고 아이들을 지켜보고 있어
야 하는데, 이는 비단 안전성을 위해서만이 아니라 학생들의 놀라운 생각을 살
펴보기 위해서이다. 이제, 인터넷 안전성에 대해 더 고려할 것과 디지털 시민 정
신을 함양할 필요성에 대해 언급하는 것으로 이 장을 마무리하고자 한다.

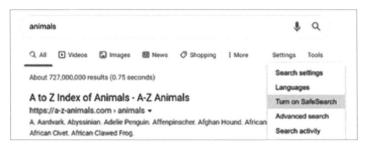

[그림 7.9] 안전 검색 도구 설정 방법

디지털 시민 정신 함양

초기 단계부터 교실 수업의 일부로 적절한 온라인 행동을 다룰 필요가 있다. 디지털 시민 정신이 타인에 대한 책임 있는 행동과 관련된다는 점에서 디지털 시민 정신은 전통적 시민 정신과 상통한다(Fingal, 2017). Fingal(2017)은 다음과 같이 제안한다.

지난 수 세기에 걸쳐 아이들이 훌륭한 시민으로 성장하는 여정에 부모, 교사, 멘토의 도움이 필요했듯이, 현재의 디지털 원어민인 아이들도 인터넷으로 연결된 세상에서 만나게 되는 현실에 시민 정신을 적용할 수 있도록 안내가 필요하다.(5항)

인터넷 안전성은 온라인 활동에 참여하는 발생기 독자들을 위해 최우선으로 고려해야 할 사항이다.

인터넷 안전성

학생들의 개인정보가 유출되거나 외부 링크를 통해 부적절한 콘텐츠에 노출될 가능성 때문에 인터넷 사용의 안전성이 우려된다. 그 외에 인터넷 중독이나 사이버 괴롭힘도 염려된다. 아동을 보호하는 것이 가장 중요한 문제이다. 국제테크놀로지교육학회International Society for Technology Education, ISTE는 인터넷 안전성을 증진하기 위해 인터넷 사용자들에게 아래와 같이 다섯 가지를 조언하였다(Zumpano, 2019).

첫째, 학생들에게 자신에 관한 데이터를 수집하도록 가르친다. 다시 말해, 인터넷을 뒤져서 자신에 관한 정보가 떠돌아다니고 있는지 확인할 필요가 있다. 이 과정에서 웹에 존재하는 개인정보의 여러 유형을 인식하게 된다. ISTE에서는 이런 조사를 3개월에서 6개월에 한 번씩 실시하고 데이터 수집은 구글에서 단순히 이름을 검색하는 것 이상으로 확대해야 한다고 보았다. 그 외 데이터 수집 전략으로 다음과 같은 것이 있다(Zumpano, 2019, 3항).

1. 검색 시작 전 로그아웃하기(로그인 상태를 유지하면 검색 결과에 영향을 줄 수 있음).
2. 따옴표를 붙여 이름 전체, 별명, 사용자 이름 검색하기.
3. 이름/사용자 이름으로 구글 이미지 검색하기.
4. 크롬, 빙, 야후, 사파리 등 다수의 브라우저에서 검색하기.
5. 검색 결과의 첫 페이지를 넘겨 더 살펴보기. 이름 또는 사용자 이름이 나타나지 않을 때까지 최소한 다섯 페이지는 더 보기. 어떤 검색 결과가 나타나는지 메모하기(프레젠테이션/소셜미디어/이미지 파일 등).

둘째, 소셜미디어 계정의 개인정보 설정을 점검한다. 수업 시간에는 소셜미디어 사이트 접속이 차단되므로 교사는 스크린샷을 사용하여 개인정보 설정에 접속하여 조정하는 방법을 설명하고, 학생들이 집에서 점검할 수 있도록 한다. 학생들은 개인정보 설정을 점검하여 누가 자신의 게시물을 볼 수 있는지 확인하고, 친구 목록을 점검하여 목록에 있으면 안 되는 사람을 삭제하는 한편 게시물을 점검하여 부모님, 선생님, 회사, 대학 관계자 등이 보면 안 되는 내용을 삭제하고, 다른 사람들이 게시한 이미지의 태그도 점검해야 한다.

셋째, 디지털 리터러시를 가르쳐야 한다. 이 포괄적 용어는 많은 기능을 아우른다. 웹 2.0 테크놀로지와 관련된 기능에 대해 다시 한번 말하자면, 학생들은 온라인 환경에서 상호작용하는 법과 관련된 사회적 기능을 알아야 한다. 네티켓이라고도 불리는 이 기능은 다음 절에서 다시 다룰 것이다. 안전성이 이 범주에 포함되는 이유는 학생들이 안전한 패스워드, 금전 사기, 데이터 추적 등에 관한 지식을 알고 이해하고 인식하고 적용할 수 있어야 하기 때문이다. 다음 8장에서 디지털 리터러시 또는 웹 리터러시를 위한 교육 방법을 더 다룰 것이다.

넷째는 디지털 관리 능력에 관한 것인데, 온라인 정보를 다운로드하고 백업하는 데 필요한 기술적 기능, 계정에서 로그아웃 잊지 않기, 안전성 유지에 필요한 기능이 그것이다.

마지막으로 다섯째는 학생들이 웹 2.0 세상에 최대한 대비할 수 있도록 이러한 기능들을 조기에 가르치는 것이다(그림 7.10)

[그림 7.10] 우리는 디지털 시민. https://youtu.be/-N7lRYMmbXU에서 가져옴.
출처: Common Sense Education. (2019. 08. 08).

디지털 시민 정신

웹 2.0을 통해 학생들이 괴롭힘이나 약탈이 발생할 수 있는 새로운 공간에서 의사소통하고 협력하게 되면서 디지털 시민 정신의 필요성이 제기됐다. 디지털에 접근하고 디지털로 의사소통하는 데에는 때때로 네티켓이라고도 불리는 디지털 시민 정신이 요구된다. 학생용 ISTE 기준(2012)에 따르면, 디지털 시민이 된다는 것은 "학생들이 상호 연결된 디지털 세상에서 생활, 학습, 일에 대해 권리와 책임과 기회를 인식하면서 안전하고 합법적이며 윤리적인 방식으로 행동하고 모범을 보여야 한다."(p.1)는 것을 의미한다. 덧붙여, 학생들에게는 다음의 몇 가지가 요구된다.

a) 자신의 디지털 정체성과 평판을 키우고 관리하며 디지털 세계에서 자신의 행동이 영원히 남는다는 것을 인지해야 한다. b) 온라인상의 사회적 상호작용을 포함하여 테크놀로지를 사용할 때나 연결망 장치를 사용할 때 긍정적이고, 안전하며, 합법적이고, 윤리적으로 행동해야 한다. c) 지적 재산의 사용 및 공유에 관한 권리와 의무를 이해하고 존중해야 한다. d) 디지털 개인정보와 보안을 유지하기 위해 자신의 개인정보를 관리해야 하며, 자신의 온라인 활동이 추적당할 수 있는 데이터 수집 테크놀로지를 인지하고 있어야 한다. (p.1)

<인식 전환> 다시 보기

앞의 <인식 전환>에서 가짜 웹사이트를 분석해 보았다. 학생들은 이 웹사이트의 신뢰성을 판단해 낼 수도 있고, 그렇지 못할 수도 있다. https://zapatopi.net/treeoctopus에 대해 정보를 분석했을 때, 표의 '신뢰할 수 없음' 칸에 의심스러운 콘텐츠를 썼을 것이다. 이 웹사이트를 사용하여 어떻게 웹 리터러시 기능을 시범 보일 수 있겠는가? 여러분은 이미 가장 어려운 교사 역할의 하나를 수행하였다. 이제, 이 웹사이트의 콘텐츠를 사용하여 학생들을 위한 웹 리터러시 기능을 어떻게 시범 보일 수 있을지 생각해 보라.

References

American Library Association. (2016). Definition of a library: General definition. Retrieved from https://libguides.ala.org/library-definition

Anderson, M., Perrin, A., Jiang, J., & Kuman, M. (2019, April 12). 10% of Americans don't use the internet! Who are they? FactTank: News in the Numbers. Pew Research Center. Retrieved from https://www.pewresearch.org/fact-tank/2019/04/22/some-americans-dont-use-the-internet-who-are-they/

Baildon, R., & Baildon, M. (2008). Guiding independence: Developing a research tool to support student decision making in selecting online information sources. The Reading Teacher, 61(8), 636–647. doi:10.1598/RT.61.8.5

Bass, W. L. II & Sibberson, F. (2015). Digital reading: What's essential in Grades 3–8. Urbana, IL: National Council for Teachers of English.

Blakemore, E. (2015). The card catalog is officially dead: Long live the card catalog. Smithsonian.com: SMARTNEWS. Retrieved from https://www.smithsonianmag.com/smart-news/card-catalog-dead-180956823/

Blakemore, E. (2017). The Librarian of Congress weighs in on why card catalogs matter. Smithsonian.com. Retrieved from https://www.smithsonianmag.com/smart-news/card-catalog-dead-180956823/

Bledsoe, C., & Pilgrim, J. (2013). Teaching literacy with technology through instructional models. In J. Whittingham, S. Huffman, W. Rickman, & C. Wiedmaier (Eds.), Technological tools for the literacy classroom (pp.243–262). New York, NY: IGI Global.

Bledsoe, C., Pilgrim, J., Vasinda, S., & Martinez, E. (2019). Making connections: An analogy between traditional and online text. Texas Journal of Literacy Education, 7(1), 10–24.

Butterfield, A., & Ngondi, G. (Eds.). (2016). A dictionary of computer science (7th ed.). Oxford, UK: Oxford University Press.

Clay, M. (2002, 2005, 2016). An observation survey of early literacy achievement. Portsmouth, NH: Heinemann.

Coiro, J. (2005). Making sense of online text. Educational Leadership, 63(2), 30–35. Retrieved from http://www.ascd.org/publications/educational-leadership/oct05/vol63/num02/Making-Sense-of-Online-Text.aspx

Coiro, J., Knobel, M., Lankshear, C., & Leu, D. J. (2008). Handbook of research in new literacies. Mahwah, NJ: Lawrence Erlbaum Associates, Inc.

Common Core State Standards Initiative. (2010). Common core state standards for English/language arts and literacy in history/social studies, science, and technical subjects. Retrieved from http://www.corestandards.org/assets/CCSSI_ELA%20Standards.pdf

Dalton, B., & Proctor, C. P.(2008). The changing landscape of text and comprehension in the age of new literacies. In J. Coiro, M. Knobel, C. Lankshear, & D. Leu, (Eds.), Handbook of research on new literacies (pp.297–324). Mahwah, NJ: Lawrence Erlbaum.

Dewey, J. (1933). How we think. Chicago, IL: Henry Regnery.

Dorfman, L. R., & Cappelli, R. (2017). Mentor texts: Teaching writing through children's literature, K-6. Portland, ME: Stenhouse publishers.

Dutton, W. H., & Reisdorf, B. C. (2017). Cultural divides and digital inequalities: Attitudes shaping internet and social media divides. Information, Communication & Society, 22(1), 18–38. doi:10.1080/1369118X.2017.1353640

Fingal, D. (2017, December 14). Infographic: Citizenship in the digital age. ISTE. Retrieved from https://www.iste.org/explore/articleDetail?articleid=192&category=Digital-citizenship&article=Infographic%3a+Citizenship+in+the+digital+age

Foundation for Critical Thinking. (2017). Our concept and definition of critical thinking. Retrieved from http://www.criticalthinking.org/pages/our-conception-of-critical-thinking/411

Glister, P.(1997). Digital literacy. Hoboken, NJ: John Wiley & Sons.

Harvey, S., & Goudvis, A. (2007). Strategies that work: Teaching comprehension for understanding, engagement, and building knowledge (2nd ed.). Portsmouth, NH: Stenhouse Publishers.

Harvey, S., & Goudvis, A. (2017). Strategies that work: Teaching comprehension for understanding, engagement, and building knowledge, grades K-8 (3rd ed.). Portsmouth, NH: Stenhouse Publishers.

International Society for Technology in Education. (2012). National education technology standards for students. Retrieved from http://www.iste.org/standards/nets-for-students

Kalantzis, M., & Cope, W. (2019). A grammar of multimodal meaning. Literacies: Education at Illinois. Retrieved from https://www.youtube.com/watch?v=BUQez2U2Jsc&list=PLV_zfgB7n1yS3-Wk65IC7-Sd4_9lpiU2_&index=30&t=0s

Krane, B. (2006). Researchers find kids need better online academic skills. University of Connecticut. Retrieved from http://advance.uconn.edu/2006/061113/06111308.htm

Kress, G. (2010). Multimodality: A social semiotic approach to contemporary communication. New York, NY: Routledge.

Leu, D. (2017). Schools are an important key to solving the challenge of fake news. Retrieved from https://education.uconn.edu/2017/01/30/schools-are-an-important-key-to-solving-the-challenge-of-fake-news/

Leu, D. J. (2009). The new Literacies: Research on reading instruction with the internet and other digital technologies. In S. J. Samuels & A. F. Farstrup (Eds.), What research has to say about reading instruction. Newark, DE: International Reading Association.

Leu, D. J., Forzani, E., Timbrell, N., & Maykel, C. (2015). Seeing the forest, not the trees: Essential technologies for literacy in the primary grade and upper-elementary grade classroom. The Reading Teacher, 69(2), 139–145.

Leu, D. J., Kinzer, C. K., Coiro, J., Castek, J., & Henry, L. A. (2013). New literacies: A dual level theory of the changing nature of literacy. In D. E. Alvermann, N. J. Unrau, & R. B. Ruddell (Eds.), Theoretical models and processes of reading (pp.1150–1180). Newark, DE: International Reading Association.

Leu, D. J., Zawilinski, L., Forzani, E., & Timbrell, N. (2014). Best practices in new literacies and the new literacies of online research and comprehension. In L. M. Morrow & L. B. Gambrell (Eds.), Best practices in literacy instruction (5th ed., pp.343–364). New York, NY: Guilford.

Lisenbee, P.S., & Ford, C. (2018). Engaging students in making connections between pedagogy and real world experiences using traditional and digital storytelling. Early Childhood Education Journal, 46(1), 129–139.

Lisenbee, P.S. (2009). Influences on young children's behavior, engagement level and representation during storytelling using an interactive whiteboard. Ann Arbor, MI: ProQuest Dissertations Publishing.

Mills, K. A. (2016). Literacy theories for the digital age: Social, critical, multimodal, spatial, material and sensory lenses. Bristol, UK: Multilingual Matters.

November, A. (2008). Web literacy for educators. Thousand Oaks, CA: Sage Publications.

Pilgrim, J., & Martinez, E. (2018, February 28). Media literacy starts with SEARCHing the internet. International Society for Technology Education. Retrieved from https://www.iste.org/explore/Digital-and-media-literacy/Media-literacy-starts-with-SEARCHing-the-internet

Pilgrim, J., Vasinda, S., Bledsoe, C., & Martinez, E. (2018). Concepts of online text: Examining online literacy tasks of elementary students. Reading Horizons: A

Journal of Literacy and Language Arts, 57(3), 68–82.

Pilgrim, J., Vasinda, S., Bledsoe, C., & Martinez, E. (2019). Critical thinking is critical: Octopuses, online sources, and reliability reasoning. The Reading Teacher, 73(1). doi:10.1002/trtr.1800

Pilgrim, J., Vasinda, S., & Lisenbee, P.S. (2019). Universal design for learning: Examining access afforded by children's search engines. Journal of Literacy and Technology, 20(4), 14–45.

Rose, D. H., & Dalton, B. (2006). Engaging the text: Brain research and the universal design of reading strategy supports. In D. H. Rose & A. Meyer (Eds.), A practical reader in universal design for learning (pp.133–148). Cambridge, MA: Harvard Education Press.

Sullivan, D. (2011). How Google instant's autocomplete suggestions work. Retrieved from https://searchengineland.com/how-google-instant-autocomplete-suggestions-work-62592

U.S. Department of Education, Office of Educational Technology. (2010). Transforming American education: Learning powered by technology. National Educational Technology Plan 2010: Executive Summary. Washington, DC: Author. Retrieved from http://www.ed.gov/technology/netp-2010

Vasinda, S., & Pilgrim, J. (2019). Are we preparing students for the web in the wild? An analysis of features of websites for children. Journal of Literacy and Technology, 20(2), 97–124. Retrieved from http://www.literacyandtechnology.org/

Warlick, D. F. (2009). Redefining literacy 2.0. (2nd ed.). Columbus, OH: Linworth Books.

Zumpano, N. (2019). 5 things students should do to stay safe and secure online. International Society for Technology in Education. Retrieved from https://www.iste.org/explore/Digital-and-media-literacy/5-things-students-should-do-to-stay-safe-and-secure-online

8장
변화하는 학습 환경
변혁적 실천

인식 전환

'변혁'이라는 말을 생각해 보라. 이 책은 전체적으로 테크놀로지가 효과적으로 적용되었을 때 테크놀로지가 학습을 변혁하는 방식들에 초점을 두고 있다. 테크놀로지가 이전에는 가능하지 않았던 업무를 하거나 결과를 만들어 낼 때 변혁이 발생한다는 1장의 내용을 떠올려 보라(Hughes, Thomas, & Scharber, 2006). 이 책을 집필하는 목표 중 하나는 교사들이 테크놀로지 도구가 제공하는 수많은 기회를 알도록 하는 것이다. 자신의 지역에 1인 1기기 지원 정책이 시행되어 학생마다 학교와 집에서 사용할 수 있는 테크놀로지 기기가 보급된다고 상상해 보라. 1인 1기기 지원 정책이 전통적인 20세기 교실의 수업을 강화하는 방식은 무엇인가? 1인 1기기 지원 정책은 어떤 방식으로 학습 환경을 변혁할 수 있을까? 3장, 4장, 5장에서 논의한 모형들을 사용해서 자신의 생각을 뒷받침해 보라. 이 장을 읽으면서 테크놀로지 도구가 학습 환경에 영향을 줄 수 있는 또 다른 방법을 생각해 보라.

인기 있는 TV 시리즈 스타트렉Star Trek은 여러 가지 많은 미래 시나리오를 팬들에게 선보였다. 스타트렉에서 보여준 미래기기 중에 홀로덱holodeck[1]이 있는

---

1) 홀로덱 이미지 예시는 다음의 링크를 참고하기 바람.

https://en.wikipedia.org/wiki/Holodeck#/media/File:Holodeck2.jpg

https://www.google.com/search?sca_esv=0ecad74c06ff5026&rlz=1C1ASRM_enKR920KR920&q=Disruptions:+The+Holodeck+Begins+to+Take+Shape+-+Innovation+Toronto&tbm=isch&source=lnms&sa=X&ved=2ahUKEwjFx4Grp7aEAxXvdvUHHZ6VCZcQ0pQJegQIDRAB&biw=1745&bih=845&dpr=1.1#imgrc=q-9shf8noqeb6M

https://www.startrek.com/en-un/news/begin-program-the-reality-of-building-a-holodeck-today

데, 1974년 레크레이션실로 처음 소개되었다. 홀로덱은 대개 미래 테크놀로지를 통해 사용자가 가상 현실 환경이나 인물들과 상호작용하는 일종의 텅 빈 무대로 그려졌다. 어떤 때는 Jean-Luc Picard[2] 함장이 소년 시절 자신의 영웅을 연기하는 모습을 통해 19세기 미국 서부의 모험 이야기를 보여 주었다. 교육, 훈련, 오락용으로 사용되는 테크놀로지 도구와 가상 환경들을 보면, 이러한 미래 시나리오가 현재 가능한 일이 되었음을 알 수 있다. 예를 들어, 가상 현실 테크놀로지를 이용해 교사들이 학생들을 데리고 전 세계를 돌며 현장 학습을 할 수 있다. 가상 현실과 같은 테크놀로지 도구들이 어떻게 교실 환경을 변혁할 수 있을까? 이 장에서는 테크놀로지를 이용해 20세기 교수학습을 지원하는 전통적 개념의 환경과 공간뿐만 아니라 학생 중심의 변혁을 위해 테크놀로지를 활용하는 환경과 공간에 초점을 두고자 한다. 이에 테크놀로지와 그 잠재적 이점을 활용하는 교실 공간, 학습 자료, 교수법에 대한 확장된 개념들을 다루기로 한다.

학습 환경

이탈리아 레지오 에밀리아Reggio Emilia 지역의 유아 학교에서는 학습 환경이 제3의 교사가 되는데, 왜냐하면 환경의 역할이 학습자가 참여할 수 있는 창의적이고 의미 있는 도전을 통해 학습을 증진하고 최적화하는 것이기 때문이다(Gandini, 2012). 공간은 개인적 사고에 필요한 장소일 뿐만 아니라 크고 작은 집단이 협력할 수 있도록 하는 곳이기도 하다. 학습 자료와 도구에 세심하게 신경을 쓰면 학습자의 다양한 요구와 고유한 변동성을 반영할 수 있다(Gandini, 2012; Malaguzzi, 1998). "교실이 제3의 교사로서 훌륭히 기능한다면 아이들의 관심에 부응하고, 그들의 생각을 가시화하고, 나아가 학습과 참여를 더욱 촉진하는 기회가 된다."(Fraser, 2012, p.67) 연구자들이 학교 내 리터러시와 학교 밖 리터러시가 만나는 새로운 물리적 및 디지털 공간을 개발하기 위해 연구하고 있으

---

2) TV 시리즈 스타트렉의 주요 등장인물로 우주선 USS Enterprise의 함장이다.

며, 이 새로운 제3의 공간에서 교사와 학생들이 함께 작업하는 일이 가능해질 것이다(Levy, 2008; Pane, 2007). Pane(2007)은 이 제3의 공간을 교사와 학생이 사회적·학문적 문화를 통합할 때 발달하는 변혁 지대로 보았다(p.74). 제3의 공간에서 이루어지는 교섭 과정에는 의사소통, 비판적 사고, 창의, 협력이라는 4C가 포함되며 또 이러한 기능들이 발달해 간다.

이 책에서 우리는 테크놀로지 발전에 기반을 둔 여러 가지 뉴리터러시, 이론, 모형과 틀을 다루었다. 우리 삶의 다른 면에 미치는 테크놀로지의 영향에 비해 학교 학습에 미치는 테크놀로지의 영향은 변화 속도가 느리다는 점을 지적하였다. 교육 관계자들은 오랫동안 학교 교육, 교수법, 교수학습 관련 다양한 사고방식에 대한 변화의 필요성을 촉구해 왔다(Cope & Kalantzis, 2000; New London Group, 1996; Reinking, 1997). 예를 들어, 미국 교육부 산하 교육기술국(2017)에서는 다음과 같이 밝히고 있다.

> 테크놀로지는 학습을 변혁하는 강력한 도구가 될 수 있다. 교육자와 학생의 관계를 뒷받침하면서 발전시키고, 학습과 협력에 대해 새롭게 접근하도록 하며, 오랫동안 지속되어 온 평등 및 접근성의 격차를 줄이고, 모든 학습자들의 요구가 충족될 수 있도록 학습 경험을 조정한다(p.3).

이 장에서 우리는 변혁적 테크놀로지를 사용하는 데 미치는 학습 환경의 역할을 다룬다. 이 장의 목표 중 하나는 학습 환경을 협력, 의사소통, 창의성, 비판적 사고를 촉진하는 제3의 교사로 새로이 인식해야 함을 알리는 것이다. 물리적 공간의 조직 방식을 소개하고 물리적, 디지털적, 학교 밖 리터러시를 학교 기반 리터러시로 결합하는 새로운 공간에 대해서 논의할 것이다.

지금까지 테크놀로지 통합에 관한 의사결정을 돕기 위해 이론, 틀, 분류법을 다루어 왔다. 대부분의 학생들이 경험해 온 바와는 매우 다른, 새로이 떠오르는 변혁적 교실이 지닌 가능성을 생각해 보기 바란다. 또, 테크놀로지 교수법 내용 지식TPACK[3]을 사용해서 새로운 교실 수업 설계, 교육 자료, 접근법이 자신의 교육 방법에 부합하는지 판단해 보기 바란다. 테크놀로지 도구들에 적합한 새로운 접근법에 대해 읽으면서 멀티리터러시들과 보편적 학습 설계의 정신을 고려하기 바란다. 마지막으로, SAMR(대체−확대−조정−재정의), RAT(교체−증강−변혁), T3 모형(전환−변혁−초월)[4]을 고려해서 새로운 교실의 설계나 접근법이 변혁적인지 판단하기 바란다. 다음 절에서는 학습 환경과 테크놀로지 발전에 관한 변화를 교실 공간의 변혁, 수업 자료의 변혁, 학습 모형 및 접근법의 변혁으로 나누어 살피기로 한다.

교실 공간의 변혁

변화하는 교육 현장과 첨단 테크놀로지는 가르치는 방식이나 도구에만 영향을 주는 것이 아니다. 이것들은 가르치는 공간에도 영향을 준다. 2014년 리터러시연구협회Literacy Research Association의 학술대회 주제는 '리터러시의 대화적 구성'으로 리터러시의 적극적 구성을 돕는 공간에 초점을 맞추었다. 학생들을 인적 자원으로 양성하기 위한 교실 설계에서 새롭게 대두하는 교육적 실천과 학습 방식을 고려해서 교사들은 더 이상 교사가 교단에 서고 학생들은 전방을 주시하는 직사각형 형태의 전통적 책상 배치를 하지 않았다. 대신, 학습 공간을 모듈식으로 해서 협력, 자기 주도 학습, 능동적 학습, 탐구, 창의를 지원할 수 있도록 하였다(New Media Consortium, 2017).

교실 공간을 재설계하고 변형한 예로, 호주 연구자 David Thornburg의 경우를 들 수 있다. 그는 현대의 학습 공간을 몇 가지 은유로 설명했다(Davis & Kappler-Hewitt, 2013, 7항). 예를 들면, '모닥불' 은유는 학습자들이 원형으로 앉게 되는 교실 디자인을 의미한다. 학생들이 교실 바닥에 집단으로 빙 둘러앉고 그 상태에서 교사가 전체 모임, 조례, 전체 수업을 진행하는 초등학교 저학년 교

---

3) 4장 참고
4) 4장 참고

실은 마치 캠프파이어와 같다. 이 비유와 좌석 구성은 과거에 나이 든 어른들이 이야기를 구술하면서 지식을 나누던 방식을 본떴다. 원이라는 형태는 모두가 볼 수 있고 모두를 볼 수 있도록 해 준다. 또한 협력도 잘 이루어지도록 해 준다. '동굴'은 독립적이고 성찰적인 학습에 필요한 사적인 공간과 시간을 의미하는데, 교실에서 독립된 학습 공간과 유사하다. '산 정상'은 이해한 내용을 보여 주는 데에 적용되는데, 학습자의 사고와 학습이 아주 먼 거리에서 보인다. 교사가 학습자의 학습 결과물을 교실 벽에 게시하는 공간은 학생들의 사고의 중요성을 말해 준다. '물웅덩이' 은유는 또래끼리 정보와 발견물을 공유하며 서로 학습자도 되어 보고 교사도 되어 보는 비격식적 공간을 나타낸다. 이 공간의 구성 또한 협력을 촉진하기 위해 원형 배치를 한다. 학습자들은 아이디어를 내고 이해한 것을 결과물로 만들어 내기 위해 시간이 필요하다. 이러한 은유들은 교수학습에 요구되는 교실 공간 이미지들을 나타낸다.

교실 공간을 새롭게 생각한 또 다른 예로 메이커 스페이스makerspace[5]의 출현을 들 수 있다. 메이커 스페이스는 예술과 과학의 과정이 서로 섞이고, 학습자들이 모여 아이디어 및 과정, 재료, 도구를 같이하며 점차 복잡한 방식으로 고치고, 만들고, 작업하기를 반복하는 비격식적이고 학제적인 장소이다. 도구, 자재, 사람들이 갖추어진 이러한 물리적 공간은 학습이 제작의 과정과 사회적 상호작용을 통해 일어난다는 점에 기반하여 공유된 창조 공동체를 활성화한다. "메이커 스페이스는 새로운 테크놀로지 덕분에 가능해진 체험 학습과 제작의 기회가 많아지는 물리적 환경이다."(New Media Consortium, 2017, p.40) 이러한 공간 구성은 능동적 학습을 촉진하며 교실, 도서관, 지역 센터에서 학생들이 테크놀로지 훈련을 더 받을 수 있도록 하고 획기적인 사고를 할 수 있도록 학생들을 도전하게 하는 수단으로 쓰일 수 있다. 메이커 스페이스는 어떤 종류의 방이라도 될 수 있고 방의 일부가 될 수도 있으며, 수준이 낮은 기술이나 수준이 높은 기술 모두를 이용하여 창의성과 표현을 광범위하게 펼칠 수 있도록 한다. 기술 수준

---

5) 학습, 제작, 공유, 즐거움을 핵심으로 하는 새로운 공간 모델을 말한다. 주로 컴퓨팅이나 기술에 관심이 있는 사람들이 자신의 지식이나 특정 장비 등을 공유하며 활동하는 공간이다.

이 낮은 전통적인 도구와 구성 재료로는 종이, 나무, 플라스틱과 같은 것을 이용할 수 있다. 기술 수준이 높은 디지털 도구로는 동영상 제작을 위한 그린 스크린[6], 2차원 이미지를 3차원 물체로 제작하는 3D 프린터, 코딩을 위한 조작 기술 등을 이용할 수 있다. 메이커 스페이스에서의 제작은 의사소통, 협력, 창의, 비판적 사고의 4C와 부합한다.

물리적 교실 공간 너머

학습 환경에는 학생들이 있는 물리적 공간을 넘어 학생들이 만나게 되는 사회적 공간까지 포함된다(Fraser, 2012; Ontario Ministries of Education, 2012). 교육자들은 테크놀로지가 추가되어 물리적 교실 공간을 넘어서 웹 2.0 테크놀로지 덕분에 가능해진 학습 환경도 생각해야 한다. 학습 환경은 물리적 교실을 넘어서 학생들이 구글 문서나 스카이프와 같은 테크놀로지 도구를 사용하여 또래들과 함께 참여할 수 있는 사이버공간으로 확장될 수 있다. 이러한 도구들은 전 세계에 있는 또래들과 의사소통하고 협력할 수 있게 해 준다. 많은 교사들은 학급 페이스북 페이지나 학급 고유의 해시태그를 붙여서 트위터 등의 소셜 미디어를 사용하여 학습 환경에서 발생한 일들을 부모나 학생들과 공유한다. 구글 클래스룸은 학습 환경에 도움이 되는 무료 웹서비스의 또 다른 예이다. 구글에서 학교용으로 개발한 구글 클래스룸 플랫폼은 수업 운영의 많은 부분을 간소화한다. 이 도구는 종이 사용 없이 과제물을 제작, 배부, 취합, 채점할 수 있도록 하여 교사의 업무를 간소화한다. 파일 공유 기능 역시 교사, 부모, 학생 간의 의사소통을 지원한다. 이러한 교실 환경의 확장은 교실 밖 의사소통을 향상시킨다.

교실 경계를 넘어서는 또 다른 테크놀로지 사용의 예로는 Schoology나 Canvas와 같은 학습관리시스템(Learning Management Systems, LMS)이 있다. LMS는 주로 고등교육기관에서 교과 내용을 저장하고 전달하는 데 사용되었

---

6) green screen. 화면 합성을 위해 사용되는 배경막의 하나로 녹색을 배경으로 하여 찍은 장면을 다른 장면에 겹치도록 처리하는 특수 효과를 말한다.

다. 지금은 중등학교에서도 교사가 교과 내용, 과제, 성적 등을 공유하는 데 흔히 사용된다. LMS는 언제 어디서나 접속이 가능하며, 학생들이 쉽게 내용 정보에 접근할 수 있도록 해 준다. 또한 LMS는 과제에 대한 즉각적 피드백, 학습 환경을 새롭고 흥미로운 방식으로 향상시켜 주는 강의 정보 등 행동 유도성이 있다. 자료를 항상 잃어버리는 학생이나 아파서 자주 결석하는 학생도 이제는 LMS에서 과제를 찾을 수 있다. 복습이 필요한 학생도 기억을 위해 정보를 다시 시청하거나 읽을 수 있고, 평가를 걱정하는 학생도 마음 편하게 피드백을 받을 수 있다.

LMS와 개념적으로 다른 SeeSaw는 학습 일지 앱으로서, 여기서는 학생의 사고, 학습 결과물, 성찰 등을 교사나 학부모와 공유할 수 있는 디지털 공간을 만들 수 있다(https://web.seesaw.me/). 이 웹 기반 무료 앱은 많은 모바일 장치 플랫폼에서 사용 가능하며, 이 앱을 통해 학생들이 자신의 학습 과정을 기록할 수 있는 디지털 포트폴리오를 제작할 수도 있다. 유치원에 다니는 아이들도 학급 고유의 QR 코드로 앱 사용이 가능하므로 타이핑이 필요 없고, 몇 초 만에 학습 공간에 들어갈 수 있다. 앱에는 학습 개념이나 탐구 문제에 대해 자신이 이해한 것을 보여주거나 기록해 놓을 수 있는 선택 가능한 여러 가지 도구들이 있다. 카메라를 사용하여 실물 동영상이나 사진을 찍고 타이핑, 그림, 마이크를 사용해서 자신의 사고 과정이나 발견 사실을 주석으로 달아 놓을 수도 있다. Seesaw는 전자칠판으로 그림을 그릴 수 있는 공간을 제공하여 학생들이 자신의 생각을 구술하고 문제 해결 과정을 기록할 수 있도록 해 준다. 학생들은 선생님, 반 친구, 심지어 부모님과도 공유하는, 즉 자신이 공부한 것을 봐 줄 수 있는 보다 넓은 범위의 독자를 만나게 해 주는 학습 일지 공간에 자신이 공부한 예시나 성찰한 결과를 탑재할 수 있다. 교사는 모든 게시물과 학습 결과물을 승인하고, 어떤 능력이 발달하는지, 또는 오개념이 있는지를 살피는데, 이러한 과정은 신속하게 개인별 피드백을 마치고 다음 단계의 학습을 계획할 수 있도록 한다. Seesaw를 활용하여 학부모는 자녀의 학습 일지뿐만 아니라, 학급 소식, 교사의 안내문, 공유가 허락된 그룹 활동에 접속할 수 있다. 물리적 도구와 디지털 도구, 자료의 혼합으로 인해 다양한 학습자를 지원하는 수많은 옵션이 가능해지고 모바일 도구를 사용하여 많은 가정에서 학교 학습에 대한 기록을 볼 수 있는 디지털 공간이 창출된다. 이렇게 독자가 확대되면서 학생들은 최선의 학습 결과와 자신의 생각을 게시해 보고자 하는 동기를 가지게 된다(Vasinda & McLeod, 2011).

풍부한 디지털 및 리터러시 환경과 보편적 학습 설계

교실 분위기와 실내 장식을 포함하여 리터러시가 풍부한 공간들은 언제나 학습 환경에 영향을 주는 요인이 되어 왔다. 리터러시 학습을 위한 물리적 환경에는 학급 전체 토의, 소그룹 활동, 협력, 낱말 게시판, 앵커 차트, 학생 작업, 글쓰기 센터 등을 위한 공간이 포함되어야 한다.[7] 리터러시가 풍부한 환경의 목적은 학생들이 리터러시 구성 요소인 말하기, 읽기, 쓰기, 듣기를 탐구하도록 하는 것이다. Gunn, Simmons, and Kameenui(1995)에 따르면, 교실 배치는 반복적인 리터러시 사용 기회가 주어지도록 해서 학생들이 읽기와 쓰기에 필요한 기능을 연습할 때 학습 참여가 높아지도록 해야 한다. 예를 들면, 낱말 게시판은 시각 어휘에 대한 파지를 강화하고 광범위하면서도 가시적인 철자 학습 자료로 쓸 수 있다. 테크놀로지 도구들은 낱말 게시판을 사용하는 전통적 목적을 변형하고 확장할 수 있다. 예를 들어, 교사가 Vocaroo(https://vocaroo.com/)에서 낱말 게시판에 있는 어휘에 대해 청취용 바코드를 생성하면 학생들이 그 바코드를 스캔해서 눈앞에 보고 있는 단어의 발음을 들을 수 있다. 이러한 방식은 보편적 학습 설계의 다중적 참여 수단의 원리뿐만 아니라 정보의 다중적 표상 수단의

---

7) 낱말 게시판, 앵커 차트, 글쓰기 센터의 이미지 예시는 다음의 링크를 참고하기 바람.
  https://www.learningforjustice.org/classroom-resources/teaching-strategies/exploring-texts-through-read-alouds/anchor-charts
  https://ellstrategiesandmisconceptions3.weebly.com/strategy-10—word-walls.html
  https://www.thefirstgraderoundup.com/2020/05/reading-anchor-charts.html
  https://rockinresources.com/2018/05/5-essential-things-every-writing-center-needs.html
  https://rockinresources.com/2018/05/5-essential-things-every-writing-center-needs.html

원리도 반영하고 있다. 교실 공간을 배치할 때는 모든 학습자를 염두에 두어야 한다. 보편적 학습 설계는 유연한 목표, 방법, 자료, 평가를 통해 모든 학생의 학습을 지원하는 수업 설계 틀을 제시한다. 의도적으로 수업을 설계할 때는 교실의 공간 구성과 학습 환경을 재고할 필요가 있다.

학생들이 교과 내용에 접근할 수 있는 방법을 찾는 교사들에게 보편적 학습 설계 구안자들은 수업 설계에서 학습 환경의 중요성을 강조한다. 교실 공간에 대해 세심하게 신경을 쓰면 주어진 학습 활동이 의도하는 학습 목표를 뒷받침할 수 있고 특정 교수법을 뒷받침할 수 있다. 일단 학습 목표가 정해지고 나면, 교사는 목표에 맞추어 물리적 공간을 어떻게 바꿀지 고민해야 한다. 가령, 학습 목표 중에 협력이 들어 있다면, 책상과 의자 등을 협력을 증진할 수 있는 방식으로 배치한다. 이때의 배치는 학습 목표가 학급 전체 토의나 학습자 개별 활동을 위주로 할 때와 다를 것이다. 응용특수기술센터(Center for Applied Special Technology, CAST, 연도 미상)에서는 교사들에게 학습 목표와 학습 자료의 관련성에 따라 교실의 공간 배치를 유연하게 해 보라고 한다.

또한, 학습 목표와 목표 달성의 기준을 디지털 공간과 물리적 공간에 게시하면 학생들이 학습 목표를 인지하기 쉽고 언제 목표를 달성했는지도 알기 쉽다. 예를 들면, 특정 수업의 목표를 교실의 차트나 화이트보드, 혹은 LMS나 Seesaw에 공유하여 모든 학생이 볼 수 있도록 하는 것이다. 학생들 역시 수업 목표를 종이로 된 학습 일지에 적거나 디지털 학습 일지에 입력할 수 있으며, 교사는 이러한 목표를 수업 시간에 언급할 수 있다. 목표가 명확해지면 학생들은 디지털 혹은 전통적 도구를 사용하여 자신들이 이해했다는 증거를 보여주거나 기록할 수 있다(Center for Applied Special Technology, 2018). 마지막으로, 보편적 학습 설계는 학습 환경의 유연성을 도모한다. 조용한 개인 학습, 소집단 및 대집단 활동, 그룹 지도를 위한 공간이 탄력적으로 조성되어야 한다.

수업 자료의 변혁

학교 안과 밖 모두에서 학습 자료와 도구에 접근할 수 있도록 해 주는 교사들에 의해 변혁적 교수법이 실행된다. 일부 학교들은 칠판과 이젤에서 전자칠판과 태블릿 컴퓨터로 전환하였다. 공립학교의 90% 이상이 교실에 컴퓨터를 보유하고 있고, 그 수도 꾸준히 증가하고 있다(Mayclin, 2016). 노트북 컴퓨터, 태블릿, 스마트폰은 학생들에게 보편적인 도구들이다. 교사가 선택하는 도구와 자료는 윤리적으로 그리고 교수법적으로 결정된다. 학생 개인별 기기가 아니라 전자칠판을 선택한다는 것은 학생 중심의 접근법에 대비되는 교사 중심의 강의식 교수법을 나타내며 이 교수법을 강화해 주는 면도 있다. 두 가지 도구 모두 전통적 접근법을 강화하고 재창출할 수 있음을 아는 것이 중요하다.

2017년 국가교육테크놀로지계획National Educational Technology Plan, NETP에서는 더 공평하게 그리고 더 접근이 용이하게 학습 경험을 변화시킬 수 있는 테크놀로지 활용에 역점을 두었다. NETP에서는 공평성과 접근성을 다음과 같이 정의한다.

- 교육의 공평성은 성취 격차를 줄이고 교육 장벽을 제거하는 데 중점을 두고 교육 기회에 대한 모든 학생의 접근 가능성을 증가시키는 것을 말한다. 많은 학생들이 인종, 민족, 출신 국가, 성별, 성적 지향이나 성 정체성, 장애, 영어 사용 능력, 종교, 사회경제적 지위, 지리적 위치 등을 이유로 장벽에 부딪힌다.

- 접근성은 모든 학습자를 위해서 교육 내용과 교육 활동을 뒷받침하며, 이들이 교육 내용과 교육 활동에 접근할 수 있도록 앱, 기기, 자료, 교육 환경을 설계하는 것을 가리킨다. 이 개념은 장애 학생들이 콘텐츠를 활용하고 학습 활동에 참여할 수 있도록 하는 것뿐만 아니라, 영어 학습자, 지방 학생, 경제적으로 어려운 가정의 학생 등 학생들의 개인적 학습 요구를 수용하는 것에도 적용된다. 테크놀로지는 문자-음성 변환 기능, 오디오 및 디지털 텍스트 형태의 교육 자료, 수준별 지도 프로그램, 적응 검사, 내장형 보조 장치, 보조 기술 등과 같은 지원 기능을 통하여 접근 가능성을 뒷받침한다(미국 교육부, 2017, p.5).

많은 지역에서 학생들에게 개인용 테크놀로지 기기가 지급되는 1인 1기기 지원 정책을 채택하여 이러한 목표를 실현하고자 한다. 이제 학생들은 매일의 수업 활동에서 이러한 기기를 사용한다.

학습 환경에 미치는 1인 1기기 지원 정책의 도입 효과

'1인 1기기'를 정의하자면, 특정 학년의 모든 학생들에게 집에 가져갈 수 있는 노트북 컴퓨터나 태블릿을 제공하는 것을 말한다(Sauers & McLeod, 2012). 지급된 기기는 교실과 가정에서의 학습을 지원한다. New Media Consortium Horizon 보고서에 따르면, 모바일 앱과 태블릿 컴퓨터는 테크놀로지 사용을 도입한 유치원부터 고등학교에 이르기까지 학습의 모습을 바꾼 주역이다 (Freeman, Adams-Becker, Cummins, Davis, & Hall-Giesinger, 2017). 45만 명의 교사, 학생, 학부모, 지역 사회 주민을 대상으로 하여 2018-2020학년도에 실시된 설문 조사에 의하면, 초등학교 6학년에서 고등학교 3학년 학생의 33%, 초등학교 3학년에서 5학년 학생의 12%가 학교와 집에서 1인 1기기 사용이 가능한 것으로 나타났다(Project Tomorrow, 2020). Evans(2018)에서는 유치원에서 초등학교 2학년 학생의 35%, 고등학교 학생들의 23%만이 학교 컴퓨터실의 컴퓨터에 접근하는 것으로 보고되었다. 이러한 변화는 교실에서 태블릿이나 노트북 컴퓨터 활용이 가능하고 1인 1기기 지원 정책이 도입되었기 때문으로 보인다. 2017 Horizon 전문가 자문단에서는 1인 1기기 지원 정책이 확대됨에 따라 학생들이 어디서든 학습이 가능하게 되었고, 또래와는 물론 전문가들과도 상호 접촉이 많아지고, 협력이 증가하고, 상호작용이 촉진되었다고 한다(Freeman et al., 2017). 학교가 지급한 노트북 컴퓨터를 가지고 있는 학생들은 그렇지 않은 학생들에 비해 노트 필기를 더 많이 하고, 동료들과 더 많이 협력하며, 교사들에게 이메일 질문이나 성적 확인을 더 자주 한다고 보고하였다(Evans, 2018).

구글 지도와 GPS 도구들은 수업에서 학생들에게 체험적이고 흥미 있는 학습 기회를 제공한다. 구글 지도의 지점 좌표를 활용하면, 이 기술이 없었다면 알지 못했을 맥락이 제공되면서 학생들이 협력하여 지역 사회나 다른 국가 혹은 세계 주요 랜드마크에 관해 프레젠테이션 제작을 해 볼 수 있게 된다(Elliot, 2009; Ragupathi, 2013). 지오캐싱geocaching[8] 수업은 모든 교과에서 읽기 쓰기 기능을 사용하도록 동기를 부여하는 방법으로서 학생들이 GPS 수신기를 가지고 학교 캠퍼스 탐험에 참여할 수 있게 한다(Lisenbee, Hallman, & Landry, 2015).

학습 환경을 증진하는 테크놀로지 도구들은 또 있다. 이 장의 서두에서 홀로덱을 언급하였는데 그 개념이 순전히 과학소설에나 나올 법했다. 가상 환경이 현실이 될 때, 학습자들은 지식과 경험을 얻을 수 있다. 가상 현실과 같은 테크놀로지 도구를 통해, 교사는 학생들이 참여할 수 있는 학습 환경을 제공할 수 있다. 이러한 교수 전략은 경험 학습을 반영한다(Dewey, 1938; Kolb, 1984). 듀이 (1938)는 경험 학습의 장점을 강조하면서 "경험의 과정과 교육 사이에는 밀접하고도 필연적인 관련성이 있다."라고 설명하였다(p.7). 그는 경험 학습을 통해 학생들이 정보와 상호작용하여 하나의 개념에 대해 자신의 생각을 발전시킬 수 있다고 주장하였다. 각각의 상황이 과거 경험에 바탕을 두고 개인화된다고도 하였다. 학습에서 학생들이 경험하고 성찰할 수 있는 개인적 기회가 주어지면 다양한 관점들이 인정받을 수 있다. 다음에는 가상 현실VR, 증강 현실AR, 혼합 현실MR의 세 가지 강력한 테크놀로지 앱을 소개하겠다.

[그림 8.1] 360도 카메라를 이용하는 구글 맵에서의 에반스 산.
출처: J.M. Pilgrim(2017)의 허락을 받아 게재함.

8) GPS를 이용한 보물찾기놀이.

가상 현실

가상 현실이란 "사람이나 사물의 물리적 존재나 실제 같은 감각 경험을 모사하는 컴퓨터 생성 환경"을 말한다(New Media Consortium, 2016, p.42). 가상 현실은 마우스, 키보드, 가상 환경에 몰입할 수 있도록 고안된 헤드셋을 가지고 상호작용적 3D 이미지를 활용하여 사용자가 체험할 수 있도록 한다(그림 8.1). 지금까지 가장 보편적인 가상 현실 앱은 군사 훈련용이나 게임용 앱이었다(New Media Consortium, 2016). 현실 같은 시뮬레이션은 사용자들에게 실감 나는 경험을 제공한다. 이 강력한 도구를 활용한 또 다른 앱이 교육을 비롯한 다른 분야로 확대 적용되었다. 교육 분야에서 현실감 있는 시뮬레이션을 보고 체험하는 것은 여러 방식으로 교실 수업을 보완한다. 교사들이 사물이나 장소와 관련된 체험을 공유해 줄 수 있다면 학생들이 교육 내용이나 텍스트를 이해하는 데 필요한 배경 지식을 제공받을 수 있다.

이런 도구를 교육적으로 적용하는 모습을 한번 상상해 보자. 전통적인 현장 학습 대신 가상 견학을 갈 수 있다. 예를 들어, 이집트 피라미드에 관한 텍스트를 소개하는 경우, 교사는 가상 현실 도구를 사용해서 피라미드 견학을 가게 할 수 있다(Pilgrim & Pilgrim, 2016). 구글과 같은 회사들의 지원으로 이런 활동이 점점 쉬워지고 있다. 구글은 2015년 Google Expeditions Pioneer Program을 시작하였다(https://www.google.com/edu/expeditions/)[9]. 이 프로그램은 학교에서 진로 학습을 위한 다양한 직장 탐방은 물론이고 저 멀리 떨어진 화성이나 만리장성 같은 곳으로 가상 여행을 시켜 주는 도구를 운용하였다(Mak, 2016). 가상 여행에 필요한 물품으로는 휴대폰과 구글 카드보드가 있다. 구글 카드보드는 고글처럼 생겼으며[10] 스마트폰에 연결하면 가상 현실 헤드셋이 되어 마치 실제로 현장에 있는 것처럼 체험할 수 있다(그림 8.2). 구글 카드보드의 구매 가격은

---

9) 2021년 6월 30일자로 해당 앱 서비스는 종료되고, 대신 Google Arts & Culture가 그 기능을 이어받았다. https://artsandculture.google.com. https://artsandculture.google.com/project/expeditions#about

10) 구글 카드보드의 이미지 예시
https://en.wikipedia.org/wiki/Google_Cardboard#/media/File:Google-Cardboard.jpg

10달러 미만이다. Google Expeditions는 모바일 기기에 다운로드해서 가상 체험이 가능하도록 하는 가상 현실 앱의 하나이다.

[그림 8.2.] 가상 현실 체험 장면.[11]

가상 현실 풍경들을 보는 것에 그치지 않고, 학생들이 자신만의 가상 현실 체험을 만들어 낼 수도 있다. 예를 들어, 구글 Street View 앱을 사용하면, 360도 카메라를 이용하여 360도 사진을 업로드하거나 모바일 기기로 파노라마 사진을 찍을 수 있다. 360도 이미지를 만들 때, 휴대폰, 컴퓨터를 사용하거나 기기를 가상 현실 헤드셋에 삽입하여 장면을 볼 수 있는 사양을 선택할 수 있다. 교사나 학생은 자신만의 360도 가상 현실 체험을 제작할 수도 있고, <표 8.1>에 있는 앱이나 웹사이트를 활용하여 세계 거의 모든 곳으로 가상의 현장 학습을 떠날 수도 있다.

---

11) 사진의 저작권 문제로 원저자의 동의를 받아 다른 사진으로 교체함.

<표 8.1.> 가상 현실 관련 웹사이트 및 앱

가상 현실 웹사이트/앱	웹사이트/앱 주소 및 소개
· SamRohn 360 VR Panoramic Photography and Virtual Tours	http://www.samrohn.com/ 주로 뉴욕 지역 공장, 박물관, 도시 건물, 공공장소의 가상 여행 제공.
· Blakeway Gigapixel	http://blakewaygigapixel.com/ 스포츠 경기장, 공원, 기념비 등 초고화질 360도 경관 제공. 주로 360도 컴퓨터 앱을 위해 설계되었으나 구글 글래스/가상 현실에서도 볼 수 있음.
· AirPano Arial Panorama and 360 World Tours	http://www.airpano.com 컴퓨터로 볼 수 있는 세계 곳곳의 시각적 이미지 제공. 현재는 가상 현실 헤드셋 지원이 안 되지만 구글 글래스와 같은 가상 현실 장비에서는 조정 가능함.
· World Tour 360 World in 360	http://www.worldtour360.com/ and http://worldin360.com/ 세계 곳곳의 경관을 제공. 대부분은 도시들의 조감도이며, 현재는 가상 현실 장치를 지원하지 않음. 컴퓨터나 전자 노트에서 사용 가능.
· YouTube	http://youtube.com/ 교실 학습을 위한 동영상과 구글 카드보드용 가상 현실 경험 제공. 동영상을 제공하므로 성능이 빠른 컴퓨터 프로세서가 필요함.
· Sites in 3D Virtual Tours	http://www.3dmekanlar.com 유럽 및 서아시아의 명소와 문화적 중심지의 이미지 제공. 구글 카드보드 사용 가능.
· You Visit 360	https://www.youvisit.com/ 문화 행사, 산업 시설, 휴양지 등 세계 곳곳의 동영상과 사진 제공. 또한, 360도 대학 캠퍼스 투어도 제공.
· Vatican	http://www.vatican.va/ 로마 바티칸 여행과 정보 제공. 학생들은 고화질 사진이 제공되는 각각의 방에 입장할 수 있음. 360도 뷰만 가능하며, 구글 카드보드는 지원 안 됨.
· Kid World Citizen	http://kidworldcitizen.org 아동을 위해 특별히 설계되었으며, 세계의 다양한 지역과 문화 소개 및 사진 제공.
· Google Expeditions	https://www.google.com/edu/expeditions/ 박물관, 도시 풍경, 현장 체험 여행 등 제공.
· Google Streets	https://www.google.com/streetview/ 전 세계 수많은 장소의 360도 경관 제공. 사용자도 360도 사진을 찍어 공유 가능함.

· InCell VR	http://incell.nivalvr.com/ 학생들이 신체 세포를 관찰할 수 있는 해설이 있는 견학 프로그램.
· Panoramas.dk	http://panoramas.dk 가상으로 세계 여행을 할 수 있는 파노라마 뷰 제공.
· Panoramic Tour of the USA	http://panoramas.dk/US/index.html 미국의 파노라마 뷰 제공
· Google Art Projects	http://Googleartproject.com 전 세계적으로 권위 있는 17개의 미술관의 1,000여 개 전시물 제공.
· Google Sky	http://www.google.com/sky/ 별, 별자리, 은하수 등의 형성을 관찰할 수 있음. 우주로 나가서 봤을 때의 하늘 모습 제공.
· Smithsonian	http://mnh.si.edu/panoramas 워싱턴 DC의 자연사 박물관을 자기 속도에 맞게 관람할 수 있도록 함. 파란색 화살표를 이용하여 건물의 어디에서든 360도 이미지를 볼 수 있으며 여러 경로로 이동할 수 있음.
· National Museum of the United States Air Force	http://www.nmusafvirtualtour.com/full/tour-pkg.html 라이트 형제 시절부터 현재의 항공기에 이르기까지 미국 항공 기술의 발전 정도를 보여줌.
· Oxford University Museum of Natural History	http://www.chem.ox.ac.uk/oxfordtour/universitymuseum/# 전 세계의 동물학, 광물학, 지질학, 곤충학 관련 소장품, 40피트 크기의 티라노사우루스를 포함한 공룡 전시물. 박물관 건물은 빅토리아 시대의 대표적 업적 중 하나인 고딕 건축 양식을 자랑함.
· White House Public Tour	http://www.visitingdc.com/white-house/virtual-tour-white-house.htm 워싱턴 DC에 갔을 때 백악관을 방문한다면 체험하게 될 공개 투어를 제공.
· Inside the White House	· http://www.whitehouse.gov/about/interactive-tour 백악관 내 역사적 의미와 중요성을 담고 있는 방들을 견학할 수 있음.

Pilgrim and Pilgrim(2016)에서 일부 수정함.

증강 현실

가상 현실이 상호작용하고 몰입할 수 있는 환경을 제공해 준다면, 증강 현실은 우리가 보는 물리적 실재를 대체하는 것이 아니라 추가하는 것이다(Emspak, 2018). 포켓몬고는 참여자가 모바일 기기의 GPS로 포켓몬이라는 가상의 존재를 찾고, 포획하고, 진화시키고, 물리치고, 길들이는 모바일 증강 현실 게임이다. 2018년에는 해리 포터 시리즈에 기반을 둔 유사한 게임이 출시되었다. '해리 포터: 호그와트 미스터리'라는 앱 게임에서는 사용자가 호그와트 세상에서 주문을 걸고 묘약을 사용할 수 있다. 증강 현실은 소리, 영상, 텍스트 등의 정보를 우리가 보는 세상에 겹쳐 놓을 수 있다. 따라서, 이러한 도구를 교육적으로 사용하면 어디서나 휴대하고 있는 테크놀로지, 곧 휴대폰을 사용하는 학생들을 끌어들일 수 있다.

증강 현실은 전통적 교육 자료를 보충하거나 뒷받침할 수 있다. 예를 들어 교재 표지를 스캔하면 교재 내용의 개요를 볼 수 있다. HP Reveal(구 Aurasma)과 같은 도구들은 그림 자료나 트리거 이미지[12]를 사용하여 오버레이 데이터베이스 즉 오라aura[13]를 실행시킨다. 카메라가 달린 모바일 기기와 애플리케이션을 활용하여, 사용자는 트리거 이미지를 틀 안에 넣어 미리 설정한 동영상이나 사진으로 된 오라가 화면에 나타나도록 할 수 있다. 학생들 역시 동영상과 트리거 이미지를 제작하여 자신들이 실제로 행한 작업에 가상 현실 링크를 생성할 수 있는데, 이러한 예로는 과학 공책에 실제 과학 실험 관찰 장면을 연결하는 것을 들 수 있다.

오스모(https://www.playosmo.com/en/)는 실제 사물과 디지털 도구를 결합하는 혼합 학습 게임 시스템인데, 증강 현실을 활용하여 그림을 살아 있는 것처럼 움직이게 만들거나 칠교퍼즐tangram[14]의 힌트를 주기도 한다. 아이패드나 킨들 파이어의 거치대를 활용하여 반사 거울과 카메라가 시야를 조절하고 카메라가 기본적으로 기기 앞 탁자 부근을 기록한다. 이를 통해 오스모 앱이 탁자에 놓여

12) 트리거 이미지는 오라의 기본 구성요소 중 하나로, 사용자가 카메라를 통해 볼 때 감지되는 데이터베이스에 업로드된 이미지이다. 감지되면 오버레이가 나타난다. https://www.mbari.org/wp-content/uploads/2016/01/triggers.pdf

13) 오라는 증강 현실 액션(모바일 장치로 실제 이미지 또는 물체를 가리킬 때 나타나는 이미지, 비디오, 3D 애니메이션 또는 게임 등)이다. https://www.mpsaz.org/edtech/resources/ar/created/files/auras.pdf

14) 칠교놀이는 동양의 퍼즐 놀이 중 하나로, 큰 정사각형을 직각이등변삼각형과 정사각형 등의 총 7개의 조각으로 잘라서 그 조각들을 하나씩 모두 사용해 모양을 만드는 놀이이다.
출처: https://ko.wikipedia.org/wiki/%EC%B9%A0%EA%B5%90%EB%86%80%EC%9D%B4

있는 사물을 볼 수 있다. 아이들은 자모 리터러시, 철자, 해독은 물론이고 칠교 퍼즐 문제 해결, 코딩, 창의적 활동을 할 수 있다. 상호작용적 학습과 게임 시스템은 인공 지능을 이용하여 물리적 세계와 디지털 세계를 이어준다.

혼합 현실

혼합 현실에서의 경험은 가상 현실과 증강 현실의 요소를 결합하여 실세계와 디지털 사물이 상호작용하는 것이다(Milman, 2018). 혼합 현실에서 참여자는 마이크로소프트의 홀로렌즈와 같은 차세대 센서 및 이미지 테크놀로지를 활용하여 실제 사물처럼 반응하는 가상 사물을 조작하고 이와 상호작용한다. 혼합 현실에서는 조종기가 아닌 자신의 손으로 사물을 조작하거나 자신의 발을 움직여 가상공간을 돌아다니는 등 가상 환경에서의 상호작용인데도 주변의 실제 세계를 보고 그 속에 몰입할 수 있도록 해 준다. 혼합 현실 테크놀로지 덕분에 학생들이 진로와 관련된 직접적인 모의 체험 가능성이 커지고 있다.

기타 테크놀로지 도구

스타트렉의 장면이 현실이 된 또 하나의 예는 말하는 컴퓨터이다. 스타트렉의 커크 선장이 엔터프라이즈 호의 컴퓨터에 말을 걸듯이, 교사들은 이 기술을 사용하는 애플의 Siri, 아마존의 Echo, 구글의 Assistant를 보조 교사로 활용한다. 아이들은 이런 가상의 비서들에게 단어의 철자를 묻거나 인터넷으로 화제를 검색하도록 한다. 이러한 음성 인식 작동 도구는 정보를 제공하고, 스토리를 이야기하며, 수학 문제를 돕기도 하고, 새로운 관점을 제시하기도 한다(Blackboard, 2018). 7장에서 설명한 음성 인식 검색 엔진과 마찬가지로 이러한 도구들은 원래 편의를 위해 설계되었으나, 발생기 독자들을 위한 도움을 제공하기도 한다. 이들 도구가 활용 가능해졌으므로, 교사들이 이를 교실 수업에 통합하는 방안을 찾고 있다.

풍부한 리터러시 자료와 보편적 학습 설계

전통적 자료든 테크놀로지 자료든 교수 자료는 리터러시가 풍부한 학습 환경을 조성하는 데에 도움이 된다. 즐거움을 목적으로 하는 독서를 촉진하기 위해서는 교실에 모든 장르의 폭넓은 장서를 보유해야 한다. 인쇄 도서 외에도 전통적 도서를 보강하고 확장할 수 있는 테크놀로지 도구들을 포함할 수 있다. 예를 들어 아이패드나 Tumblebooks.com의 Dr. Seuss 앱은 향상된 시각 자료와 피드백으로 학습자의 흥미를 끌 수 있다.

수업 자료는 보편적 학습 설계나 일반 수업 설계에 중요한 고려사항이며, 모든 학생이 자료실과 자료에 접근할 수 있어야 한다(Center for Applied Special Technology, 연도 미상). King-Sears(2009)에 따르면, 자료 제시와 관련된 문제 중하나는 접근하고 사용하는 데 적절한 크기와 공간이다. 다시 말해서, 파워포인트의 글자 크기와 같이, 교실에 앉아 있는 모든 학생이 볼 수 있을 정도로 글자크기가 충분히 큰지 확인해야 한다. 또한, 학생들이 글자 크기나 구성이 아니라본질적인 내용에 집중할 수 있도록 충분히 큰 글자로 자료를 복잡하지 않게 제시할 필요가 있다.

사전, 유의어 사전, 계산기, 필기도구, 도식 조직자, 다양한 유선 용지, 그래프 용지, 색상지 등의 자료를 비치해 놓은 교실처럼 주변에 학습 자원을 구비해 놓으면 학습자가 필요할 때마다 사용할 수 있는 비계가 된다. 응용특수테크놀로지센터(Center for Applied Special Technology: CAST, 연도 미상)는 도구, 자료, 음향, 조명, 좌석 배치, 그 밖의 자원에 대해 학생의 선택을 수용할 수 있는 학습 공간을 숙고하라고 한다.

보편적 학습 설계를 위한 또 하나의 방책은 디지털 자원 및 자료를 통합해서 유연성을 살리는 것이다. 예를 들어, 문자-음성 변환 도구는 읽기에 어려움을 겪는 독자나 제2 언어 학습자에게 도움이 된다. 내용을 시각적으로 제시하는(색상, 명암 대비, 크기) 데 유연함을 기할 수 있는 디지털 자료도 고려해 볼 수 있다. 내장된 사전, 형광펜 기능, 메모 기능, 자막, 동영상 음성 설명 기능, 이미지 설명 기능 등이 그러한 예이다. 응용특수테크놀로지센터(연도미상)는 교사가 모든 학생을 고려하여 디지털 자원 및 자료의 가용성과 접근성을 높이는 방안을 고민해보라고도 하였다. 학습 자료를 의도에 맞추어 선택하고 사용하는 것은 리터러시가 풍부한 환경을 조성하는 데 중심이 되며, 수업 자료의 변혁을 꾀하고자 하는 보편적 학습 설계의 원리를 실행하는 데도 필수적이다.

학습 모형 및 접근법의 변혁

학교에서 테크놀로지의 존재감은 시간이 갈수록 점점 커질 것이며, 수업 모형들도 계속해서 발전할 것이다. 테크놀로지를 이용하는 새로운 교육적 접근법들은 학습 공간 설계에 영향을 주고 있다. 학습 환경에 관한 이 절의 내용은 앞 절에서 언급한 공간 사용과 겹치는 부분이 있다. 이 절에서 읽게 될 교육적 접근법들은 교실 공간에 관한 생각도 다르지만 더 중요한 것은 테크놀로지의 발전에 영향을 받은 학습 모형들을 반영한다는 점이다. 국제교육테크놀로지학회 The International Society for Technology in Education, ISTE에서는 프로젝트, 문제 해결, 도전 과제 기반 학습과 같은 학생 중심 접근법을 최신 경향의 학습으로 장려하였는데, 이러한 교수법적 틀이 교육과정을 통해 교실 밖 세상과의 연계를 촉진하기 때문이다(Freeman et al., 2017). 우리는 이러한 경향들과 그 외 다른 여러 블렌디드 러닝 접근법들에 대해 논의하면서 교실에서 정보가 획득, 생성, 제시되는 방식의 변화를 보여주고자 한다. 교육 수준을 망라하여 학교는 양질의 학습 기회를 계속해서 찾아야 한다.

블렌디드 러닝

테크놀로지는 학습을 변화시킬 잠재력을 지니고 있어서 교사가 교실 안과 밖에서 리터러시 교육에 접근하는 방식을 바꾸어 놓을 수 있다. 예를 들어, 블렌디드 러닝은 인터넷 공간에서 이루어지는 온라인 학습과 학교라는 물리적 공간에서 이루어지는 오프라인 학습 모두를 포함한다. 가장 기본적 수준에서 블렌디드 러닝은 대면 수업과 테크놀로지가 매개된 수업이 결합되어 있다(Halverson & Graham, 2019). 그러나, 이러한 정의는 블렌디드 러닝의 표면적인 특징을 가리킬 뿐, 학생들이 효율적으로 온라인 학습에 참여하는 데 관련되는 교수법적 특징은 나타내지 못한다. 학생이 학습 계획, 장소, 속도를 일정 부분 통제할 수 있고, 또 테크놀로지 도구와 이용 가능한 방식들을 사용해서 학습 경로가 다양화됨으로써 유연성과 개인화가 증대되는 점 또한 블렌디드 러닝의 특징이다(Horn & Fisher, 2017; Tucker, Wycoff, & Green, 2017). 블렌디드 러닝 문화에서는 학생이 자기 학습을 진행한다. 초등학교 환경에서 블렌디드 러닝의 예로는 Station Rotation이 있다. Horn and Fisher(2017)에 따르면, 이것이 가장 빠르게 발전하고 있는 블렌디드 러닝 모형이다. 이 모형에는 학습의 개인화가 일어나는 온라인 활동을 포함하여 학생들이 서로 다른 학습 활동을 하면서도 소집단 활동을 통해 배우는 리터러시 센터가 들어 있다.

개인화 학습

개인화 학습은 모든 규범적 성취기준과 목표를 충족하기 위하여(Twyman, 2014), 모든 학생의 흥미, 장점, 기능을 고려하면서도(Morin, 연도 미상), 각 학생의 학습 요구와 선호도에 맞추려는 교육적 접근법이다. 때로 개인화 personalization가 개별화individualization나 차별화differentiation라는 말과 혼동되기도 하지만 각각 정의가 다르다(Twyman, 2014). 개별화는 학생의 능력에 대한 교사의 판단과 관련되고, 또 모든 학생들이 시간을 두고 같은 목표를 달성하지만 동시에 달성하는 것은 아니므로 각 학생의 단기적 및 장기적 목표에 대한 교사의 판단과 관련된다(Twyman, 2014). 차별화는 학생들이 규범적 성취기준과 목표를 달성할 수 있도록 할 때 교사가 학습 변동성이 각기 다른 학생들의 능력을 평가하고 학생들의 각기 다른 선호도를 고려하는 경우에 쓰이는 말이다(Twyman, 2014). Bray and McClaskey(2015)에 의하면 개인화는 수업을 계획할 때 학습자의 주체성을 고려함으로써 교육과정에 빠져 있는 부분을 채우는 것이라고 한다.

이러한 목표를 위한 블렌디드 러닝 접근 방식에는 멘토링, 프로젝트 기반 학습, 자기 주도 학습이 포함된다. 다양한 교수법을 사용하는 외에 멀티리터러시 반성적 교수법과 매우 유사하게 교사는 전체 집단 학습과 소집단 학습도 사용한다. 또한 학습 환경을 구성하는 디지털 요소로서 개인화 학습을 설계하기도 한다. 교사는 학생들의 강점과 요구를 고려하여 동영상을 먼저 보여준 다음 선정한 텍스트나 다른 매체를 제시하는 등 각 학생에게 도움이 되는 자료를 결정한다.

플립 러닝

플립 러닝은 블렌디드 러닝의 또 다른 예로서 인터넷상의 교육 자료가 본시 학습 내용의 공급원이 되는 것이다(New Media Consortium, 2013). 플립 러닝에서는 먼저 학교 밖에서 새로운 개념과 자료에 대한 학습이 주로 동영상 강의 형태로 이루어지고, 교실 수업은 능동적 학습을 위해 남겨둔다. 학생 중심의 능동적 학습은 토론, 동료 간 협력, 문제 해결, 실험을 하며 기능을 강화하고 정교화한다. Horn and Fisher(2017)에 의하면, Station Rotation과 같은 블렌디드 러닝 모형과 플립 러닝은 '전통적 수업 시간과 교실 중심의 수업'을 유지하면서도 개선한다(p.63). 핵심은 교실에서의 수업 시간을 어떻게 사용하느냐이다. 교실에서의 수업 시간은 교사의 도움을 받아 능동적으로 적용해 보는 활동에 쓴다. 교사 Dana Johansen과 Sonja Cherry-Paul은 쓰기 모임에서 아이들이 필요할 때마다 계속해서 반복해 들려줄 수 있는 짧은 수업 동영상을 여러 편 제작하여 변형된 형태의 플립 러닝을 설계하였다. 쓰기 워크숍에서 교사들은 컴퓨터를 하나의 수업 거점으로 삼아 동영상을 제공한다. 이 동영상은 개념 강화가 필요한 학생들을 위한 수업 도구가 된다. 수업 동영상을 보면서 학습의 개인화가 이루어지는 동안 교사는 다른 학생과 대화하거나 소집단을 지도할 수 있다(Johansen & Cherry-Paul, 2016).

프로젝트 기반 학습

교수학습이 프로젝트에 따라 진행되는 교수 모형, 즉 프로젝트 기반 학습에서는 학생들을 실세계의 문제에 참여시키기 위해 탐구하게 하고 테크놀로지도 활용하게 한다(Boondee, Kidrakarn, & Sa-Ngiamvibool, 2011; Weizman, Schwartz, & Fortus, 2008). 교사는 교육과정에 있는 관련 기능을 통합하기 위해서(Larmer, Ross, & Mergendoller, 2009) 명확한 최종 결과물을 염두에 두고 프로젝트를 개시해야 한다(Yetkiner, Anderoglu, & Capraro, 2008). 프로젝트 기반 학습은 학생들의 참여를 높일 뿐만 아니라, 비판적 사고, 문제 해결, 의사소통, 협력, 창의성, 리터러시, 세계에 대한 인식을 기르는 데도 유용하다(Bell, 2010; McCollister & Sayler, 2010; Neo & Neo, 2009). 연구에 따르면, 이러한 유형의 학생 중심 학습은 전통적 수업보다 더 효과적이며, 내용 지식의 기억을 향상시키고, 표준화 검사에서 학생들의 성취도도 높게 나온다(Larmer et al., 2009)고 한다. 프로젝트 기반 학습은 어떤 내용 교과 영역에도 적용할 수 있으며, 학제 간에도 적용할 수 있다. 프로젝트를 통한 학습은 진정한 학습을 위해 필요한 기능을 익히고 발달시킬 수 있으며 내용 지식을 가르치는 데 효과적이다(Breen & Fallon, 2005).

문제 기반 학습

문제 기반 학습은 답이 정해져 있지 않은 문제를 학생들이 조사하고 협력해서 같이 해결하는 학생 중심 접근법이다. 해결할 문제가 학생들 자신과 관련되고 관심이 가는 것이라면 동기 부여도 되고 학습도 이루어질 것이다. 문제 기반 학습은 해당 화제에 대한 교사의 직접적인 교수로 시작하지 않고 먼저 문제를 제시한다는 점에서 프로젝트 기반 학습과 유사하다. 문제 기반 학습의 과제는 짧을 수도 있고 복잡할 수도 있다. 일반적으로, 학생들은 문제를 검토하여 파악하고, 문제를 탐구하고, 해결 방안을 판단하고, 문제를 해결하고, 결과를 보고해야 한다(Cornell University, 2019).

도전적 과제 기반 학습

도전적 과제 기반 학습은 학생 중심 수업을 촉진하는 또 하나의 모형이다. 도전적 과제 기반 학습의 토대가 되는 문제 해결이라는 기제는 학습 과정에서 결정적 역할을 한다(Leu, Leu, & Coiro, 2004). 도전적 과제 기반 학습은 학습 활동을 하며 교사와 학생이 지역 사회 구성원들과 협력하는 다학문적 접근법이다. 학생들은 문제 해결에 일상적으로 사용하는 테크놀로지를 적용한다(Apple, 2012). Apple(2012)에 의하면, 도전적 과제 기반 학습은 글로벌 사회에서 가치 있게 여겨지는 기능을 신장하기 위하여 학제적 환경에서 어떤 문제에 대해서 맥락상 적절한 도전을 하도록 한다. 도전적 과제 기반 학습은 조사 연구를 필요로 한다. 도전적 과제 기반 학습에는 여섯 가지 구성 요소가 포함되는데, 이들 요소는 해당 교과의 지식을 심화하거나 관련 이슈에 대해 벌어지는 세계적 논의를 생각해 볼 수 있도록 조사 연구를 시키고 그 방법을 훈련할 때 적용되는 것들이다(Apple, 2012). 학생들은 광범위한 화제나 빅 아이디어[15]로 조사 연구를 시작한다. 그리고 연구팀을 결성하고, 개인이나 집단의 관심사를 반영하는 화제에 대해서 기본적인 질문을 만든다. 도전적 과제는 학습자로 하여금 실세계의 해결책을 찾도록 이끌어 준다. 학습자들은 길잡이 질문, 활동, 자료를 개발한다. 이 단계에서는 테크놀로지의 도움과 구성원 간 협력이 요구된다. 마지막으로, 실행 방안과 성찰을 포함하여 해결책을 도출하고 결론을 제시하거나 발표한다(Apple, 2012). 결과물은 학습한 것을 보여줄 수 있어야 하는데 구두 발표나 서면 보고서와 같은 전통적 결과물은 물론 프레젠테이션, 위키 페이지, 블로그와 같이 테크놀로지를 통합한 것일 수도 있다. 학습자 중심 접근법을 사용하는 교사는 학생들이 자신의 학습을 주도할 수 있도록 해 주어야 한다.

---

15) 빅 아이디어(big idea)는 교과의 근간이 되는 주요 개념과 고유한 내용을 가리키는 것으로 이해 중심 교육과정(Understanding by Design)에서 학습자의 영속적인 이해에 중요하다.

변혁을 넘어: 초월적 학습으로

프로젝트 기반 학습, 문제 기반 학습, 도전적 과제 기반 학습과 같은 학생 중심 접근법은 학생들이 열의를 가지고 실세계 문제들을 다룰 수 있게 해 준다. Magana(2017)는 탐구 중심 방법을 제안하면서, 자신의 T3 틀[16]에서는 실세계의 문제 해결이 변혁적 학습을 넘어 초월적 학습으로 확장된다고 하였다. Magana(2017)는 공익을 위한 테크놀로지 사용을 적극적으로 지지하였다. 즉, 테크놀로지를 최고로 잘 적용하는 경우는 문제 해결을 위한 이미지, 디자인, 새로운 도구나 플랫폼을 제작하는 것이라고 하였다. 5장에서 설명한 T3 틀에서 Magana는 초월을 '정상 범위의 성과나 예상들을 훨씬 넘어서는' 학습으로 보았다(p.122).

새로운 접근법과 보편적 학습 설계

학습 환경과 관련하여 보편적 학습 설계에서 중시해야 하는 것 중 하나는 각 학습자의 변동성을 분석해서 증거에 기반한 방법으로 접근하는 것이다. 우리는 교육 목적 테크놀로지의 발전 속도를 관련 연구가 미처 따라가지 못하고 있음을 안다. 또한, 블렌디드 러닝이나 개인화 학습과 같이 테크놀로지로 인해 동력을 얻은 학습 모형들에 대해 더 많은 연구가 필요하다는 점도 알고 있다. 교수법은 유연해야 하며, 학습자의 발전 과정을 지속적으로 관찰해서 자주 조정되어야 한다. 보편적 학습 설계를 하나의 접근법으로서 실행하고자 할 때 다중적 표상 수단, 다중적 행동 및 표현 수단, 다중적 참여 수단이라는 세 원리를 지킨다면 교사가 모든 학습자의 요구에 집중할 수 있다. 교수법과 관련해서는 과제의 여러 선택 사양, 유연한 학습 공간을 위한 규칙적 피드백, 성공적 학습을 위한 도구를 고려해야 한다(Center for Applied Special Technology, 2018).

이 장에서는 학습에서의 주체성을 뒷받침하는 교실 환경 설계, 학습 자료, 학

---

16) 5장 참고

습 도구, 교수법들을 강조하였다. 주체성을 지닌 학습자들은 "행동을 해서 의도적으로 어떤 일이 일어나도록 할 수 있으며", "주체성은 사람들로 하여금 시대의 변화에 맞추어 자기 계발, 변화에 적응, 자기 혁신이 가능하도록 해 준다"(U.S. Department of Education, 2017, p.10). 진보주의 교육가이자 이론가이며 선견자였던 듀이(1938)는 교육은 "현재를 살아가는 과정이지 미래의 삶을 위한 준비가 아니다."라는 신념을 견지했다(p.78). 듀이의 말은 현재의 학습 맥락에서도, 오늘날의 교실에 사용되는 오늘날의 학습 도구에도 여전히 유효하다. 테크놀로지의 발전과 함께 교육 실천이 혁신되면, 개인화된 학습 기회를 통해 학습자의 주체성이 계속 발달할 것이며 평생에 걸친 자기 주도적 학습의 토대도 구축될 것이다.

학습 주체성

환경 및 테크놀로지는 학습과 참여에 영향을 준다. 능동적인 학습 공간은 이동성이 있고, 유연하며, 다채롭게 변경할 수 있고, 다른 것과 연결이 잘 되는 특징이 있다. 또 학습자의 주체성을 길러주는 제3의 교사 역할을 할 수도 있다. 학습자가 호기심을 느끼는 것을 탐구하고 개념을 충분히 익힐 수 있는 시간과 도구와 자원이 갖추어져 있을 때, 그런 환경은 학습자를 지원한다. 학생들이 교사나 동료, 인터넷의 지원을 받을 수 있다는 것을 안다면, 자신의 능력에 대해 자신감을 키우게 될 것이다. 그 외에도, 테크놀로지는 학습자들에게 공정성과 접근성을 증진하는 방법으로서 인식되어 왔으며, 역사적으로 소외계층 학생들에게 미래 교육에 대비할 수 있는 질 높은 학습 자료, 전문 지식, 개인화 학습, 도구에 접근할 수 있는 공정성을 증진시켰다(U.S. Department of Education, 2017, p.9). 주의 깊게 설계되고 사려 깊게 적용된다면, 테크놀로지는 효과적인 교육 실천이 지닌 영향력을 가속화하고, 증폭하며, 확대할 것이다(U.S. Department of Education, 2017).

테크놀로지의 발전은 교육 실천을 계속해서 변화시킬 것이다. 그리고 학생의 주체성에도 지속적으로 영향을 줄 것인데, 학생의 주체성은 학생들이 과제, 테크놀로지, 참여에 대한 선택을 통해서 자신이 학습하는 방식에 목소리를 낼 수 있도록 한다. 창의적 자유, 또는 주체성은 학생들이 학습의 내용, 시기, 방법에 대해 선택할 수 있도록 해 준다(Richardson, 2019). "그리고 현대적 테크놀로지가 교수학습에 통합되어 학생의 주체성이 증폭된다면, 세상의 실제 문제들을 해결할 수 있는 가능성이 생기며, 강력한 방식으로 실제 사람들에게 도움을 줄 수 있을 것이다."(6항)

<인식 전환> 다시 보기

변혁이라는 단어를 재차 살펴보았던 이 장의 <인식 전환>으로 돌아가 보라. 우리는 교육에서의 테크놀로지 사용과 관련하여 변혁이란 말을 자주 사용했다. 미리엄-웹스터 사전에 따르면, '변혁하다'라는 동사는 구성이나 구조의 변화, 겉모습이나 외형의 변화, 성격이나 조건의 변화를 의미한다. 변혁이라는 행위는 학습 설계 전반으로 확장된다. 멀티리터러시 관점의 설계나 제작에서는 주체성, 변동성, 다양성을 장점으로 인정한다. 또한, 수많은 방식과 도구도 포함한다. 1인 1기기 지원 정책에서 테크놀로지 도구가 많은 기회를 제공한다는 점을 생각해 보라고 했다. 교사들은 기기 사용을 통해 기존의 교수 방식을 확장할 수 있다. 예를 들어, 태블릿을 노트 필기나 숙제 제출에 사용할 수 있다. 이는 SAMR 모형의 S(대체), RAT 모형의 R(교체), 혹은 T3 모형의 T1.1(자동화)을 반영한다. 이제 이 장을 모두 읽었는데, 교수 혁신에 아이디어를 추가할 수 있겠는가? 이 틀들을 자신의 아이디어에 어떻게 적용할 수 있겠는가? 다음 장에서는 테크놀로지 사용에 관한 논의를 좀 더 확장해 보고자 한다.

References

Apple Press Info. (2012). Apple reinvents textbooks with iBooks 2 for iPad. Retrieved from http://www.apple.com/pr/library/2012/01/19Apple-Reinvents-Textbooks-with-iBooks-2for-iPad.html

Bell, S. (2010). Project-based learning for the 21st century: Skills for the future. Clearing House, 83(2), 39–43. doi:10.1080/00098650903505415

Blackboard. (2018, October 26). Using Amazon Alexa as a classroom teaching assistant. Retrieved from https://blog.blackboard.com/using-amazon-alexa-as-a-classroom-teaching-assistant/

Boondee, V., Kidrakarn, P., & Sa-Ngiamvibool, W. (2011). A learning and teaching model using project-based learning (PBL) on the web to promote cooperative learning. European Journal of Social Science, 21(3), 498–506.

Bray, B., & McClaskey, K. (2015). Personalization vs. differentiation vs. individualization report, (PDI), v3. Retrieved from http://www.my-ecoach.com/online/resources/5/pdi-report-v312.pdf

Breen, E., & Fallon, H. (2005). Developing student information literacy skills to support problem and project-based learning. In T. Barrett, I. Mac Labhrain, & H. Fallon (Eds.), Handbook of enquiry and problem-based learning: Irish case studies and international perspectives (pp.179–188). Galway, Ireland: Centre for Excellence in Learning and Teaching.

Center for Applied Special Technology. (2018). 5 examples of Universal Design for Learning in the classroom. Understood. Retrieved from https://www.understood.org/en/learning-attention-issues/treatments-approaches/educational-strategies/5-examples-of-universal-design-for-learning-in-the-classroom?view=slideview

Center for Applied Special Technology. (n.d.). Top 5 UDL tips for learning environments. Retrieved from http://castprofessionallearning.org/project/top-5-udl-tips-for-learning-environments/

Cope, W., & Kalantzis, M. (2000). Multiliteracies: Literacy learning and the design of social futures. London, UK: Routledge.

Cornell University. (2019). Problem-based learning. Center for Teaching Innovation. Retrieved from https://teaching.cornell.edu/teaching-resources/engaging-students/problem-based-learning

Davis, A. W., & Kappler-Hewitt, K. (2013). Australia's campfires, caves, and watering holes. Learning and Leading with Technology, 40(8),24–26.

Dewey, J. (1938). Experience in education. New York, NY: MacMillan.

Elliot, R. (2009). Using google my maps for classroom projects. Teaching English as a Second or Foreign Language, 12(4). Retrieved from http://www.tesl-ej.org/pdf/ej48/m1.pdf

Emspak, J. (2018). What is augmented reality? LiveScience. Retrieved from https://www.livescience.com/34843-augmented-reality.html

Fraser, S. (2012). Authentic childhood. Scarborough, ON: Nelson Education.

Freeman, A., Adams Becker, S., Cummins, M., Davis, A., & Hall Giesinger, C. (2017). NMC/CoSN Horizon Report: 2017 K-12 Edition. Austin, Texas: The New Media Consortium.

Gandini, L. (2012). Connecting through caring and learning spaces. In C. Edwards, L. Gandini, & G. Forman (Eds.), The hundred languages of children: The Reggio Emilia experience in transformation (3rd ed., pp.317–341). Santa Barbara, CA: Praeger.

Gunn, B. K., Simmons, D. C., & Kameenui, E. J. (1995). Emergent literacy: A synthesis of the research. Eugene, OR: The National Center to Improve the Tools of Educators.

Halverson, L. R., & Graham, C. R. (2019). Learner engagement in blended learning environments: A conceptual framework. Online Learning, 23(2), 145–178. https://dewey.umhb.edu:2128/10.24059/olj.v23i2.1481

Horn, M. B., & Fisher, J. F. (2017). New faces of blended learning. Educational Leadership, 74(6), 59–63.

Johansen, D., & Cherry-Paul, S. (2016). Flip your writing workshop: A blended learning approach. Portsmouth, NH: Heinneman.

King-Sears, M. (2009). Universal design for learning: Technology and pedagogy. Learning Disability Quarterly, 32(4), 190–201.

Kolb, D. A. (1984). Experiential learning: Experience as the source of learning and development. Englewood Cliffs, NJ: Prentice Hall.

Larmer, J., Ross, D., & Mergendoller, J. R. (2009). PBL starter kit: To-the-point advice, tools and tips for your first project in middle or high school. Novato, CA: Buck Institute for Education.

Leu, D. J., Jr., Leu, D. D., & Coiro, J. (2004). Teaching with the internet: New literacies for new times (4th ed.). Norwood, MA: Christopher-Gordon.

Levy, R. (2008). 'Third spaces' are interesting places: Applying 'third space theory' to nursery-aged children's constructions of themselves as readers. Journal of Early Childhood Literacy, 8(1), 43–66.

Lisenbee, P.S., Hallman, C., & Landry, D. (2015). Geocaching is catching students' attention in the classroom. The Geography Teacher, 12(1), 7–16.

Magana, S. (2017). Disruptive classroom technologies: A framework for innovation in education. Thousand Oaks, CA: Corwin.

Mak, J. (2016). Google expeditions offers stunning field trips without leaving school. The International Society for Technology in Education. Retrieved from https://www.iste.org/explore/In-the-classroom/Google-Expeditions-offers-stunning-field-trips-without-leaving-school

Malaguzzi, L. (1998). History, ideas, and basic philosophy. In C. Edwards, L. Gandini, & G. Forman (Eds.), The hundred languages of children: The Reggio Emilia approach – advanced reflections. Greenwich, CT: Ablex Publishing Corporation.

Mayclin, D. (2016). Computer and technology use in education buildings continues to increase. Retrieved October 18, 2017, from https://www.eia.gov/todayinenergy/detail.php?id=24812

McCollister, K., & Sayler, M. (2010). Lift the ceiling. Gifted Child Today, 33(1), 41–47.

Milman, N. B. (2018). Defining and conceptualizing mixed reality, augmented reality, and virtual reality. Distance Learning, 15(2), 55–58.

Morin, A. (n.d.). Personalized learning: What you need to know. Understood. Retrieved from https://www.understood.org/en/school-learning/partnering-with-childs-school/instructional-strategies/personalized-learning-what-you-need-to-know

Neo, M., & Neo, T. (2009). Engaging students in multi-mediated constructivist learning – Students' perceptions. Educational Technology & Society, 12(2), 254–266.

New London Group.(1996). A pedagogy of multiliteracies: Designing social futures. Harvard Educational Review, 66(1), 60–92.

Ontario Ministries of Education. (2012). The third teacher. The Capacity Building Series, 27, 1–8. Retrieved from http://www.edu.gov.on.ca/eng/literacynumeracy/inspire/research/cbs_thirdteacher.pdf

Pane, D. M. (2007). Third space: Blended teaching and learning. Journal for the

Research Center for Educational Technology (RCET), 5(1), 64–92.

Pilgrim, J. M., & Pilgrim, J. (2016). The use of virtual reality tools in the reading-language arts classroom. Texas Journal of Literacy Education, 4(2), 90–97.

Project Tomorrow. (March 2020). Speak Up 2017 National Data Infographic:Are our k-12 students ready for virtual or online learning at home? Irvine, CA: Project Tomorrow.

Ragupathi, K. (2013, March). Collaborative learning using google docs & maps. Technology in Pedagogy, 15, 1–8.

Reinking, D. (1997). Me and my hypertext: A multiple digression analysis of technology and literacy. The Reading Teacher, 50(8), 626–643.

Richardson, W. (2019). Sparking student agency with technology. Educational Leadership, 76(5). Retrieved from http://www.ascd.org/publications/educational-leadership/feb19/vol76/num05/Sparking-Student-Agency-with-Technology.aspx

Sauers, N. J., & McLeod, S. (2012). What does the research say about school one-to-one computing initiatives? UCEA Center for the Advanced Study of Technology Leadership in Education. Retrieved from http://www.natickps.org/CASTLEBrief01_LaptopPrograms.pdf

Tucker, C., Wycoff, T., & Green, J. (2017). Blended learning in action: A practical guide toward sustainable change. Thousand Oaks, CA: Corwin.

Twyman, J. S. (2014). Competency-based education: Supporting personalized learning. Retrieved from https://files.eric.ed.gov/fulltext/ED558055.pdf

U.S. Department of Education, Office of Educational Technology. (2017). Reimagining the role of technology in education: 2017 national education technology plan update. Retrieved from https://tech.ed.gov/files/2017/01/NETP17.pdf

Vasinda, S., & McLeod, J. (2011). Extending readers theater: A powerful and purposeful match with podcasting. The Reading Teacher, 64(7), 486–497.

Weizman, A., Schwartz, Y., & Fortus, D. (2008). The driving question board. Science Teacher, 75(8), 33–37.

Yetkiner, Z. E., Anderoglu, H., & Capraro, R. M. (2008). Research summary: Project- based learning in middle grades mathematics. Retrieved from http://www.nmsa.org/Research/ResearchSummaries/ProjectBasedLearninginMath/tabid/1570/Default.aspx

9장
수업 설계
건축가로서의 교사

인식 전환

수업 설계를 생각해 보라. 수업 설계에 무엇이 들어가야 할까? 멀티리터러시 관점 및 앞에서 소개한 모형과 틀을 바탕으로 하여 가용한 디지털 도구를 생각할 때, 여러분의 수업 설계 과정에 새로 추가할 고려사항은 무엇인가? 학생의 학습 요구나 여러분이 가르쳐야 할 리터러시 목표를 생각해 보라. 여기 9장을 읽으면서, 그동안 축적된 테크놀로지 지식과 교수법적 지식을 적용하여 리터러시 학습의 접근 가능성을 높일 방안에 관한 자신의 생각을 확장해 보라. 이 장 말미에 자신이 선정한 리터러시 목표를 다시 한번 돌아볼 것이다. 미래의 수업 설계 자원으로서 이 장에서 강조하는 디지털 도구들을 살펴보기 바란다.

리터러시의 세계에서 교육은 실세계 의사소통 수단과 부합해야 한다. 멀티리터러시들을 받아들이고 우리가 다양한 방법과 양식으로 의사소통한다는 사실을 인정하는 것은 리터러시 지도에 결정적인 부분이다. 학교에서의 리터러시 활동은 학교 밖에서 아동과 청소년들이 인쇄 매체와 디지털 매체를 다루는 방식을 반영해야 한다. 지금까지 이 책 전체적으로, 멀티리터러시들과 복합양식이 펼쳐지는 이 세상에서 학생의 리터러시 학습을 지원하는 데 필요한 교사 지식을 설명하는 모형과 틀을 논의해 왔다. 이 장에서는 이 책 전반적으로 제시되었던 내용에 부합하는 수업 설계 예시를 보면서 테크놀로지 통합과 리터러시 교육에 대한 결론을 내리고자 한다. 이 책을 마무리 짓는 이 장의 목표는 수업 설계를 위한 의사결정과 변혁적 리터러시 학습의 평가 과정에서 교사들을 돕는 데 있다.

수업 설계에, 저마다 고유한 학습자들의 맥락을 반영하는 렌즈로서 또 이들을 위한 접근법으로서 멀티리터러시들과 보편적 학습 설계를 이용하면 모두가 학습에 접근할 수 있다. 이렇게 맥락을 고려하는 것이 학교 밖 세상을 보다 정확하게 반영하는 수업을 계획하는 데 필요한 의사 결정 과정의 뼈대가 된다. 마치 건축가가 사용자의 편의와 목표를 고려해서 구조를 설계하기 시작하듯이, 교사는 리터러시 학습 목표와 학습자 요구를 고려하면서 수업 설계를 시작한다. 건축가가 사람들의 다양한 요구와 능력에 맞추어 엘리베이터, 경사로, 자동문, 반응형 조명을 사용하여 접근성을 고려하듯이, 교사들은 아동들의 다양한 요구와 능력에 맞추어 학습에 접근할 수 있도록 수업을 설계한다. 건축가는 또한 흥미롭고 만족스러운 구조를 만드는 데 미적 디자인과 고객의 바람을 고려한다. 교사는 학생들의 호기심과 흥미를 끄는 수업을 만들기 위해 학생의 참여를 고려한다. 즉, 교사는 수업을 설계하는 건축가이다. 이 장에서는 이 책에서 지금까지 제시해 온 틀과 이론적 토대를 수업 설계에 의도적으로 적용해 보고자 하는데, 이는 변화하는 세상에서 학생들을 위해 교사가 변화의 주체가 될 수 있도록 도움을 준다.

수업을 설계하는 건축가로서의 교사

수업 설계는 복잡한 과정이다. 교사의 수업 계획은 건축가의 설계 청사진과 같다. [그림 9.1]은 이 책에서 제시한 이론적 토대와 틀을 시각화한 교사의 청사진을 나타낸다. 우리는 멀티리터러시 관점에서 사고하고 있으므로, 수많은 방법과 수많은 양식으로 의사소통하는 다양한 학습자 그룹을 대상으로 한다는 점은 리터러시 교육에 무엇보다 중요한 고려사항이다. 이 책의 1부에서 멀티리터러시와 리터러시를 갖추게 된다는 것이 무엇인지에 대해 확대되고 변화하는 개념들을 다루었다. 2부에서는 테크놀로지 통합에 관해 사고하는 틀을 다루었다. 이러한 틀은 수업 설계 청사진에서 기둥이 된다(그림 9.1). 테크놀로지 통합TPACK, 교수법, 보편적 학습 설계, 수업 환경이라는 네 기둥은 수업 설계에서 서로 함께 작동한다. 각 기둥에는 리터러시 교육에 테크놀로지를 통합할 때 기반이 되는 세 가지 요소가 포함된다. 이제 이 책의 3부를 마무리하면서 교사가 이러한 모형과 틀을 적용하는 데 대해서 논의해 보겠다.

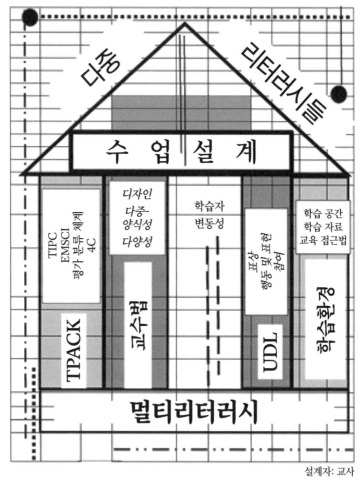

설계자: 교사

[그림 9.1] 수업 설계의 청사진

다음에서 우리는 교사가 수업 설계 과정에 멀티리터러시 관점을 적용하는 시나리오를 함께 살펴볼 것이다. 이 시나리오에서는 종합적인 교사 지식에 바탕을 두고 테크놀로지를 통합(TPACK)해서 학습자의 변동성을 다루는 방식, 테크놀로지를 계획하고 평가하는 방식, 교사가 학습의 내용, 방법, 목적을 계획할 때 멀티리터러시들과 학습 환경을 고려하는 보편적 학습 설계를 보여준다. 수업을 설계하는 건축가로서 교사는 수업 설계 과정에 테크놀로지 통합 리터러시 지도의 토대가 되는 것을 적용한다.

이론적 토대와 틀의 적용

3학년 교사들이 역사 속 인물의 전기에 초점을 두고 탐구 단원을 계획하고 있다. 이 범교과적 단원에는 영어와 사회 두 교육과정의 성취 기준이 있다. 이에 더해, 교사들은 학생들이 역사 속 인물의 존경할 점을 생각해 보기를 바라면서 비판적으로 사고할 수 있는 포괄적인 질문 – "사람들이 오랫동안 존경해 온 성격적 특성에는 어떤 것이 있는가?" – 을 만들었다. 해당 성취 기준은 학생들이 정보를 찾고, 평가하고, 구성하고, 전달하는 과정을 통해 탐구 기능을 실천할 것을 요구한다. 이 단원의 목표는 학생들이 역사 속 인물에 대한 창작물을 만들고 그들이 존경받는 특성을 평가하는 것이다. 창작물은 학급 구성원과 공유해야 한다. 그러고 나서 반 구성원들이 협력해서 역사적으로 존경받는 사람들이 지니고 있는 특성을 목록으로 만들고 오늘날에도 여전히 존경받는 특성이 무엇인지 생각해 본다.

수업 계획 시, 교사는 비판적 사고, 협력, 창의성, 의사소통의 4C를 고려한다(National Education Association, 2010). 비판적 사고는 정보를 검색할 때 필수적이다. 학생들은 정보의 정확성과 신뢰성을 검토할 때 비판적 사고를 실세계에 적용할 것이다. 또한, 비판적 사고를 유도하는 포괄적 질문 – "사람들이 오랫동안 존경해 온 성격적 특성에는 어떤 것이 있는가?" – 을 시작으로 하여 역사 속 인물의 성격적 특성에 관한 정보를 종합할 것이다. 협력을 할 때에는 학생들이 발견해 낸 보편적인 성격적 특성에 관해 학급 전체 질문, 학급 간 토의, 발표를 고려하도록 한다. 교사는 학생들이 역사 속 인물에 관한 정보를 재현하고 표현하는 다양한 방법을 찾아내고 최종 창작물을 만들어 내면서 창의성을 발휘할 것으로 기대한다. 의사소통은 학생들의 지식을 증명하는 핵심 요소이며 글, 시각 자료, 몸동작, 구두 형태의 어떤 조합으로든 활동의 결과물을 공유한다.

이 3학년 교사들이 설계 과정에서 중요하게 고려하는 또 하나는 테크놀로지 통합이다. 교사들은 학습자 변동성을 감안하여 아날로그 도구와 디지털 도구 둘 다를 선택해서 학습자들의 요구를 수용한다. 교사는 테크놀로지 도구가 아날로그 도구로는 가능하지 않은 어떤 행동 유도성을 지니는지 판단해야 한다. 다시 말해서, 테크놀로지 통합이 학생들에게 유익한가? 이 교사들은 테크놀로지 통합의 가능성을 살피기 위해 4장에 소개된 테크놀로지 통합 계획 주기 TIPC(Hutchison & Woodward, 2014)[1]를 사용한다. 테크놀로지는 이전에는 존재하지 않았던 새로운 가능성을 창출함으로써 학습을 증진하고, 중재하며, 변혁해야 한다.

어떤 경우에는 테크놀로지 도구가 학생의 자모 학습에 대한 요구를 지원할 수 있고(예: TTS[2] 도구), 어떤 도구들은 교실 밖 세상을 반영하는 새로운 표현 기회를 제공할 수 있다. 학생용으로 선정된 테크놀로지 도구에 맞추어 EMSCI 모형(Lisenbee, 2009)[3]을 사용하면 도구 사용의 유창성을 발달시킬 수 있다. 3학년 교사들은 또한, 학생들이 변혁적인 도구를 사용해서 강력하고도 파급력 있는 방식으로 의사소통 능력과 뉴 리터러시를 보여 주기 원한다.

이 교사 팀의 수업 설계는 단원 내 차시별 목표 달성에 초점을 둔다. 그래서 이 교사들은 멀티리터러시들이라는 렌즈를 통해 학습자 변동성을 고려한다. 교사의 수업 설계 과정을 좀 더 잘 이해하기 위해, 3학년 교사인 Hall 선생님의 사례를 중심으로 학습자 요구 충족을 위한 테크놀로지 도구의 적용에 대해 기술

---

1) 4장 [그림 4.3] 참고
2) TTS: text to speech 문자-음성 변환
3) 4장 [그림 4.4], 7장 참고

하도록 하겠다. <표 9.1>은 학생들의 요구를 충족하고자 복합 양식 의사소통도 포함하기로 한 Hall 선생님의 계획을 보여준다. <표 9.1>에 제시된 것과 같은 템플릿을 사용하면 교사들이 수업 설계 과정에서 학습자의 변동성을 의도적으로 고려하기에 편리하다.

<표 9.1> 보편적 학습 설계 관점에 따른 테크놀로지 통합 수업 설계

학습자 변동성	멀티리터러시 접근성	테크놀로지 도구
보편적 학습 설계 – 표상 원리		
다양한 이유로 자신의 학년 수준 이하의 제재를 읽는다.	• 문자-음성 변환 소프트웨어로 접근한다. • 동영상으로 접근한다. • 팟캐스트로 접근한다.	• 구글 드라이브의 문자-음성 변환 기능 • 스마트폰: 안드로이드 폰의 TalkBack 기능 및 애플 아이폰의 VoiceOver 접근성 기능 • 구글 크롬의 소리 내어 읽기 또는 읽고 쓰기 기능 • 크롬북의 ChromeVox 화면 읽기 기능 • 윈도우 10의 화면 읽기 기능 • 맥 컴퓨터의 화면 소리 내어 읽기 기능 • Ducksters—https://www.ducksters.com/biography/ • Getspeechify.com • Tarheelreader.org • Bookshare.org • LearningAlly.org
텍스트 독해를 어려워한다.	• 정보를 조직하기 위해 시각 자료로 접근한다. (그래픽, 동영상, 개념도, 도식 조직자 등)	• Ducksters—https://www.ducksters.com/biography/women_leaders/rosa_parks.php • Inspiration.com (도식 조직자) • Rewordify.com
보편적 학습 설계 — 행동 및 표현 원리		
음성 언어 사용에 장애가 있다.	• 다른 사람 앞에서 말하거나 읽는 대신 시청각 대체물을 사용하기 위해 웹사이트나 앱으로 접근한다.	• Voki.com • ChatterKid.com
문자 언어 사용에 장애가 있다.	• 음성-문자 변환 기능이 있는 테크놀로지 기기나 그 외 타자 능력을 지원하는 도구로 접근한다.	• Google Docs • Microsoft 365 • OnlineCorrection.com • Grammarly.com

보편적 학습 설계 — 참여 원리		
도전할 수 있는 과제를 추가할 필요가 있다.	• 시사점을 주는 역사 속 인물들을 다룬 복합적 텍스트들에 접근해서 이 텍스트들을 읽고 인물을 탐구하며, 이를 통해 인물의 성격적 특성을 파악하고 그 인물의 반대편 사람이나 주변의 소외 계층이 지닌 관점에 대해서 추가로 탐구한다.	• Newsela.com • Weebly.com • https://www.mrroughton.com/lessons/assignments-cyoa (자신만의 모험 과제를 생성할 수 있음) • Diigo.com
과제에 집중하지 못하고 학습 동기가 없다.	• 다양한 역사 속 인물, 다양한 조사 도구, 자신이 이해한 것과 최종 결과물을 표현할 수 있는 복합 양식으로 접근한다.	• Padlet.com • Animoto.com • Prezi.com • iMovie(또는 그 외 동영상 제작 앱) • Screencastify.com • Applied Digital Skills https://applieddigitalskills.withgoogle.com/c/en/curriculum.html?topic=communication&audience=late_elementary • YouTube videos

<표 9.1>에서 가로줄 세 개는 보편적 학습 설계의 세 가지 원리를 나타내는데, Hall 선생님의 교실 상황에서 이 원리에 부합하는 구체적인 학습자 변동성을 제시해 놓았다. Hall 선생님은 학습자들의 관심과 특수한 요구에 기초해서 모든 학생들이 테크놀로지에 접근할 수 있는 방식을 고려한다. 또 모든 학습자가 멀티리터러시 활동에 참여할 수 있도록 다양한 테크놀로지 도구의 사용 방안을 계획한다. 우리는 의도적인 수업 설계 예를 보여 주기 위해 표상, 행동 및 표현, 참여라는 보편적 학습 설계의 세 원리를 사용한 Hall 선생님의 수업 설계안을 공유하고자 한다.

다중적 표상 수단

앞의 3장에서 다중적 표상 수단의 원리는 학습 내용을 반영하는 원리이며, 교사가 내용을 표상하거나 가르치는 데 다양한 수단을 사용해야 한다고 역설하였다. 다시 말해서, 교사는 학생들이 학습 자료와 내용에 최대한으로 접근할 수 있도록 수업을 설계해야 한다(Center for Applied Special Technology, 2011). 교실에 있는 학생들의 다양한 요구를 반영하고자 한다면 성공적인 학습을 위해 학습자가 궁금해 하는 것은 물론이고 보조적인 지원 도구들도 고려해야 한다. 학생들은 책을 읽거나, 동영상을 보거나, 팟캐스트를 듣거나, 문자-음성 변환 장치를 사용하여 정보를 얻을 수 있다. 이렇게 복합적 양식으로 정보에 접근하면 읽기 수준이 낮은 독자, 제2 언어 학습자, 문자 해독은 가능하지만 독해가 안 되는 학생들을 도울 수 있다. 한두 학습자의 경우라 할지라도 학습 변동성을 반영하여 교수를 조정하는 것이 결국은 학생들의 수많은 변동성과 선호도를 뒷받침할 수 있게 한다.

Hall 선생님은 3학년 교실에서 학생들의 읽기 능력이 평균, 평균 이상, 평균 이하 수준으로 다양하다는 사실을 잘 안다. 그래서 읽기에 어려움을 겪는 학생들에게 다양한 양식으로 정보에 접근할 수 있는 기회를 마련해 주고 싶었다. 이러한 학생들로는 의사소통에 어려움을 겪는 제2 언어 학습자는 물론이고 문자 해독을 어려워하는 학습자들도 있다. Hall 선생님은 모든 수준의 도서 읽기, 동영상 시청, 팟캐스트 청취, 문자-음성 변환기 사용과 같은 방법으로 학생들이 정보에 접근할 수 있도록 하였다. <표 9.1>에서 볼 수 있듯이, Hall 선생님은 교실에서 컴퓨터나 아이패드로 사용 가능한 도서, 동영상, 팟캐스트, 문자-음성 변환기가 들어 있는 복합적인 웹사이트와 앱들을 준비하였다. Hall 선생님의 학급 문고와 학교 도서관은 읽기 수준이 다양한 도서들을 구비하고 있고 온라인 읽기를 위해 컴퓨터상에 머물 수 있는 공간도 제공해 주기 때문에 학생들이 탐구할 때 유용한 자원이 된다. 탐구 작업에 동영상과 팟캐스트 같은 복합적 양식들이 포함돼 있으면, 학생들이 인쇄 텍스트나 디지털 텍스트의 내용을 탐구하기 전에 이것들을 스키마를 얻기 위해 쓸 수 있다. 문자-음성 변환 기능을 사용하면 자기 학년 수준의 텍스트를 읽지 못해서 도움이 필요한 학생들에게 장벽을 낮춰 주고, 텍스트를 음성 정보로 바꾸어 주기를 원하는 학생들에게는 추가로 또 하나의 양식을 제공해 줄 수 있다. <표 9.1>에는 보편적 학습 설계의 표상 원리에 대해 학생들이 접근할 수 있는 몇 가지 도구가 제시되어 있다.

학습자 변동성 칸에 두 번째로 제시된 예의 경우, Hall 선생님은 독해를 지원하고 능동적으로 의미를 구성하는 데 필요한 것을 지원할 수 있도록 계획했다. 이 기능은 많은 학생들이 어려워할 수 있는데, 왜냐하면 학생들이 설명적 텍스트를 접할 때 그 내용이 도전적일 수 있기 때문이다(Richardson, Morgan, & Fleener, 2012). 앞서 언급한 바와 같이, Hall 선생님은 동영상과 같은 시각적 자원을 선택하여 학생들이 정보를 이해할 수 있도록 했다. 보편적 학습 설계의 표상 원리에서 테크놀로지 도구란에 소개된 것 중 Ducksters는 Hall 선생님이 발견한 웹사이트인데, 역사 속 인물의 일생에 관한 동영상을 제공해 주기 때문에 학습자 변동성을 수용할 수 있다. Hall 선생님은 멀티미디어에 대해 여러 가지 선택이 가능하도록 했지만 그렇더라도 탐구 과정에 비계가 필수적이라는 사실을 알고 있다. 또, 정보의 조직화를 위해 아날로그 도구와 디지털 도구 둘 다 선정하였다. Inspiration Maps는 학생들이 다양한 자원에서 정보를 수집해서 역사 속 인물에 관한 세부사항을 추가할 수 있도록 했다.

정보 수집에 웹사이트를 활용하는 학생들을 위해 Hall 선생님은 웹사이트, 메모, 주석 등을 저장하고 정리해 주는 북마킹 도구인 Diigo를 사용할 수 있도록 했다. Diigo는 학생들이 쉽고 빠르게 웹사이트를 다시 읽거나 다시 접속하는 것을 가능하게 해서 독해에 어려움을 겪는 학생들에게 변혁적 도구가 되었다. 웹사이트를 이용하는 학생들을 위한 또 하나의 도구는 Rewordify.com이었다. 이해하기 어려운 웹사이트를 접하게 되는 경우, 텍스트를 Rewordify에 복사해 넣으면 독자들이 이해하기 쉬운 단어와 구로 조정된 단순화된 텍스트가 제공된다. <표 9.1>에 소개된 도구들은 학생 모두가 자신의 요구에 부합하면서도 정보 전달 방식의 선택이 가능한 테크놀로지를 찾는 데 유용하다.

다중적 행동 및 표현 수단

앞의 3장에서 다중적 행동 및 표현 수단이 학습의 방법을 반영하는 원리임을 설명했다. 학생들은 다양한 방식으로 자신이 학습한 것을 증명해 보여야 할 것이기 때문에, 이 원리는 교사들에게 학생들이 이해한 내용을 행동하고 표현하는 데 여러 가지 선택이 가능하도록 해야 한다는 점을 말한다(Center for Applied Special Technology, 2011). 학생들은 문자 언어, 음성 언어, 시각적 표현 등 여러 의사소통 양식을 사용해서 자신이 알고 있는 지식을 나타내 보일 수 있다. 정보를 공유하는 이러한 복합 양식은 쓰기나 말하기에 어려움을 겪는 독자는 물론 창의성을 펼쳐 보려는 학습자에게도 도움이 된다.

학생들이 책을 읽거나, 동영상을 보거나, 팟캐스트를 듣거나, 문자-음성 변환기를 사용하거나 해서 정보를 파악하고 나면 그 정보를 반 전체와 공유한다. 따라서, Hall 선생님은 학생들이 여러 가지 의사소통 양식을 사용해서 탐구한 결과를 표현해 볼 기회를 제공했다. <표 9.1>에서 보듯이 학습자 변동성에는 구어 및 문어 의사소통에 어려움이 있는 학생들이 포함된다. Hall 선생님은 다양한 웹사이트와 앱을 제공하여 학생들이 발표하거나 결과물을 낼 때 시청각적으로 여러 선택이 가능하도록 하였다. 구어 발표를 할 때 선택지로는 Voki와 Chatterkids가 있다. Voki.com에서는 성별, 얼굴, 머리, 눈, 입, 옷 등을 선택해서 역사 속 인물을 가장 잘 표현하는 캐릭터를 만들 수 있다. Voki에서 역사 인물 캐릭터가 만들어지고 나면, 학생들은 그 인물의 연설을 (필요하다면 억양을 살려서) 녹음해서 탑재한다. 문자-음성 변환 기능을 써서 인물 캐릭터가 연설하는 것처럼 보이게 할 수도 있다. 다양한 표현 방법을 원하는 학생들에게 도움이 되는 또 다른 도구는 ChatterKids이다. 이 앱은 역사 속 인물의 실제 이미지를 사용하여 입 주위에 선을 그리고 문자-음성 변환 소프트웨어를 사용하여 마치 역사 속 인물이 말을 하는 것처럼 보이게 해 준다. 학생들이 직접 읽어 녹음한 애니메이션 영상을 ChatterKids로 저장할 수도 있다. Hall 선생님은 Chatterkids에서 학생이 직접 녹음한 연설문이 재생될 때, 입을 움직이는 역사 속 인물의 실감 나는 동영상 모습 덕분에 연설문을 읽고 녹음하는 작업에 학생들의 높은 참여를 유도할 수 있을 것으로 예상한다.

글로 쓴 결과물을 공유하고 싶은 학생들에게 제시할 수 있는 여러 가지 가능한 선택지들도 <표 9.1>에 있다. 구글 문서나 마이크로소프트 365와 같은 많은 테크놀로지 도구들은 음성-문자 변환을 가능하게 한다. 이러한 도구들은 학생들이 역사 속 인물에 관해 탐구한 내용을 음성으로 녹음하고, 그 음성 파일을 컴퓨터 화면에 글로 전사해 준다. 음성-문자 변환 기능은 학생들이 글을 잘 작성할 수 있도록 유의어, 철자, 문법에 관한 도움말도 제공한다. 이런 도구에 접근해서 사용할 수 있으면 모든 학생들이 철자나 글을 정확하게 쓸 수 있는 기회가 된다. Hall 선생님은 학급 전체를 대상으로 이 도구의 사용 방법을 시범 보이고 모든 학생이 음성-문자 변환 도구에 접근할 수 있도록 계획하였다. 음성-문자 변환 도구 외에도 OnlineCorrection.com, Grammarly.com과 같은 여러 도구 역시 철자 쓰기나 하고 싶은 말의 단어 표현이 안 되는 학생들에게 안도감을 준다. <표 9.1>에 소개된 도구들은 문법에 관련된 도움말을 제공하는 웹사이트나 앱을 비롯하여 정보를 정확하게 표현하는 여러 복합적인 수단에 접근할 수 있는 몇 가지 선택지를 준다.

다중적 참여 수단

앞의 3장에서 설명했던 보편적 학습 설계의 마지막 원리인 다중적 참여 수단의 원리는 교수의 이유를 반영하며, 교사가 다양한 교수 방법, 학습 자료, 매체를 사용하여 학생의 참여를 확대하는 것과 관련된다(Center for Applied Special Technology, 2015). 이 원리를 적용할 때 교사들은 학생의 학습 동기를 일으키는 면에서 교수를 고려해야 한다. 한 학생에게 동기 부여가 되는 것이 다른 학생에게는 흥미롭지 않을 수 있기 때문에, 교사들은 학습자의 수많은 변동성, 흥미, 선호를 뒷받침해 줄 수 있는 여러 수단의 선택이 가능하도록 해야 한다.

Hall 선생님은 학생들에게 학습 자료, 도구, 기법, 전략에 대해 유연하게 여러 선택지를 제공하고, 다양한 의사소통 양식을 사용하게 하는 것으로 참여의 원리를 적용하였다. 어떤 학생들에게는 도전적인 과제를 추가할 필요가 있음을 알고(표 9.1), 이들에게는 복합적 특성을 지닌 역사 속 인물을 선택하도록 했다.

가령, 크리스토퍼 콜럼버스는 논란이 있는 인물이지만 모든 사람이 그의 역사를 알지는 못한다. 사람들이 오랫동안 존경해 온 성격적 특성이 무엇인지를 알아보고자 할 때 크리스토퍼 콜럼버스에 대한 탐구는 학생들의 고등 사고를 촉진해 줄 수 있다. Hall 선생님은 학생들이 오늘날의 문제와도 관련지어 보도록 한다. 왜 우리가 콜럼버스를 칭송하는지, 왜 미국 원주민들이 '인디언'으로 불리기를 원하지 않는지에 대해서 학생들이 생각해 보도록 한다. 학생들이 학습을 넘어서(Magana, 2017) 역사책 속에 있는 편견을 인식하는 방법을 다른 사람들에게 가르쳐 보는 도전을 하게 한다.

학생들을 위해 접근의 편의성을 고려했듯이, Hall 선생님은 학습자들에게 도전적인 과제를 제시하는 방법도 고려한다. 한 가지 중요하게 고려해야 할 것은 온라인 정보인데, 이 정보들은 렉사일 지수[4]나 읽기 수준에 맞추어 조정될 수 있다. 다양한 화제에 대해서 이독성을 알려주는 웹사이트가 Newsela.com에 있으므로, Hall 선생님은 읽기 수준에 맞는 책을 선정해서 학생들에게 동기를 부여하고 도전 의식을 불어넣을 수 있다.

마지막으로, Hall 선생님은 학생들의 동기 부여에 좋은 테크놀로지 도구를 고려하였다. Hall 선생님은 모든 학생들을 위해 선택이 가능하도록 의도적으로 계획하고 제공했지만, 이것이 일부 학생들에게는 매우 중요하다(Richardson et al., 2012). <표 9.1>은 창의성을 증진하는 여러 테크놀로지 도구를 보여준다. 예를 들어, 학생들이 배운 것을 공유하고자 한다면 Padlet, Animoto, Prezi, iMovie, Screencastify.com 등을 활용하면 된다.

건축하기: 수업 실행

Hall 선생님의 시나리오에서 보여준 바와 같이 성공적인 학습을 설계하려면 계획 단계를 지나 그 계획을 확장할 수 있는 토대나 틀에 관한 지식은 물론이고

---

4) 3장 각주 3) 참고 (p. 84)

보편적 학습 설계와 테크놀로지 통합에 대한 지식도 필요하다. 우리는 수업 설계가 건축 설계의 청사진과 같다는 점을 언급했었다. 건축가가 건물을 설계하고 나면, 실제 건축은 감독을 받아 실행되어야 한다. 수업 설계도 마찬가지다. 교사는 수업을 설계한 후 수업을 실행하고 진행한다. 수업을 계획하는 동안, 그리고 수업을 실행하는 중에도 교사는 계속해서 다음과 같은 질문을 해야 한다.

학생들이 인터넷 검색을 효과적으로 할 수 있도록 나는 어떤 기술을 시범 보여야 하는가? 단원을 수업하는 동안 교실 공간을 어떻게 활용할 것인가? 수업 활동이 내가 의도한 협력과 비판적 사고를 일으키는가? 학습은 어떤 점에서 혁신적이었는가? 수정하거나 좀 더 다듬어야 할 것은 무엇인가?

이 3학년 수업 시나리오를 읽은 후 앞서 논의한 내용을 여러분 자신의 수업 시나리오에 연계해 볼 것을 권한다. [그림 9.1]은 교사가 모든 학생을 위한 테크놀로지 활용 리터러시 교육 방안을 고려할 때, 이 책의 내용을 활용해서 탄탄한 토대를 설계, 구성, 구축하는 데 도움이 되는 수업 설계 청사진으로 제작된 것이다.

수업 설계를 지원하는 디지털 자원

디지털 도구는 교사가 공평하고 개별화된 교수를 행하는 데 도움이 된다. Hall 선생님의 수업에서 테크놀로지는 학습의 초점이 아니지만, 학습 내용을 지원하기 위해 의도적으로 계획한 도구이다. Shields & Behrman(2000)은 "교실에서 테크놀로지를 효과적으로 활용할 수 있는 방법, 전통적 교육과정에 가치를 더하면서도 전통적 접근법을 따르지 못하는 학생들에게 다가갈 수 있는 방법"(p.24)을 파악해 보라고 한다. 끊임없이 발전하고 있는 테크놀로지는 Hall 선생님과 동료 교사들이 교실 밖 학생들의 디지털 세상을 따라갈 수 있는 도구를 선택하고 사용하도록 계속해서 과제를 던진다.

변화의 주도자로서 교사

이 책을 관통하는 주제는 변화이다. 우리는 테크놀로지 도구를 사용해서 효과적으로 의사소통하기 위해 학생들이 사용해야 하고 또 사용하고 싶어하는 변화하는 리터러시들을 다루었다. 이러한 뉴 리터러시로 인해 학생들이 복합 양식적 세상에 참여할 수 있는 기회가 증대된다. 우리는 테크놀로지의 행동 유도성에 기반하여 리터러시 교육과 관련된 변화하는 접근법들을 다루었다. 테크놀로지가 급속도로 변화하기 때문에 새로운 테크놀로지가 계속해서 생겨난다 하더라도, 이 책에서 소개한 테크놀로지에 접근하는 틀과 모형은 테크놀로지를 통합하는 하나의 방법이 된다. 이 장과 이 책 전체에서 설명했던 도구들을 사용해서 학생들이 교실에서 리터러시 기능을 수행하는 것을 본다면, 학습을 변화시키는 테크놀로지 도구의 잠재력을 쉽게 인식할 수 있을 것이다. 이 장의 끝에 수록된 부록을 보며 다른 테크놀로지 도구도 탐색해 보기 바란다. 테크놀로지 도구가 빠른 속도로 계속해서 진화하고는 있으나 자료 목록은 비교적 안정적으로 유지될 것으로 예상한다. 도구 이용이 가능한지 여부와 무관하게, 수업 설계의 유능한 건축가가 되려면 학습자의 변동성과 멀티리터러시들에 관한 교사의 의사 결정이 필수적이다.

<인식 전환> 다시 보기

앞의 <인식 전환>에서 리터러시 수업에 대해 생각해 볼 것을 요청하였다. 수업 외에 학습자들에게 나타나는 다양한 특징들을 생각나는 대로 떠올려 보라. 다시 말해, 학습자가 지닌 변동성에 대해 목록을 작성하되, <표 9.1>에 제시된 장애물 외에 무엇이 있을지 생각해 보라. 그리고 나서 이 책에서 배운 아이디어를 활용하여 설계 작업을 계속하라. [그림 9.1]과 <표 9.2>의 수업 설계 템플릿을 사용하여 멀티리터러시 관점과 보편적 학습 설계의 틀을 자신의 방식으로 적용해 보라.

<표 9.2> 수업 설계 템플릿

학습자 변동성	멀티리터러시 접근성	테크놀로지 도구
보편적 학습 설계 — 표상 원리		
보편적 학습 설계 — 행동 및 표현 원리		
보편적 학습 설계 — 참여 원리		

References

Center for Applied Special Technology (2011). Universal Design for Learning Guidelines version 2.0. Retrieved from http://udlguidelines.cast.org/binaries/content/assets/udlguidelines/udlg-v2-0/udlg_graphicorganizer_v2-0.pdf

Hutchison, A., & Woodward, L. (2014). A planning cycle for integrating digital technology into literacy. The Reading Teacher, 67(6), 455–464.

Lisenbee, P. S. (2009). Influences on young children's behavior, engagement level and representation during storytelling using an interactive whiteboard. Ann Arbor, MI: ProQuest Dissertations Publishing.

Magana, S. (2017). Disruptive classroom technologies: A framework for innovation in education. Thousand Oaks, CA: Corwin.

National Education Association. (2010). Preparing 21st-century students for a global society: An educator's guide to the "four c's." Retrieved from http://www.nea.org/assets/docs/A-Guide-to-Four-Cs.pdf

Richardson, J. S., Morgan, R. F., & Fleener, C. (2012). Reading to learn in the content areas. Belmont, CA: Wadsworth.

Shields, M. K., & Behrman, R. E. (2000). Children and computer technology: Analysis and recommendations, 10(2), 4–30.

부록 9.1
4C에 따라 분류한 도구 목록

협력, 창의성, 비판적 사고, 의사소통의 4C를 고려하여 교수의 틀을 짜면 리터러시 교수에 필요한 적절한 테크놀로지 도구를 선택할 수 있다. 아래에 소개한 도구들은 테크놀로지가 끊임없이 진화한다는 점에서 완전한 목록이 될 수는 없지만, 도구보다는 수업 목표에 초점을 둔 하나의 틀로서 4C를 사용하는 모든 교과에서 선택할 수 있는 테크놀로지들을 고른 것이다.

협력

아래의 앱과 웹사이트들은 학생들이 정보를 수집해서 제시하고, 게임을 하고, 증강 현실 및 가상 현실을 즐기는 가운데 협력하도록 돕는다.

- **프레젠테이션 앱/웹사이트**

  Nearpod, Peardeck, VoiceThread, Canva, Flipgrid, Google Slides, and Glogster.

- **협력 게임 앱/웹사이트**

  Minecraft, Schell Games, Pokemon Go, Webquests, and Arcademicskill builders.com.

- **증강 현실 및 가상 현실 앱/웹사이트**

  360cities, 4DAnatomy.com, AlchemyVR, Augthat, Aurasma, Curioscope, DiscoverVR, Eonreality, YouTube360, Boulevard, and Timelooper.

- **정보 공유 및 협력 앱/웹사이트**

  Padlet, Google Classroom, Google Sites, SeeSaw, AwwApp, Sketchnoting, ReCap, Animoto, Pinterest, GoFormative, ExplainEverything, Skype, Zoom, AroundTheWorldWith80Schools, Edmodo, Podcasting, Blogs, Twitter, Instagram, Wikis, YouTube, Wix, Wakelet, Google Docs, Google Sites, Virtual Field Trips, and EPals.

창의성

아래의 앱과 웹사이트들에서는 학생들이 동영상, 오디오, 시각적 재현물로 창의성을 표현해 보도록 한다.

- **동영상 앱/웹사이트**

  GarageBand, Audacity, iMovie, TouchCast Studio, Story Remix, Clips, Google Cardboard, YouTube, WeVideo, and Incompetech.

- **오디오 앱/웹사이트**

  Soundtrap, Flipgrid, Audacity, Storynory, Voki, Blabberize, and BookCreator.

- **시각적 재현 앱/웹사이트**

  Wordle, Tagxedo, Bitstripsforschools, Kerpoof, QR Codes, Screencastify, Flipgrid, Kidspiration, Kidpix, Photo Story 3, Tux Paint, and KWL.

비판적 사고

아래의 앱과 웹사이트들에서는 교과와 생활 기능에 관련된 개념을 익히는 데 초점을 둔 활동을 하면서 비판적 사고를 경험해 볼 수 있도록 한다.

- **종합 교과 영역**

  TeachersFirst, Admongo, Zoopz, Brainpop, and Dogonews.

- **역사**

  DigitalHistory, Mission-US, iCivics, AmericanFolklore, BringingHistory Home, and MyHistro.

- **수학**

  Jmathpage, NationalLibraryofVirtualManipulatives, IlluminationsNCTM, GlencoeVirtualManipulatives, and KahnAcademy.

- **미술**

  Toytheater, OpenDraw, Sketchpad, Scrap Coloring, Bomomo, and Canvastic.

- **음악**

  PExploratorium Music, San Francisco Symphony, Line Rider, Little Einsteins, and New York Philharmonic.

- **과학**

  NASASpacePlace, Edheads, LearningScience, PlanetArcadeGames, Weather Base, Globe, BudBurst, LostLadybug, and Funology.

• 언어 영역 (연극 포함)

ReadWriteThink, UniteForLiteracy, LightUpYourBrain, TheStoryHome, PoetryArchive, PoetryOutLoud, DigitalStorytelling, Starfall, WorldBookOnline, TumbleBookLibrary, TumbleBookCloudJr, and Poetry4Kids.

• 뉴스 웹사이트

TimeforKids, NBC Learn, National Geographic Kids, KidsPost, Newsela, Science News for Students, Xyza, and CNN10.

• 평가 영역(척도 및 포트폴리오 포함)

Checklists, QuizStar, Hot Potatoes, Rubistar, 2learn.ca, teach-nology.com, 4teachers.org, iwebfolio.com, chalkandwire, and osportfolio.org.

• 코딩 웹사이트

ScratchJr, Code, CSunplugged, Mindstorms, GetHopscotch, DaisyTheDinosaur, Codespark Academy, Code Avengers, Codeacademy, Kahn Academy, Tynker, and Scratch.

• 디지털 시민 웹사이트

Common Sense Media, Edutopia, CyberWise, Netsmartz Teens, Digital Education Revolution, EdTech Update, Digital Passport, Digital Compass, Carnegie Cyber Academy, and Webonauts Internet Academy.

의사소통

아래의 앱과 웹사이트들에서는 학생들이 노트 필기하기, 정보의 사실 확인하기, 학습할 때 상호작용하기, 책 읽기, 그래프 및 그림 사용하기 등의 방식으로 의사소통 기능을 수행하도록 해 준다.

- **노트 필기 앱**

  Google Keep, Notability, Zoho, One Note, Evernote, Dropbox, Simplenote, Saferoom, and Book Creator.

- **사실 확인 웹사이트**

  AllSides, Fact Check, Media Matters, NewsBusters, Open Secrets, Politifact, ProPublica, and Snopes.

- **상호작용적 학습 웹사이트**

  PollEverywhere, Virtual Field Trips, ClassPager, Wikipedia, WordPress, Twitter, Talkshoe, Hipcast, Smithsonian Museum of Natural History, Abcya, KidsNationalGeographic, The39clues, PBSkids, Seussville, Brainpop, Highlights, and BBCkidsCanada.

- **이야기책 웹사이트**

  Storybird, Between The Lions, PBSKids, Livingbooks, International Children's Digital Library, StorybookWeaverDeluxe, Robertmunsch, Freekidsbooks, Storylineonline, Bookflix, Toontastic, The Online Books Page, ChildrensLibrary, Storynory, and ReadingA-Z.

- **그래프 및 그림 웹사이트**

  Clustrmaps, Google Maps, Google Earth, Worldmapper, Google Earth, Chartle, Chartgo, and Scribblemaps.

- **리터러시 웹사이트**

  Reading Rockets, Book Creator, Starfall, Storyplace, Funbrain, Edu4kids, Storylineonline.net, AMightyGirl, Inspiration.com, Eduplace.com, FreeRice, Snappy Words, Visual Dictionary Online, Vocabulary.com, WordHippo, WordNik, Rewordify, GetEpic, Bookflix, Tumblebooks, and Dragon Dictation.

- **출판 웹사이트**

  Blogger, Edublogs, Canvas, Bookemon, Studentreasures, Claremont Review, Figment, Launch Pad, Stone Soup, Storybird, Teen Ink, and StoryJumper.

- **글쓰기 웹사이트**

  100 Word Challenge, Google Docs, Candlelightstories, EPals, NoodleTools, MakeBeliefsComix, MyHero, WordPress, Kidblog, and WritingFix.

보조 테크놀로지

아래의 앱과 웹사이트들은 특수한 교육적 요구가 있는 학생들에게 효과적으로 테크놀로지를 사용할 수 있는 기회를 제공하여 자신을 표현하거나, 자신의 발화를 텍스트로 변환하거나, 시각적인 재현물로 바꾸어 주거나, 의사소통을 돕는 시각적 보조 도구를 사용하거나, 언어 사용 기능 연습을 위한 컴퓨터 보조 교육을 할 수 있도록 해 준다.

- **표현 앱**

  GarageBand, Audacity, iMovie, TouchCast Studio, Story Remix, Clips, and Piclits.

- **문자-음성 변환 앱**

  Speak Screen, Announcify, TextHelp Read&Write, Quillsoft WordQ, VoiceDreamReader, DragonDictation, and DragonNaturallySpeaking.

- **시각적 재현 웹사이트**

  Inspiration, Popplet, Google Keep, Notability, and Book Creator.

- **시각 보조 도구 앱**

  VoiceOver, TalkBack, BrailleBack, ChromeVox, Screen Magnifier, VoiceThread, and Bookshare.

- **컴퓨터 보조 교육(CAI) 웹사이트**

  Accelerated Reader, READ 180, Safari Reader, and Announcify.

수업 목표: 의사소통	3장 (보편적 학습 설계 원리를 사용한) 학습자 변동성 지원	6장·7장 웹 2.0 도구와 탐구	8장 학습 환경 맥락 고려	9장 수업 설계와 학습자 변동성 지원을 위한 추가 도구
다수의 디지털 출처(문서 및 구두 형태)로부터 정확성과 신뢰성을 확실히 평가하여 역사적 인물 관련 적절한 정보 조사 및 파악	자신의 학년 수준 이하의 자료를 읽는 학생 (표상) 독해에 어려움을 읽는 학생 (표상)	읽기 지원 도구 Read&Write Extensions Bookshare 쓰기 지원 도구 Ginger	교실 수업 자료 변화시키기 Use VR goggles 교수별 변화시키기	ActivelyLearn Applied Digital Skills Bookflix Bookshare CalmlyWriter Canva Create Your Own Adventure

수업 목표: 이사소통 결과물: 역사적 "밀랍 인형 전시관" 인물의 연설/발표	3장 (보편적 학습 설계 원리를 사용한) 학습자 변동성 지원	6장·7장 웹 2.0 도구와 탐구	8장 학습 환경 맥락 고려	9장 수업 설계와 학습자 변동성 지원을 위한 추가 도구
	언어 장애를 보이거나 표 앞에서 말하기를 꺼리는 학생 (행동 및 표현) 글씨 쓰기에 어려움을 겪는 학생 (행동 및 표현) 과제에 집중하거나 듣기 유지에 어려움을 겪는 학생 (참여)	디지털 스토리텔링 도구 Animoto 동영상, 영상, 오디오 제작 도구 Flickr Chatterkids Weebly 동기 부여 도구 Wordle 조사 도구 SEARCH 전략 Wikis Shared Google Docs Delicious VR websites	학생들이 스스로 자신의 탐구를 주도하게 하고, 교실 주위 에거 자르에 게시된 전략들을 사용하게 하여 자신의 학습에서 주인의식을 느끼도록 함.	Diigo Duckster Eduplace Evernote Flickr Garageband Getspeechify Ginger Glogster Google Slides Grammarly Inspiration (graphic organizers) iMovie Keynote LearningAlly OnlineCorrection Padlet Photoshop Express Pinterest Boards Popplet ProWritingAid

QR Codes
ReWordify
Screencastify
Speechify
Sutori
TeacherTube
Text-to-Speech
Extensions
TooDoo
Tumblebooks
Vimeo
Vocabulary.com
VoiceDreamScanner
Voicethread
Voki
Weebly
Wikis
Wordle
YouTube

수업 목표: 협력	3장 (보편적 학습 설계 원리를 사용한) 학습자 변동성 지원	6장·7장 웹 2.0 도구와 탐구	8장 학습 환경 맥락 고려	9장 수업 설계와 학습자 변동성 지원을 위한 추가 도구
함께 효과적으로 작업하여 하부모를 포함한 전체 하나인 참석하게 되는 발표 행사를 조직하는 능력을 보여줌.	읽기 수준이 상층이인 모든 학생들과 영어학습자 (표상)	읽기 지원 도구 Text-to-Speech Extensions Tumblebooks	교실 공간 변화시키기 학생들이 주도적으로 교실 공간을 다른 하나인 학생들과 하부모를 대상으로 한 발표 모음을 전시 공간으로 변화시킨다.	ActivelyLearn Animoto Applied Digital Skills Bookflix Bookshare CalmlyWriter Canva Create Your Own Adventure Delicious Duckster Eduplace Evernote Flickr Getspeechify Ginger Glogster Grammarly Inspiration (graphic organizers)
결과물: 역사 속 인물 탐구 결과를 보여주는 인물 전시회 행사	독해면에 어려움을 겪는 학생 (표상)	쓰기 지원 도구 Eduplace (graphic organizers)	교수별 변화시키기	
	언어 장애를 보이거나 표례 앞에서 말하기를 꺼리는 학생 (행동 및 표현)	발표 지원 도구 Google Slides Diigo	밀랍 인형 전시 발표회 제작을 위한 도구를 각자 선택하여 학생들 주도로 개인별 연설을 준비함.	
	글씨 쓰기에 어려움을 겪는 학생 (행동 및 표현)	동영상, 영상, 오디오 제작 도구 Photoshop Express GarageBand iMovie		
	추가적인 도전 과제가 필요한 학생들 (참여)	큐레이션 도구 Pinterest Board "Wax Museum"		
	과제에 집중하거나 동기 유지에 어려움을 겪는 학생 (참여)			

동기 부여 도구
YouTube videos of historical figures

조사 도구
SEARCH 전략
Wikis
Shared Google Docs

Keynote
LearningAlly
OnlineCorrection
Padlet
Popplet
Prezi
ProWritingAid
QR Codes
Read&Write Extensions
ReWordify
Screencastify
Speechify
Sutori
TeacherTube
TooDoo
Tumblebooks
Vimeo
Vocabulary.com
VoiceDreamScanner
Voicethread
Voki
Weebly
Wordle
YouTube

수업 목표: 창의성	3장 (보편적 학습 설계 원리를 사용한) 학습자 변동성 지원	6장·7장 웹 2.0 도구와 탐구	8장 학습 환경 맥락 고려	9장 수업 설계와 학습자 변동성 지원을 위한 추가 도구
역사 속 인물의 시대와 문화를 나타내는 데 독창적 아이디어와 창의적인 노력을 표현하기 위하여 정보를 정교화함.	읽기 수준이 상중하인 모든 학생들과 영어 학습자 (표상)	읽기 지원 도구 Text-to-Speech Extensions Newsela Bookflix	수업 자료 변화시키기	ActivelyLearn Animoto Bookflix Bookshare CalmlyWriter Canva Create Your Own Adventure Delicious Diigo Eduplace Evernote Garageband Getspeechify Ginger Glogster Google Docs Google Slides Grammarly Inspiration (graphic organizers) iMovie Keynote

결과물:
"낯섦 인텔 전시" 발표회 동안 있는 웃음은 역사적 인물의 시대와 문화를 정확히 반영함.

언어 장애를 보이거나 또래 앞에서 말하기를 꺼리는 학생
(행동 및 표현)

도전할 수 있는 과제가 주가로 필요한 학생들
(참여)

쓰기 지원 도구
Voice Dream Scanner

발표 지원 도구
Padlet

디지털 스토리텔링 도구
TooDoo

동영상, 영상, 오디오 제작 도구
Sutori
Flickr
YouTube
TeacherTube

큐레이션 도구
QR Codes

동기 부여 도구
Applied Digital Skills

조사 도구
SEARCH tool

학생들에게 교사들의 동영상을 제공하여 학생들이 과제를 위해 선택할 수 있는 역사 속 인물과 관련 있는 적절한 동영상 예시를 제공함. TeacherTube 제정의 동영

즐겨찾기 사이트를 교실 컴퓨터나 아이패드에 북마크로 제공하여 학생들이 이 사이트들에 더 빨리 접속할 수 있도록 함.

LearningAlly
OnlineCorrection
Photoshop Express
Pinterest Boards
Popplet
Prezi
ProWritingAid
Read&Write Extensions
ReWordify
Screencastify
Speechify
Tumblebooks
Vimeo
Vocabulary.com
VoiceDreamScanner
Voicethread
Voki
Weebly
Wikis
Wordle

수업 목표: 비판적 사고	3장 (보편적 학습 설계 원리를 사용한) 학습자 변동성 지원	6장·7장 웹 2.0 도구와 탐구	8장 학습 환경 맥락 고려	9장 수업 설계와 학습자 변동성 지원을 위한 추가 도구
전기 및 자서전을 읽고 자신이 선택한 역사 속 인물에 관한 사실과 의견을 구별하고 비언어적 방식으로 자신의 생각을 표출함. 결과물: 디지털 도서 조직자	읽기 수준이 상이한 모든 학생들과 영어학습자 (표상) 언어 장애를 보이거나 또래 앞에서 말하기를 꺼리는 학생 (행동 및 표현) 과제에 집중하거나 듣기 유지에 어려움을 겪는 학생 (참여)	읽기 지원 도구 GetSpeechify ActivelyLearn 쓰기 지원 도구 ProWritingAid 발표 지원 도구 Duckster Screencastify 듣기 부여 도구 Vocabulary.com 조사 도구 SEARCH strategy Diigo Delicious Inspiration (도식 조직자)	교실 수업 자료 변화시키기 학생들이 이 수업을 완수하는 데 필요한 도서 조직자와 해답을 쉽게 찾을 수 있도록 교실 컴퓨터 및 아이패드에 북마크로 포함하기.	ActivelyLearn Animoto Applied Digital Skills Bookflix Bookshare CalmlyWriter Canva Create Your Own Adventure Eduplace Evernote Flickr Garageband Ginger Glogster Google Docs Google Slides Grammarly iMovie Keynote LearningAlly OnlineCorrection

Padlet
Photoshop Express
Pinterest Boards
Popplet
Prezi
QR Codes
Read&Write Extensions
ReWordify
Speechify
Sutori
TeacherTube
Text-to-Speech
Extensions
TooDoo
Tumblebooks
Vimeo
VoiceDreamScanner
Voicethread
Voki
Weebly
Wikis
Wordle
YouTube

본 교재를 활용한 수업 설계 템플릿

수업 목표:

3장 (보편적 학습 설계 원리를 사용한) 학습자 변동성 지원	6장·7장 웹 2.0 도구와 탐구	8장 학습 환경 맥락 고려	9장 수업 설계와 학습자 변동성 지원을 위한 추가 도구

부록 9.3:
e북 및 시각적 읽기 장치 목록

e북 제목 또는 시각적 읽기 장치 웹사이트	URL
Bookshare – 다양한 접근성 기능이 있는 책 7만 5천 권 이상	https://www.Bookshare.org/cms
ActivelyLearn – 3학년 이상을 대상으로 동영상이 지원되는 장르별·주제별로 분류된 책 3,300권 이상	https://www.activelylearn.com/
Tumblebooks – 내셔널지오그래픽 및 영어 이외의 언어로 된 도서 등을 포함하여 유치원에서 6학년까지를 대상으로 한 책 1,100권 이상	https://tumblebooks.com/
CaptiVoice Reading Pen– 문자-음성 변환 및 기타 쓰기 보조 도구	https://www.captivoice.com/capti-site/
Anybook Reader Pen– 누구라도 책을 녹음할 수 있으며 시각적 읽기 장치를 이용하여 글과 사진을 읽어 줌.	http://www.anybookreader.com
LearningAlly – 오디오북 80,000권 이상	https://learningally.org/Browse-Audiobooks
Bookflix– 소설과 비소설을 짝지어 제공	http://emea.scholastic.com/en/bookflix
OER Commons – 무료 디지털 교육 자료 도서관	https://www.oercommons.org/
Epic Books – 디지털 도서 35,000권 이상	https://www.getepic.com
Voice Dream Scanner – 카메라를 이용하여 읽기 텍스트를 스캔하며, 200개 이상의 낭독용 목소리 사용.	https://www.voicedream.com/reader/
BookCreator– (150만 권 이상의) 최신 도서 제작을 위한 멀티미디어 도구들	https://bookcreator.com/resources-for-teachers/

모든 학습자를 지원하는 자원 및 단체 목록

자원의 이름과 관련 설명	URL
BridgingApps – 이 사이트는 범주, 리뷰, 연령, 가격, 기술, TEKS[1], 학년, 장치, CCSS[2]에 따라 정렬된 3,000 가지 앱의 목록을 제공.	https://search.bridgingapps.org/dashboard
Center for Applied Special Technology (특수응용테크놀로지센터) – 이 사이트는 보편적 학습설계 지침 및 퍼즐, 도서, 수업 등 상호작용 프로그램을 포함하여 풍부한 여러 자료들에 대한 링크를 제공.	https://www.cast.org
EdReports – 품질 및 CCSS 부합 여부에 관해 독립적으로 검토를 받은 수업 자료 저장소를 제공하는 비영리 조직	https://www.edreports.org
EdSurge (affiliated with ISTE) – 이 사이트는 교사가 교실 수업에 테크놀로지를 통합하고자 할 때 학습 환경을 지원하며, 표준과 수업 설계에 부합하는 2,400개 이상 도구들의 제품 데이터베이스를 제공.	https://www.edsurge.com
EdTechTeacher – 이 사이트는 앱과 도구 목록을 공유하여 혁신적 방식으로 교실 수업을 시행하는 교사들의 테크놀로지 사용을 지원.	https://edtechteacher.org/
Google Chrome – 다른 브라우저들도 리터러시 능력을 지원하는 21개의 도구가 포함된 구글 크롬의 읽기·쓰기 기능과 호환되는 기능을 보유.	https://chrome.google.com/webstore/search/extensions

---

1) TEKS: Texas Essential Knowledge Skills. 미국 텍사스 주의 필수 지식 및 기능에 관한 성취기준

2) 미국의 공통핵심교육과정(The Common Core State Standards). 2010년 6월 발표.

자원의 이름과 관련 설명	URL
Kathy Schrock's Guide to Everything – 교육 테크놀로지 전문가가 개발한 iPads4Teaching 프로그램과 같은 종합 교수 자료 세트	https://www.schrockguide.net/
National Center on Accessible Educational Materials – 이 사이트는 교실 수업 사용을 위한 접근 용이한 자료들의 여러 목록들을 제공.	http://www.aem.cast.org
Spectronics – 이 회사는 교육에서 포용적 테크놀로지 사용을 지원하는 보조 테크놀로지 및 소프트웨어의 최대 공급처.	http://www.spectronics.com.au
State Educational Technology Directors Association (SETDA, 2019) – 학교에서의 테크놀로지 사용을 지원하는 회원제 비영리 단체로 주 정부가 검토한 영어·수학 교과의 종합적 수업 자료를 제공.	https://qualitycontent.setda.org/dashboard/
TechMatrix – 이 사이트는 400개의 보조 테크놀로지 제품에 대한 검색 매트릭스를 제공. 한 번에 4개의 제품 비교 가능.	https://techmatrix.org
Texthelp – 12개의 테크놀로지 단체와 협력 관계에 있으며, 11개 교육 및 테크놀로지 단체의 일원.	https://www.texthelp.com/en-us/sectors/education/